# 优教强校的实践探索

揭文富／著

中国出版集团　东方出版中心

图书在版编目(CIP)数据

优教强校的实践探索 / 揭文富著. -- 上海 : 东方
出版中心, 2025. 5. -- ISBN 978-7-5473-2729-6

Ⅰ. G637

中国国家版本馆 CIP 数据核字第 20252TL760 号

**优教强校的实践探索**

| | |
|---|---|
| 著　　者 | 揭文富 |
| 组　　稿 | 张爱民 |
| 责任编辑 | 刘　叶 |
| 封面设计 | 钟　颖 |

出 版 人　陈义望
出版发行　东方出版中心
地　　址　上海市仙霞路 345 号
邮政编码　200336
电　　话　021-62417400
印 刷 者　上海万卷印刷股份有限公司

开　　本　710mm×1000mm　1/16
印　　张　16.5
字　　数　270 千字
版　　次　2025 年 6 月第 1 版
印　　次　2025 年 6 月第 1 次印刷
定　　价　99.00 元

# 序

多年来,上海在基础教育领域相继启动了新优质学校建设、"强校工程"等重大教改项目。新优质学校建设,推动了普通公办学校走向高质量发展,形成了一批有影响力、能发挥价值引领作用、办学示范效应明显、本土特色鲜明的新优质项目学校,为师生创造了良好的教育教学环境,在教育教学质量、师资队伍建设、学校管理等方面取得了显著进步;"强校工程",借力政策支持、制度创新和项目实施,提升了相对薄弱公办初中的办学水平,让每个孩子都能享有公平而有质量的初中教育,有效促进了初中教育优质均衡发展。其间,各实验校围绕"强校工程"目标,制定了具体的实施方案,从课程改革、师资队伍建设、学校管理等多个方面综合施策,全面提升了学校的办学实力,逐渐成了"老百姓家门口的好初中"。同时,"强校工程"还促进了教育公平的实现,让更多的孩子享受到了优质的教育资源。总体来看,新优质学校建设、"强校工程"的实施,有许多经历值得回顾,有许多经验值得总结,也有许多理论和实践方面的问题值得探讨,这对基础教育事业的持续、长远发展是具有普遍意义的。

将观察的视野再推近一些、聚拢一点,可以看到,在基础教育的广袤天地中,每一所学校都是一座独特的灯塔,照亮着莘莘学子前行的道路。优质学校建设、"强校工程"的实施,使这一座座灯塔更加明亮,让教育之光更加璀璨。另一方面,"优教""强校"作为近年来广大教育工作者热烈探讨的命题,许多人为之不懈追寻,孜孜以求,其中不乏教育教学一线的校长、教师。我非常高兴地看到,揭文富校长的《优教强校的实践探索》成为比较系统的涉猎这一话题的新作。这本著作的诞生,源于对教育现状的敏锐洞察和对未来教育发展的热切期盼。在当下这个知识爆炸、信息超载的时代,教育的任务愈发艰巨。对莘莘学子而言,学校教育不仅要传授知识,更要培养他们的创新精神和实践能力;对广大教师而言,不仅要关注学生的学习成绩，更要关注他们的身心健康和人格成长。因此，如何优化教育资源、提升教育质量、打造强校品牌，成为摆在我们面前的重要课题。

《优教强校的实践探索》是一本集现实性和前瞻性为一体、熔经验性和学术性于一炉的探讨优教与强校问题的专著。作者以基本教育理论为依据，以亲身教育实践为支撑，为我们展现了一条关于优教强校的系统性探索之路。作为一所市级新优质发展项目校、"强校工程"实验校的校长，作者从学校管理者的视角，比较系统地探讨了关于优质教育、优质学校建设，以及基础教育"强校工程"实施的有关理论问题和实践问题，并就与"优教""强校"密切关联的学校发展顶层设计、学校日常运行管理、教师专业化提升、教育教学、课题研究、文化兴校、高品质学校建设等人们普遍关注的现象、问题、行动，结合自己的思考与所在学校的实际展开论述，再现了相关操作情境，特别是围绕优教、强校这个核心，对相应的认知体系、理论体系和实践体系进行了基本的、初步的阐述，向我们展示了优教强校的路径和方法，也为我们提供了宝贵的启示和借鉴。

全书字里行间反映出作者对于教育的热爱和执着：不仅关注教育的表面现象，更致力于挖掘教育的内在规律和本质特征；通过深入研究和实践探索，作者提出了一系列切实可行的教育策略和方法。书中讲到的有关理念和观点、展示的有关行动和案例，让我们深刻认识到：优教强校并不是遥不可及的梦想，而是可以通过我们的努力和智慧使之化为现实的。只要我们坚持"以学生发展为本、以教育质量取胜"的办学理念，注重培养学生的综合素质和创新能力，就能够打造出真正意义上的强校品牌。

本书的基调，始终突出了教育的优质、均衡、公平、创新发展。在追求优教强校的过程中，我们不能忽视教育资源的均衡分配和教育机会的公平享有。我们要努力消除城乡之间、校际之间的教育差距，让每一个孩子都能够享受到优质的教育资源和平等的发展机会。与此同时，在日新月异的社会变革中，教育创新是推动学校发展的重要引擎。我们要敢于突破传统教育模式的束缚，勇于尝试新的教育理念和方法。只有这样，我们才能够培养出更多具有创新精神和实践能力的人才，为社会的进步和发展贡献自己的力量。

当然，优教强校的探索之路并非一帆风顺、一蹴而就。在实践中，我们可能会遇到各种各样的困难和挑战。但正如本书所强调的那样，这些困难和挑战正是推动我们持续奋进的动力。只有通过不断地尝试和探索，我们才能够找到最适合自己的发展之路。

这几年，我在从事区域教育管理工作的过程中进一步的感悟是：优教、强校是长期的、永续的、与时俱进的系统工程，教育因之而常"优"，学校因之而恒"强"。从这个意义上，在我看来，本书不仅是一部关于教育的专著，更是一部关于梦想和追求的力作。它启迪我们每一个教育工作者在优教强校之路上不断思考、不断探索、不断创新，持之以恒地深情演绎、倾力奔赴、勇毅前行。愿《优教强校的实践探索》能够带给广大教育工作者新的视野、新的启示，能够启发大家新的教育思维、新的教改实践。让我们携手偕行，共同谱写优教强校的崭新篇章。

上海市静安区教育局局长

邬中宁

2025 年春

# 目　录

# 绪　论

一

兴优质教育,办实力强校,是每一个教育人的企盼,更是每一个校长的梦想。我之所以涉猎优教、强校这个话题,主要还是源于自己这几年的实践和思考。

现实生活中,人们谈"优质教育"时往往将重心放在"优质学校"上,因为学校毕竟是看得见、摸得着的客观存在,形象更具体、更直观一些。但我还是认为,目前关于到底什么样的学校才算是"优质学校",并没有形成统一认知。换言之,优质学校的权威性、大众化、科学化的评价体系还没有真正建立起来,因此谈起来往往缺了一点底气,感觉"优质教育"这个命题更为宽泛一些,比较好把握,且可将"优质学校"融入其中,倒也顺理成章。

人类社会世代延续,最具吸引力的事物是什么? 是教育! 教育的吸引力是与人类生活息息相关的永恒主题。历史发展的轨迹表明,教育是人类文明的核心组成部分,它不仅是知识和技能的传递手段,更是形塑社会、培育新一代和创造新世界的关键动力。

教育的吸引力主要体现在五个方面:

第一,教育是向人们提供更好生活机会的关键。无论是基础教育还是高等教育,也无论是技术教育还是艺术教育,或者其他种种教育,事实都可以证明:受过良好教育的人,往往更容易在社会中获得发展的机会,更能在工作实践中彰显和奉献自己的聪明才智,更容易提升日常的生活品质。

第二,教育是推动人与社会持续发展的引擎。教育打开了一扇又一扇大门,让人们有机会探索和追求自己的激情和兴趣,同时也为大家提供了与各种各样的人交往和合作的机会。首先,教育为人们提供了认识和理解世界的窗口。通过教育,我们了解到了远古的历史、文明的起源、科学的发展和艺术的魅力。其次,教育所传授的知识不仅丰富了人们的内心世界,还帮助我们建立起与他人的连接,理解不同的文化和价值观,从而促进了人与人之间的交往和合作。最后,教育也是提高自我意识和批判性思维的途径。一个好的教育系统会教给学生如何提出问题、如何分析问题、如何批判性地思考以及如何有效地解决问题。这些技能对于一个人的成长和发展至关重要,不仅在学术上,更在生活的每一个方面产生深远的影响。

第三,教育是培养道德观念和社会责任感的重要阵地。学校不仅是教授知识的场所,更是培养公民意识和道德观念的地方。通过各种各样的活动和课程,学生懂得了什么是正义、什么是公平,知道了如何为自己和他人争取应有的权益,明白了需要为社会尽怎样的责任和义务。

第四,教育能够为个体提供成长和挑战的机会。每个人都有自己的才能和兴趣,而教育可以帮助学生找到并培养这些才能,让他们在所喜欢的领域中取得成功。无论是学术、艺术还是体育,教育都为学生提供了展现自己、超越自我的舞台。

第五,教育也是建立和谐社区与促进真诚合作的基石。学校是人们相互交往、和衷共济和建立友情的地方。它不仅为学生提供了学习的机会,更为他们提供了一个相互支持、共同成长的社群环境。

上述种种,构成了人们追求优质教育的广泛的社会基础和思想基础。我们中华民族坚持数千年的重教兴学的优良传统,正是这种广泛基础的真实反映。教育带给人类世界的美好,无论怎样形容都不会显得过分。


# 二

世间万事万物,无不讲究优质。而作为万事万物之主宰,人的优质则是最根本的。人的优质,虽然"天生丽质"很重要,但后天的优质也极其关键:先天优质提供自然基础,后天优质决定长远发展。单就人的后天优质而言,优质教育的加持尤为重要。

苏联著名教育家巴班斯基对优质教育有着丰富的实践和深入的研究,他的"教学最优化"理论曾经在我国产生较大影响。巴班斯基在其著作《教学过程最优化》中提出的教学过程最优化,是指在一定的教学条件下寻求合理的教学方案,使教师和学生花最少的时间和精力获得最大的学习效果,得到最好的发展。与教学最优化相关联,上一层面的有学校最优化的问题,再上一层面的更有教育最优化的问题。在时代飞速发展的当今,这些都是需要教师、校长们主动积极关注的。我们非常高兴地看到,上海在基础教育领域适时启动了"新优质教育"建设和初中"强校工程"，这是具有战略眼光和战术智慧的科学决策，是上海教育与时俱进的生动体现。

这，自然而然地也在影响着我所在的学校。

2015年，上海市和田中学被确定为"上海市新优质集群式发展项目"学校；2018年，学校入选上海市教委百所"公办初中强校工程"实验校。2020年，为接轨"强校"工程，市、区教育行政部门决定让和田中学与上海市市北初级中学实行集团化办学，更名为"上海市静安区市北初级中学北校"。随着"优教""强校"工程紧锣密鼓地付诸实施，我也在从梦想到现实的转化中不断地探索、实践，在经年累月的耕耘中磨砺、思考，总结经验，汲取营养，有了许多新认知、新体悟，归纳起来，大致有以下诸点：

首先，教育之"优"，学校之"强"，都是发展着的概念。

教育，本来就是多因素影响的事业。教育之"优"，学校之"强"，不可避免地会打上时代的印记。教育，何为"优"？学校，何为"强"？可谓众说纷纭、见仁见智。事实上，无论是在教育内部还是外部，人们对优教、强校的认知是并不全面的，从而造成了种种偏差，如义务教育阶段入学也搞层层选拔，招生时要考察祖孙三代，甚至还要面试、笔试学生家长。这背后，是优质生源紧紧关联着教育之"优"、学校之"强"——哪所学校不期望学生生命里带着"优质"基因呢？然而，这种期望在现实中常常受到挑战，优质资源毕竟有限，于是便有了层出不穷的竞争，正如老百姓一针见血指出的：名校、牛校"全靠掐尖"，"不是实实在在在培养人，而是设置种种关卡筛选人、淘汰人"。单从这一点，就很有必要搞清楚什么才是优质教育。

因此，教育之"优"，学校之"强"，都是要立足于并指向"发展"，且发展是层递的、可持续的。作为校长，必须确立一种强烈意识：优教，必须与时偕行；强校，必须与时俱进！有人觉得这些年来教育的步子"太快了"，言下之意是太匆忙了。其实，如果说有什么问题，问题并不在速度上，而在过程上。作为教育，有必要、有责任能动地反映社会的发展，甚至需要走在时代的前列，关键是往哪里走，怎样走。我觉得，根本在于教育的发展要合乎规律，包括社会、经济、科学技术发展的规律，人特别是受教育者身心发展的规律，以及教育自身发展规律。所有的问题都要在遵循这些规律的基础上去解决，这样，有些问题也就不成其为"问题"了。

其次，教育之"优"，学校之"强"，根植于高水平的师资队伍。

市北初北校在新优质建设和强校工程推进中，始终将教师队伍建设作为学校工作的重中之重常抓不懈。多年来，我们下大力气不断推进青年教师培养工程：对职初教师，着重于适应性培训，抓好"传、帮、带"，指导他们缩短磨合期，尽早达至岗位要求;对参加工作 3—5 年的教师,实行多角色职场锤炼,成为一专多能的"全科型"教师;对参加工作 6—10 年的教师,以经验总结交流为重点,强化团队研修,在分享共进中形成个性特色,高标准胜任本职工作;对具有 10 年以上教育教学实践经历的教师,鼓励他们参与结对带教,以领衔或主持课题(项目)研究为载体,高水平实现专业精进。

再次,教育之"优",学校之"强",有赖于改革和创新的持续推进。

优教、强校的涉及面非常广泛,交织、融合于师生的日常生活,并且动态地渗透于学校教育教学工作的每一环节,因此,改革、创新是学校进化生存、持续发展的常态。

这几年来,在德育领域,我们从德育内容、方法改革入手,致力于策略创新、路径创新;在教学领域,我们围绕减负增效,对项目化学习、场馆教学、作业设计等进行了多方位的探索;在课程领域,我们以学生核心素养培育为宗旨,加强了综合实践活动校本课程的开发实施;在教育评价领域,我们以课堂教学为重点,实现评价导向的教法学法创新;在学校管理领域,我们以"新思维、新技术、新生态"为要求,完善数字化应用以提高管理效益。

# 三

教育之"优"呼唤一代又一代教育人的接力式奋斗,学校之"强"需要一批又一批师生员工群策群力。最关键的,是要找到谋优图强的路径和举措。我们在实践中总结了若干做法和经验。

先谈"优教"。

总体上看,主要有四条路径:一是智慧培"优",从策略、方法、技术层面入手培植优教元素;二是资源助"优",借力人才资源、物力资源、技术资源、信息资源等拓展优教空间;三是合作谋"优",通过校社共建、家校互动、集团化办学等壮大优教力量;四是质量树"优",以实现全体学生的全面发展为诉求树立优教形象。

在教学上,着重是三项举措:一是观念立"优",与时俱进确立现代教学理念;二是课堂竞"优",围绕教法学法改革和数字化转型各展其长;三是评价导"优",发挥评价的导向功能,引导教师的教学行为。与此同时,进一步强化课程一体化的改革探索,穿越多种边界,借力学区化、集团化办学,将学校间、学科间、校内外、课内外打通,以支撑学生个性发展的连续培养,允许学生在学区或集团内跨校选择校本课程灵活机动学习。

在管理上，关键是三种策略：一是常规保"优"，即学校常规管理常抓不懈，始终保持优良水平；二是开放促"优"，校园及学校日常工作向家长和社区开放，完善共建共管机制；三是绩效创"优"，强化效率效益意识，不断提升学校各项工作的实绩实效。

再谈"强校"。

什么是"强"？可以用强大、强劲、强盛来描述：强大是指综合实力，强劲是指发展势头，强盛是指现实状态。我个人理解，"强校工程"所说的"强校"，作为行动、过程，大致上包括两层含义：由弱转强和强者更强。为此，我们主要从五个方面促"转"向"更"。

一是改革图"强"。长期"积弱"，不改革便没有出路，这是不言而喻的。虽然在改革过程中可能会出现一些新问题、新矛盾，但这其实很正常，它也从另一方面证实了改革的必要性，回避改革则无法继续前进，更无法创新。教育现实中，因改致强的例子屡见不鲜，成功教育、愉快教育、创造教育等都是改革结出的硕果，谱写了由弱转强或强者更强的奋进乐章。

二是师资撑"强"。"强校"是需要有支撑点的，我认为，高质量的师资队伍是强校之所以为"强"的关键支撑点。因此，师资队伍建设无论怎么强调都不为过。

三是实干振"强"。"务实""求实"之类的词语常常见于好多学校的校训、校风，这也说明了实干的重要。唯有实干，才能维持强势，继往开来；唯有实干，才能提振强势，创新领异。我觉得，真正的"实干"，既需要毅力，也需要定力。校长的定力，来自对教育客观规律的准确认知和能动驾驭，特别是不为那些虚头巴脑的东西所左右，不被某些人主观臆造的所谓"热点"带节奏，认准了方向就义无反顾地勇于前行！

四是质量固"强"。"强校"之强，归根结底还是体现在教育教学质量上。质量是根本，质量稳定，"强"才立得住、站得稳、守得牢。因此，强校的地位、名声和形象，是依靠质量得以巩固的，质量下降，学校声誉随之"塌方"。

五是文化兴"强"。从一定意义、一定程度上可以说，学校文化是学校之根。教以育人、文以化人，这便是"教化"之谓。学校除了在办学思想、教育理念，校训、校风、教风、学风、学校精神等方面体现自己的文化特质外，还要高度重视建设四种文化：学习的文化、和谐的文化、进取的文化、创新的文化，在形成正确、系统、完善的学校文化的基础上，才有可能追求真正意义上的卓越，从而成为实至名归的"强校"。

至于"更强"，是否也可以给予程度性的描述：特强、超强。特强者功能特佳、威力特大、效果特好;超强者超越常态、出类拔萃、独占鳌头。这是我们奋斗不息的方向、攀登不止的境界。

从上述阐释中可以看到,无论是"优教"的总体思路,还是"强校"的基本筹划,都提到了质量问题,因为质量是"优"和"强"的根本的、终极的体现,离开了质量这一关键要素,谈任何东西都是空谈、白谈。

基于以上诸多思考,近几年来,为达至优教、强校目标,我们着重做了以下几件事情:

以正向教育为主导的德育探索;

以项目式学习为引领的教学改革;

以专业精进为诉求的师资队伍建设;

以"精细、精致、精进"为标志的优强文化培育。

我们的期望是:通过抓好这几方面的工作,将学校的教育教学质量提升到更高一级的水平,高标准实现"强校"目标。

# 四

几年来,通过优质教育建设和强校工程实施,市北初北校正在奋进之路上大步向前。发展,成为学校工作的主旋律;学生,遨游在发展的"天空";教师,日益走向专业精进;学校,紧紧跟进时代节拍。一路走来,我们的体认感悟主要集中在两点:

第一,"新优质"建设、"强校工程"本身就是发展性资源。它们既是物质的也是精神的,是教育生产力的一种存在方式,或者说,其本身就是教育的"新质生产力"。

人们通常认为,教育生产力主要是知识技术的生产力。无论我们具有多么先进的计算机网络和配置多么优良的物质条件,我们的教育水平也不会自动得到提高。这就意味着,教育生产力的生命力在于:教育运行过程中的实践力和创新力。"新优质"建设、"强校工程"可视为教育生产力的载体,利用这一特有资源,引导学校师生拓宽眼界,丰富他们的历史观、发展观、科学观,形成适应社会发展的关键能力和必备品格,并在此过程中实现多元转化:

一是将见闻转化为思想。这里的"思想",是指思考、求索后的感悟、心得。在"新优质"建设、"强校工程"实施中,我们会遇到许多新事物、新问题,经过我们的思维加工、实践体验,从而建立起新的认知,形成新的思想观念。

二是将知识转化为能力。知识形态的东西变为能力形态的东西,这是学习过程中的一种飞跃,"新优质"建设、"强校工程"为这一飞跃提供了极好的条件。例如,按照新优质学校评价指标和标准,对学校工作进行客观、公正、恰如其分的评估。

三是将认识转化为实践。实践着的东西才具有生产力的属性,因此,"新优质"建设、"强校工程"特别强调其实践诉求,这也是我们一直着力探讨的问题。譬如,在充分认识强校工程战略意义的基础上,将相应的策略、方法应用于行之有效的具体操作。

上述三个转化的过程,其实就是师生学、思、行的过程,三者密切联系,相辅相成。

一言以蔽之,从一定意义上可以说,"新优质"建设、"强校工程"本质上是为了提高学校培养合格人才的生产能力。

"优教"也好,"强校"也好,作为一项"工程",总有开工、竣工的时候,但作为一种事业,它是一个持久的、永续的命题。其理由在于:教育本来就是一种特殊的"工程",是一项一项育人"工程"的接力、组合和集成。"新优质"建设、"强校"工程虽然作为"工程"会在计划、方案中作出时间上的安排,会有一个结束时间,但人才培养的特殊性及周期长的特点,决定了教育领域的"工程"不会因名义上的结束而结束。对此,我们必须有清醒的思想认识和长足的精神准备。

第二,"优教"与"均衡"密不可分。两者体现在"优质均衡"这一新思维上。

首先,"优质"很大程度体现在"均衡"上。具体表现在:

一是资源分配的均衡为教育走向优质提供了条件基础。一个优质的教育体系应该确保教育资源的公平分配,不论是在城市还是农村,不论是富裕还是贫困地区。每个学生都应该有机会获得高质量的教育资源,包括优秀的教师、完备的教学设施和丰富的学习资料。只有这样,才能保证每个学生都能在同样的起跑线上开始他们的学习旅程。

二是入学机会的均衡为教育走向优质提供了制度保障。每个学生都应该有机会接受全面的教育,包括知识、技能、品德、艺术等各个方面。优质的教育不应该只关注学生的考试成绩,而应该注重学生的全面发展,培养他们的创新精神和实践能力。同时,教育机会的均衡还体现在特殊教育和终身教育上,应该为每个需要的人提供合适的教育机会。

三是办学质量的均衡为教育走向优质提供了效益支撑。优质的教育不仅要求资源分配和机会的均衡,更要求教育质量的提高。这包括提高教师的教学水平、完善课程设置、改进教学方法等。只有不断提高教育质量,才能真正实现优质教育的目标。

可以认为，教育的"优质"很大程度体现在"均衡"上。只有实现教育资源的公平分配、教育机会的全面覆盖以及教育质量的不断提高，才能真正实现优质教育的目标，为每个学生的全面发展打下坚实的基础。

其次，"均衡"也要讲"优质"。

现在提出的"优质均衡发展"，正是这一观点在现实中的反映。一开始，人们强调的是"优质、均衡发展"，两者呈并列关系，即发展既是优质的，也是均衡的；而在"优质均衡发展"的语境中，"优质"与"均衡"不是并列关系，"均衡"是中心词，"优质"是修饰语，即"均衡"不是一般意义、浅表层面上的"均衡"，而是高水准、高质量、高境界的均衡。

教育的"优质均衡"发展是在"基本均衡"基础上的迭代升级。比之基本均衡，优质均衡当然更胜一筹：全面发展理念更鲜明，学校办学条件更优越，师资队伍实力更强，人民群众满意度更高。实现这样的"均衡"，主要应从四个方面寻求突破：

一是强化"优质均衡"全局"一盘棋"意识。统一区域内义务教育学校办学标准，科学合理地规划学校布局，加快推进学校标准化建设，均衡配置经费、设施、师资等办学资源，推动优质教育资源共享，整体推进区域教育的发展。

二是全面推进区域学校共同体建设。实行对口帮扶，落实帮扶目标、项目、过程、举措；围绕提升育人质量水平，完善共同体内部治理体系，明确学校间协作模式，完善管理运行机制。

三是促进区域教育的紧密融合发展。在教育资源共享、教学教研协作、教师交流轮岗、文化和谐共生、考核评价"一体化"等方面健全机制，促进缩小办学差距和共同提升整体水平。

四是建立健全切实可行的帮扶激励机制。如对参加交流轮岗到学校的教师，在晋升、提级、评优、福利待遇等方面给予适当的政策性鼓励等。

概言之，"优质"的教育需要优质的"均衡"。"优质"的均衡必须能使每一位受教育者享受与其所处时代相适应的教育服务，并在此基础上成为社会发展所需要的有用之材。

第三，"优教"与"强校"必须面向未来。"优教"主要从全局、战略层面规划未来，"强校"侧重从局部、战术层面践行未来。

在当今的教育领域，"优教"与"强校"已经成为促进基础教育良性发展的根本大计。"优教"与"强校"必须坚持从现实出发，同时要面向未来。其理由在于：

一是面向未来是教育发展的必然要求。随着科技的快速发展和社会的不断变化，未来的教育将更加注重学生的综合素质、创新能力、跨学科学习和实践能力等方面的培养。因此，"优教"和"强校"必须紧跟时代潮流，不断更新教育理念和方法，提高教育质量和学校实力，以适应未来社会发展的需要。

二是面向未来可以提高教育的前瞻性和预见性。教育是一项长期的投资，需要具备一定的前瞻性和预见性。通过面向未来，教育工作者可以更好地预测未来社会的发展趋势和人才需求，以及学生未来的发展方向和挑战。这样，他们可以更好地制定教育计划和目标，培养具有未来素养和竞争力的人才。

三是面向未来可以提高教育的适应性和灵活性。未来的社会变化很快，教育需要具备适应性和灵活性，以应对各种挑战和机遇。通过面向未来，教育工作者可以更好地了解未来社会的需求和学生发展的需要，以及各种新的教育理念和技术，从而及时调整教育内容和方式，提高教育的针对性和有效性。

为了更好地面向未来，"优教"与"强校"必须既整体思考，又各有侧重：

"优教"之"优"，重在优质的教育资源、优质的教育环境和优质的教育方法。为了实现"优教"，我们需要着重关注：优化教育资源配置，确保教育资源的公平分配，让每个孩子都能享受到优质的教育资源；营造良好的教育环境，包括学校设施、师生关系、校园文化等方面的建设；采用科学的教育方法，注重培养学生的创新精神和实践能力，以适应社会发展的需要。

"强校"之"强"，重在具有强大的综合实力和强大的社会影响力。要实现"强校"目标，我们突出重点：加强学校管理，建立健全的管理制度，提高管理效率；提升教师队伍素质，加强教师培训和人才引进，打造一支高素质的教师团队；注重学校文化建设，形成独特的办学理念和校园文化，提升学校的软实力。

总之，"优教"与"强校"都要面向未来，这既是教育发展的必然要求，也是提高教育质量和学校实力的关键所在。唯有如此，我们才能培养出更多优秀的人才，为社会的繁荣和发展做出更大的贡献。

我想，"优教"也好，"强校"也好，其意义并非只在入选学校，而是每一所学校都值得去做的"功课"。它也不是一时之策，而是长久之计。

第一章

# 优教强校同频共振

强，是骨子里蕴含着的强大、强劲，是精神和意志的强悍、强势，而无关乎外表。

——题记

关于优质教育，我们需要多层面、多角度地加以考察和认识。比如，什么是优质教育、优质教育有哪些特征或特质、优质教育的发展取向和路径是怎样的、如何加强优质学校建设，等等。我在实践中深切体会到，不将这些问题搞清楚，工作起来就失去了方向感，拿不定主意，就像歌中唱的，只是"跟着感觉走"，或者"月亮走，我也走"，就会迟疑、观望，缩手缩脚，或者有劲也使不上。

在我看来，"优""强"两者的意思是相通的，都是赞美、赞赏、肯定之辞，可以互代、互换。"优"教、"强"校，从过程上看，是形容词用作动词，且为使动用法：使教育"优"，使学校"强"；从结果上看，是作为原属词类，即形容词运用：优质、优良的教育，强力、强劲的学校。实践中这两种含义兼而有之，总之都很优秀。再从办教育、办学校的角度来解读，优教，即办优质教育；强校，即将学校工作做好、做强。除了从字面上加以理解外，"优教""强校"的概念还有其更深层的意蕴：一方面，"优教"致"强"。"强校"必"优教"，非"优教"无以致"强"。通过优化教育政策、教育决策、教育环境、教育资源等，使学校得以健康成长，让弱者变强、强者更强。另一方面，"强校"助"优"。"强校"为"优教"推波助澜、添砖加瓦，并以自身的成长来证实"优教"之优，并促进"优教"更优。

## 一、"优质"与"新优质"

我们知道，所有的"新"都是相对于"旧"而言的。因此，首先有两个问题必须搞明白：原来我们所讲的"优质"是何意，现在我们所称的"新优质"又包含了怎样的内涵？究竟"新"在哪里？

教育总是带着时代的烙印。随着社会的不断发展和教育改革的深入推进，人们对优质教育的理解和追求也在不断变化。我们原来所讲的优质教育，即传统观念下的以高分为标志的优质教育，随着社会和教育的进步，其精神内涵也在不断变革和丰富，优质教育也被赋予了新的涵义。

### （一）优质教育：承载中国传统教育精华

就区别于传统应试教育而言，现代优质教育是着眼于人的多方面发展，特别是个性化发展的全面素质教育，它所追求的是如何让一个人成为社会的优秀成员。然而不可否认的是，现代优质教育汲取了中国传统教育的养分，让我们对到底什么样的教育才是优质教育在心目中形成了影像。

1.优质教育的丰富内涵

优质教育是一个综合的、深刻的概念，人们通常所理解的优质教育，大致体现在这样一些方面。

优质的教育资源：包括优秀的教师、完备的教育设施、充足的教育经费等，这些是教育质量的重要保障；

全面的教育内容：不仅关注知识的学习，还重视学生的全面发展，包括思想、道德、体育、艺术、劳动等方面的教育；

多样化的教学方式：因人而异，因事而异，以适应不同学生的学习需求和风格，充分调动学生的学习积极性；

活跃的思维和创新：不仅教给学生知识，更重视培养学生的思维能力和创新能力，引导学生独立思考，鼓励他们自主解决问题；

和谐的师生关系：重视师生关系的建立和维护，教师尊重学生、理解学生，关注学生的情感需求，在教学中能有效沟通、积极互动；

个性化的学生发展：注重每个学生的特点和潜力，提供个性化的教育和指导，帮助学生发现和发展自己的优势、强项和兴趣；

良好的教育环境：注重营造积极、健康、协调的教育氛围，让学生在安全、舒适的环境中学习和成长；

协力同心的家庭教育和社会教育：重视学校与家庭、社会的协同配合，共同促进学生的全面发展；

高向度的教育公平：让每一个学生都有机会接受高质量的教育，而无论其社会背景和经济状况如何；

有效的教育评估：优质教育采用科学、有效的评估方式，对学生的学习成果进行客观、全面的评价，并提供有针对性的反馈和建议。

以上这些，作为价值判断，当然都是很有道理的。在此，我想从过程实现的角度，对优质教育作一点叙述式的表达。

（1）优质教育的目标追求。教育应该是最富于理想的事业，包括对于美好人生和美好社会的理想。因此，优质教育以为学生的幸福人生奠基、为社会培养优秀公民为本质追求。其内在涵义包括：促进学生综合素质的提升，实现德智体美劳多方面的发展；促进学生的心理成长，形成阳光心态和健康人格。学校生活中充满了对所有学生的深切关注，没有人被忽视或被遗弃。所以，优质教育并不单是升学率高的教育，因为一所学校升学率的高低，受许多因素的影响，其中非常重要的是生源质量。大量研究表明：影响学生学业成绩的首要因素是学生的家庭文化背景，其次才是教师的素质，然后才是学校的课程与硬件设施。

（2）优质教育的过程品质。从教育过程的品质来说，优质教育是充分关注学生生命成长的，是能够让生命的活力充分涌动的，是能够让智慧之花尽情绽放的。很多学校坚持"让每一个生命得到充分发展"的办学理念，教育过程中对学生充满关心、同情、谅解和包容，帮助学生缓解学习中的焦虑和压力，让他们自由地释放天性；教师在工作中敬业乐群，更多地给自己积极的心理暗示，团队成员和师生之间相互激励；着力提高课堂教学的效率，真正实现有效教学；校园处处活力绽放，洋溢着乐观、积极、进取的气息。

（3）优质教育的作用成效。从效果上来考察，优质教育必须是能够促进学生自主发展、和谐发展、个性化发展和可持续发展的教育。许多地方将考上一流高校的人数作为评价一所学校办学质量的指标，虽然无可厚非，但将其作为唯一指标并就此定论，显然有失偏颇。一份试卷，考查学生知识掌握的情况和析题解题的能力是切实可行的，但要综合反映学生自主发展、和谐发展、个性化发展和可持续发展等情况，则是比较困难的。问题的关键还在于：考生临场应试也是一种心理能量的比试，有的心态稳定，胸有成竹而善于应试，临场发挥佳，如果试题内容"正中下怀"，则平时学习表现一般的人亦可超常发挥；有的看到试卷就心跳加速，焦虑担忧而不善应试，临场发挥差；倘若试题内容与自己掌握知识的状况稍不对路，则日常学习得心应手的人也可能发挥失常。还有专家一针见血地指出：会考试不见得会创新，因为考试检测的主要是知识掌握的熟练程度，考试要求一定的回答问题的速度，这个速度往往与熟练程度有关，所谓的"熟能生巧"；而创新并不一定需要思维敏捷性的品质，却很需要原创性和深刻性的品质，而这两种品质是在有时间限制的纸笔相加的考试中不易检测出来的。即使考试试卷设计得很好，更多的只能检测出解决问题的能力，而不是发现问题的能力。而对于学术和技术创新来说，发现问题的能力是更本质、更重要也更高级的能力。这些独到见解，可谓一语中的。优质教育以促进学生自主发展、和谐发展、个性化发展和可持续发展为追求，其育人成效与以"育分"为诉求的单纯应试教育自是不可同日而语。

（4）优质教育的均衡发展。这是将对优质教育的认识上升到了新的高度、新的境界。从一个国家对均衡优质教育的重视程度,可以看出其对国家共同繁荣的重视。均衡优质教育就是公平、公正地对待不同背景、不同区域,公平、公正地对待不同种族、不同民族,公平、公正地对待不同家庭、不同对象,让所有人享受优质教育的机会尽量平等。这应该是优质教育的根基。

2. 优质教育的基本特质

"优质"之说,当属质量评判范畴。质量应该是有标准的。关于优质教育,鉴于涉及面很广,权威的、统一的标准,似乎很难形成;至于优质学校,由于范畴相对集中,相关标准渐见端倪。可以认为,我们目前所讲的优质教育,在理论和实践上尚处于探索求证之中。

《中国教育现代化2035》提出了"发展中国特色世界先进水平的优质教育"这一重大战略任务,并明确提出"完善教育质量标准体系,制定覆盖全学段、体现世界先进水平、符合不同层次类型教育特点的教育质量标准,明确学生发展核心素养要求",还强调要建立中小学学科学业质量标准、体质健康标准、职业教育人才培养质量标准、中小学课程标准,建立以师资配备、生均拨款、教学设施设备等资源要素为核心的标准体系和办学条件标准动态调整机制,构建教育质量评估监测机制和建立全过程、全方位人才培养质量反馈监控体系。这就大体上明确了优质教育的发展方向和成长内核。

这里,我们从优质学校的角度来大致知道一下达标的优质教育到底应该是怎样的。

很显然,在推进教育现代化进程中,学校是承载着育人重任的关键单位,如能在课程标准、学科标准、教育管理标准、办学条件标准等单项或分类标准之外,增设以学校为单位的"学校现代化标准",无疑有助于调动校长和教师积极投身学校现代化建设的热情,并在"因材施教、知行合一"等发展理念的引领之下,扎根本土、融通中外,将优质教育办出中国特色和世界水平。

有学者指出:一个现代化的学校,要追求什么样的价值? 答案一般是科学的、民主的、法治的、开放的、公平的,而且是可持续发展的。但是,如何将科学、民主、法治、开放、公平和可持续发展这些较为抽象的价值观念,转化为一种可观察、可测量、可比较、可分析的"尺度"呢? 这需要一种有技术含量的转换。近些年来,有关方面与长三角和中西部一些地区及学校合作,提炼出一个包含有5个"E"的优质学校标准的概念框架,即赋权(Empower)、公平(Equality)、效能(Efficiency)、生态(Ecology),4个"E"汇聚为一个大的"E",即 Excellent School——优质学校。赋权指的是学校内部治理中的分权、放权、监权及问责,公平包含了学校内部尤其在教育过程中教师对学生的平等对待和差别对待,效能不仅指学校的育人成效,也指个人的效能感,生态包括校内关系氛围的融洽及学校与家庭、社会的和谐共生。[①]

尽管这些还不是"标准"本身,但我们从中还是可以窥见其大致的框架和身影。

另一方面,我们也来看看现阶段人们心目中的"优质教育"到底应该具有怎样的特质。

(1)优质教育具有精英教育的合理内核。精英教育旨在为国家培养经世致用之才。其合理内核心主要体现在两点:培养孩子的创新思维和培养孩子能自己做正确的选择。

先说创新思维。很多情况下,创新和优质就一对"双胞胎"。事实上,很多创新恰恰是在经历失败后诞生的。创新思维在学习当中是非常重要的,尤其是现在时代变化如此之快,很多专业知识每天都在更新。我们唯一能够一直拥有的,就是那些创新的思维。而想要培养出这样的思维,学校首先要做的,就是教给孩子如何去接受和拥抱失败。这是培养经世致用之才的起码要求。

再说正确选择。为了培养学生自己做出正确选择的能力,学校教育要搭设平台,寻找和利用机会,让学生从小就跟一些成人(尤其是成功的成人)开展互动和对话,甚至是争辩。这样,他们就会觉得自己有能力跟这些成人学习沟通,这非常有助于他们建立自信。

我觉得,精英教育值得借鉴的,主要就在这两点。有的人认为精英教育关键是优秀生源,对此我们不能一概否认,但作为教育工作者必须清醒地认识到,如果忽略了这两点,精英种子未必能成为真的"精英"。我觉得,有些重点中学掐尖招生无可厚非,在一定程度上是有积极意义的,但要注意控制好度,控制好范围,否则,生源主导下的"精英教育",与"优质教育"可谓"风马牛而不相及"。

(2)优质教育具有大众教育的基本内核。在探讨和追求优质教育的过程中,我们必须清醒地认识到,人们所追求的优质教育,并非简单地提高教育标准和增加教育资源投入,而是必须具备大众教育的基本内核。

首先,大众教育是公正平等的教育,因而具有大众教育基本内核的优质教育必须坚持公平性原则。无论是在城市还是农村,无论家庭经济条件如何,每一个孩子都应该享有平等接受教育的机会。优质教育不是只为少数人服务,而是要确保每

---

① 杨小微.以标准引领中国教育现代化发展[N].社会科学报,1650(4).

一个孩子都能获得良好的教育资源和教育环境。只有在公平的基础上,才能实现教育的普及和质量的提升。

其次,大众教育是培养合格公民的教育,因而具有大众教育基本内核的优质教育必须注重学生的全面发展。在传统的应试教育模式下,学生往往只注重考试成绩而忽略了其他方面的发展。优质教育应该关注学生的综合素质,注重培养他们的创新精神、实践能力、团队协作能力和社会责任感。只有这样,才能培养出既有知识又有能力的人才,为社会的进步和发展做出贡献。

再次,大众教育是教师主导下的系统化教育,因而具有大众教育基本内核的优质教育必须以教师为核心。教师是学生成长过程中的引路人。优质教育需要有一支高素质、有责任感的教师队伍。学校应该注重教师的专业发展和师德建设,提高教师的教育教学水平,让教师在教书育人的过程中感受到职业的成就感和荣誉感。

最后,大众教育是全民关注并参与的合力教育,因而具有大众教育基本内核的优质教育必须学校教育、家庭教育、社会教育相融合。学校应主动作为,建立三方面密切合作关系,促进与家庭、社会的互动和交流,引导家长正确认识和参与孩子的教育过程,同时积极利用社会资源,为学生提供丰富的实践机会和社会体验,为各行各业培养有专长的劳动者奠定坚实基础。

(3)优质教育具有素质教育的灵魂。优质教育着眼于培养学生多方面的素质,提升他们的综合素养,这也是素质教育的"初心"和"灵魂"。也只有这样,才能真正实现教育的本质价值。

首先,优质教育以学生的全面发展为核心目标。传统应试教育过于注重分数和成绩,导致许多学生出现了"高分低能"的现象。而素质教育则更加强调学生的综合素质,包括品德、知识、能力等方面的全面发展。因此,优质教育应当注重学生的全面发展,不仅关注学生的知识水平,更关注学生的能力、情感、价值观等方面的提升。

其次,优质教育注重培养学生的创新精神和实践能力。在当今这个充满变革和挑战的时代,创新精神和实践能力已经成为个人和国家的核心竞争力。优质教育应当鼓励学生发挥创新思维,勇于尝试和探索,同时加强实践教学,让学生在实践中学习、思考和创新。

再次,优质教育关注学生的个体差异和个性化发展。每个学生都是独一无二的个体,具有不同的兴趣、特长和潜力。优质教育应当尊重学生的个体差异,提供多样化的教育资源和教学方式,让每个学生都能得到适合自己的教育和发展机会。

最后,优质教育注重强化教师的专业素养和教育理念。教师的专业素养和教育理念是影响教育质量的关键因素之一。优质教育应当注重教师的专业成长和发展,提高教师的教育教学水平和能力,同时引导教师树立正确的教育理念,促进学生多方面素质和综合素养的提升。

(4) 优质教育体现全民教育的宗旨。面向全体学生,促进每一个人多方面、个性化的发展,是优质教育的重要标志之一。其中最突出的,就是要努力实现学习困难学生的转化,让他们同样能得到适合自己的良好的教育和培养。

目前,我们的教育存在着某些分化、固化现象,有的学校锦上添花,众望所归,越办越红火;有的雪上加霜,资源不济,越办越落寞。特别是一些薄弱学校,由于各种各样的原因,成了学习困难学生迫不得已的求学栖身之地。其实,学习困难学生太集中,不利于他们自身的成长,也无益于面广量大的一般学校的发展。因为学习是讲究风气、氛围、动力的,生源因素的确举足轻重,它对学校、学生乃至教师的发展都至关重要。

以上四点是优质教育最关键的特质,缺少了其中任何一点,就谈不上"优质教育"。

在从特质层面对新优质进行分析后,我们再来就新优质教育的主要特点做一个大致的概括:

新优质教育是一种更加注重创新、开放和包容的教育理念,它强调教育的多元化和个性化,注重培养学生的批判性思维和创新能力,鼓励学生自主探索和发现。

新优质教育注重教育的合作与交流,倡导学校、家庭、社会共同参与教育过程,形成教育合力。这种教育理念不仅关注学生的知识学习,更关注学生的情感、态度和价值观的培养。

新优质教育还强调教育的公平性和普及性,关注弱势群体的受教育机会,努力消除教育不公现象。它注重教育的可持续发展,关注环境保护、社会公益等方面的教育内容,培养学生的社会责任感和公民意识。

概而言之,传统优质教育和新优质教育都是关注质量、追求卓越的教育理念,但它们在教育目标、教育内容、教育方式等方面存在一定的差异。我们应该在实践中不断探索、不断完善,促进传统优质教育和新优质教育的有机融合,为学生的全面发展提供更加优质的教育环境。同时,我们也需要不断更新教育理念,适应时代发展的需要,将基础教育事业不断推向前进,为培养更多具有创新精神和实践能力的人才做出贡献。

## （二）新优质教育：基础教育的现代诠释

我国对基础教育的研究从来没有停歇，教育改革的呼声也一直很高。改革的理念和举措，大都集中在新与旧、传统与现代、继承与创新上，着重解决是什么、做什么、为什么和怎样做的问题。

### 1. 新优质教育与传统优质教育的比较

新优质教育作为近年来兴起的一种教育模式，与传统优质教育相比，有着很多相似之处，但也存在一些明显的差异：

首先，新优质教育和传统优质教育都有着自己的目标。新优质教育更加注重学生的全面发展，注重培养学生的创新精神和实践能力。而传统优质教育则更注重学生的知识掌握和考试成绩。

其次，新优质教育和传统优质教育的授课方式也存在差异。新优质教育更加注重学生的主体地位，采用小组讨论、团队合作等互动方式进行教学。而传统优质教育则更注重教师的讲授，学生被动接受知识。

最后，新优质教育和传统优质教育的评价方式也有所不同。新优质教育更注重学生的综合素质评价，关注学生的全面表现。而传统优质教育则更注重学生的考试成绩，以分数为唯一的评价标准。

虽然新优质教育和传统优质教育存在差异，但它们也有着共同的目标：培养优秀的人才。因此，我们应该在实践中将两种教育模式有机地结合起来，扬长避短、长善救失，不断探索、不断完善，为学生提供更好的教育环境和服务。

### 2. 新优质教育之"新"

什么是"新"？有人做了很好的概括：当一些理念渐被遗忘复又提起的时候，它是新的；当一些理念只传之于言而见之于行的时候，它是新的；当一些理念由模糊走向清晰、由空洞走向丰富的时候，它是新的；当一些理念从旧时的背景走到现在的背景去传承、去发扬、去创新的时候，它是新的。这种多元化的解释，对于我们认识"新优质教育"很有启发。

关于新优质教育，"新"，是其生命力之所在。紧扣这个"新"字来认识和理解"新优质"，对于"新优质教育"的贯彻实施具有十分重要的现实意义。这里主要谈一谈自己的认识，大致可归纳为三点：

（1）新优质：一个相对而言的概念。对"优质教育"的认知，我倾向于将其作为非相对概念来理解，也就是说，它并非相对于"劣质教育"而提出来的，在教育的范畴内,如果真的有"劣质教育",那是令人难以想象的,因为教育从事的是人才培养的事业,人才培养是绝对排斥"劣质教育"的;换言之,"劣质教育"绝无生存空间。

"优质教育"是动态的、发展的概念,它不可避免地会烙上时代的印记。中国古代的私塾型、书院式教育,在今人的眼光里,用现在的培养目标、内容、方法和要求来衡量,肯定很难冠以"优质"之名,但我们不能就此而否认它在当时那个年代是属于优质之列的。在我看来,"优质教育"就是一个"自性"概念,它不去涉及别的任何与"质"有关的教育形态、方式或观念,它只是一种本性、本心的自行存在,自己对自己有某种解释。

不过,"新优质教育"就要换一个视角来考察了,它应该是一个相对而言或者相比较而言的概念。我曾经反复思考过这样一个问题,"新"总是相对于"旧"而言的,没有"旧",便无所谓"新";反之,没有"新",则无所谓"旧","新优质"是不是相对于传统思维、传统观念中的"优质"所说的呢?也有人表示,"新优质"不是相对概念,主要是强调新思考。话当然可以这么说,但大众思维却认定其是相对而言的概念,即便是"新思考",那也是相对于或相较于"旧思考""原思考"而思考的呀!毋庸讳言,任何一个新概念、新事物都是在一定的前提、基础上产生的,而非凭空生成的,且从逻辑关系上讲也的确如此。其实,"相对"未必是完全"对立",新与旧,也蕴含着接续、传承的关系。很多情况下,相对而言的事物也可以相辅相成。前面提到,我们目前所讲的优质教育,在理论和实践上尚处于探索、求证之中,这也同时意味着,作为相对而言的"新优质教育",其标准当然也有待探讨。但有一点可以肯定,新优质教育的提出,是在更高层次、更大层面上推陈出新的教育理念和教育形态。"优质"冠之以"新",相对于传统"优质"观念,自然有其新的更丰富、更深刻的内涵。以下谈谈个人的理解。

先从生活中的品牌产品讲起。

众所周知,中国名牌白酒品种繁多、各有特点,或以原料显其独到,或以工艺展其所长,或以包装见其出众,但品质俱优。如酱香型白酒,以茅台酒为代表,酱香柔润是其主要特点,发酵工艺最为复杂,所用大曲多为超高温酒曲;浓香型白酒,五粮液等可为代表,以浓香甘爽为特点,发酵原料多样,以高粱为主,发酵采用混蒸续渣工艺。在名优酒中,酱香型贵州茅台首屈一指,然产量有限;浓香型五粮液等紧随其后,而产量最大。前者,犹如我们的重点中学;后者,犹如一般中学中的佼佼者。真正的优质教育不会拘泥于一种模式,而应该是百花齐放、异彩纷呈的。相对于传统"优质"之外的"优质教育",均可归入"新优质"之类。

从培养目标的角度来看,新优质教育的根本,应该是促进学生得到适应社会所需要的、适合个体自身特点的多方面素质的发展,用国家教育方针的话语体系来表达,即"培养德智体美劳全面发展的社会主义建设者和接班人"。试想一下,如果我们的教育所培养的人,只是一心想着脱离家乡,想着远走国外,这算得上是"优质教育"吗? 如果算是,这又算是哪门子的"优质"呢?

(2)新优质:一个与时俱进的命题。优质教育也是一个发展的、与时俱进的概念,其内涵也会烙上时代的印记。换言之,今天的优质教育,与过往的、未来的优质教育都会有所不同,从这个意义上讲,"新优质"教育也不会只是固定的模式。

从一定的道理上讲,"新优质"也应该有其评判标准。"新优质教育"的涵盖面比较大,加上其动态发展性,故具体标准的建立需要有一个比较长的过程。实践中人们对"新优质学校"的标准探讨得比较多些,且共同指向于以下诸方面。

一是以"发展规划"为指引。学校能够高瞻远瞩制定切实可行的发展规划,明确发展的价值取向、目标定位、发展思路、发展策略,并在办学特色培育、校园文化建设、管理机制创新等方面有系统的思考和部署,这是建设新优质学校的基本依循。

二是以"人的发展"为追求。新优质学校要回归教育本原,坚持以人为本,不再把学业成绩、分数排名作为衡量学校优质与否的唯一标准,真正关注人的发展,包括学生与教师的发展;关注如何让教育过程更丰富、师生关系更和谐、多样化学习需求更充分满足;关注每一个学生的内心世界,进而通过课程的浸润使其内心世界更丰富且更有追求,这是判断一所学校是不是新优质学校的核心依据。

这里特别要强调一下教师的发展。精良的教师队伍是新优质学校综合实力的基本体现。学校要根据现有条件充实师资配备;教师要学习、领会新优质理念,不断提高教育教学艺术水平,自我成长,并以此促进每位学生的发展。

三是以"面向全体"为信念。对不同起点的孩子,通过不同的教育方式促进其内心世界的发展和学习习惯、学习能力的形成,当他走出学校面对社会的时候,能够充满自信,这样的学校就是一所优质学校。

四是以"创造成功"为己任。坚持相信每个学生都可以成功的理念,并将其转化到学校工作的所有方面,成为师生们的共识和共同行为,最终形成学校每一个成员所认同的校园文化。

五是以"特色育人"为谋略。努力形成办学特色,着重在特色教学、特色文化、特色管理等方面精心规划、精密设计、精细实施,尤其要注重聚焦课改,以教与学为中心,进行变革,因为教学优势是新优质学校最重要的优势。此外还有家校互动、家校共育等。

(3)新优质:一个影响教育走向的决策。随着社会的快速发展和人们对教育质量的日益关注,"新优质"不仅成为广大教育工作者热烈探讨的话题,同时也成为教育政策制定者关注的热点。在这样的背景下,关于教育的决策必然直接影响基础教育的走向。这种影响主要体现在:

首先,新优质强调的是优质的教育资源和教育服务。这包括优秀的教师、先进的教育设施、丰富的学习资源和良好的学习环境等。通过提供这些优质的教育资源和教育服务,新优质旨在提高教育质量和学生的学习成果。

其次,新优质注重学生的全面发展。传统的教育模式往往过分强调学生的学科成绩,而忽视了其他方面的发展。新优质则认为学生的发展应该是全面的,包括学术、品德、体育、艺术等多个方面。因此,新优质要求学校提供多样化的课程和活动,以满足学生不同领域的发展需求。此外,新优质还强调教育公平。在新优质的理念下,所有学生都应该有机会接受优质的教育,无论他们来自什么样的家庭背景和社会环境。为了实现这一目标,政府和教育机构需要加大对弱势群体的支持力度,如提供更多的教育补贴、增加教师资源等。

因此,新优质是一个影响教育走向的决策,新优质教育是我国教育优质均衡发展的客观要求。虽然"新优质"对教育走向的影响未必非常久远,但至少会影响一个比较长的阶段。我们是站在一个新的起跑线上,尽管走向新优质的道路可能会遇到艰难曲折,但我们唯有义无反顾、勇往直前。

总之,在我的心目中,新优质教育就是促进学生全面发展的教育,是真正意义上的以核心素养培育为指向的素质教育,是面向全体学生的大众教育、公平教育。它致力于提高教育的整体水平,不仅是一种追求卓越、关注质量的教育理念,更是一种对教育核心价值的坚守和追求。

(三)新优质教育:有待我们不懈地努力

前面说过,新优质教育的关键在于一个"新"字,在未来的教育工作中,我们必须在"新"上有所突破,要有新思维、新理念、新举措、新行动。

1. 新优质教育的重点突破

就新优质教育而言,当前,我们必须注重以下几点:

一是加强对学生个性和特长的关注,充分发掘学生的潜力和优势;

二是注重培养学生的创新思维和实践能力,提高学生的综合素质;

三是关注学生的心理健康和成长需求,为学生提供全方位的帮助和支持;

四是建立良好的区域生态,学校、家庭、社会协同育人;

五是教育工作者的育人理念与育人实践同步,真正实现言行一致。

2. 新优质学校的关键举措

从我个人的有限接触来看,人们似乎提及"新优质教育"的不多,更多的是以"新优质学校"为话题。其实,这出并不奇怪,因为相对而言,在大众的印象中,"新优质教育"可能比较抽象一些,而"新优质学校"则比较具体一点。对看得见、摸得着、走得进的"新优质学校",大家的关注度自然更高。

对于"新优质学校",则需在上述重点突破的基础上抓好三大关键:

一是要坚守新优质学校的核心理念。包括遵循教育发展规律和学生成长规律,充分发挥学生潜能个性,让每一个学生健康快乐成长;

二是要创新新优质学校发展方式。通过沉浸式调研,挖掘关键经验,建立基本模型,分析关键问题,设计关键的行动项目,寻求改革提升的策略路径;

三要深入开展新优质学校专业研究。特别是要加强对学校发展规律的研究,提炼学校发展的普适性经验,形成可推广和借鉴的有效做法。

我始终认为,关键的关键,还是要弄清楚新优质学校到底"新"在何处。

相对于传统优质学校、普通学校有何区别?有专家指出:其根本点在于价值追求。

新优质学校在综合时代要求和自身理想的基础上,凝练了核心价值追求,即坚持回归教育本原,促进学生全面发展、素养培育及精神品格成长;坚持提升学生学习生活质量,办学生喜欢的学校,丰富学生的学习生活经历,促使学生主动发展;强调学校主动发展,坚持在常态条件下,学校主动探索,走内涵发展之路;强调为人民办学,坚持有教无类、因材施教,办好老百姓家门口的每一所学校。

上海在新优质学校建设方面是捷足先行的,经过经验提炼、能力建构、成果总结、集群发展后认为:新优质学校是以"回归教育本原"为核心理念,根据学生身心发展规律、学校发展规律,促进学生健康快乐成长,让学生的精神品格得到培育,获得全面而有个性的发展的学校。其基本特征有学生全面可持续的发展、适切的课程、有效而差异化的教学、积极向上的师资队伍、聚焦学生发展的管理与文化。其基本建设路径有理念引领、问题突破、优势带动和评估促进等方面。经过十多年探索,上海涌现了一批老百姓家门口的好学校,成就了一批校长与教师,为上海基础教育优质均衡发展做出了应有贡献。

上海新优质学校建设取得了一定成绩,形成了一定经验,但是它"新"在哪里呢? 新就新在"办成新时代教育的价值标杆"。可见,新优质学校的"新",不在于任务、策略、方法与技术有多新,关键在于价值理念的"新"。

价值是指客体的属性和功能与主体需要间的一种效用、效益或效应关系。学校教育活动具有多种功能与价值。不同的人或不同机构,出于自身的需要与理解可能会做出不同的选择,表现为重视某些功能,轻视另外一些功能,这就体现为价值追求。

新优质学校的价值追求,是新优质学校对教育活动产生的功能进行的选择与探索,强调将党、政府的教育价值追求与广大人民群众的教育价值追求联结起来,将理想的教育价值追求与学校师生的现实教育价值追求衔接起来,回归育人本原,体现教育的时代性。

因此,我们要深入贯彻执行党和国家的教育方针,落实立德树人的根本任务,回答好"培养什么人,怎么培养人,为谁培养人"的问题,根据中国式现代化的需要,真正培养德智体美劳全面发展的社会主义建设者与接班人,为中华民族伟大复兴培养有理想、有本领、有担当的时代新人;必须立足学校历史、现状,及时回应学生、家长和教师的发展需求,切实推进学校发展,把学校办成老百姓家门口的好学校;学校要根据自身对教育价值的理解,对学校教育价值的期盼,提出既能仰望星空,又能引领实践的价值追求。

"新优质"项目作为上海市基础教育改革推进中的重要举措,它以"不挑选生源、不只唯分数、不集聚资源"的"家门口的好学校"为对象,提炼这些学校的办学经验,从而推进教育改革和均衡发展。我们将学校的新优质建设立足于以下几个方面,坚持以"新"促"优"。

一是树立新观念,与时俱进。随着"新优质"项目的持续推进,"三全"观念在教师队伍中日益深入人心,即"面向全体"的事业观、"全员育人"的教育观、"全面发展"的质量观。"三全"观念进一步深化和丰富了学校的教学改革指导思想,对于学校课改由课内向课外的延伸,促进师生素质的共同发展,提高学校的教育教学质量产生了重要的推动作用。

二是设立新愿景,提升魅力。加强学校精神文化建设,结合学校的优良传统,在广泛听取各方意见的基础上,形成了市北初北校的校园文化顶层设计稿,将新优、强校、集团三股绳拧成一股劲,系统性思考、一体化运作,建立起共同的发展愿景。

三是确立新亮点,增强实力。注重学生核心素养培育,坚持"新优"带动、"强校"推动、"集团"联动,互动、互补、互促,紧紧围绕课程改革的目标与任务,开设适合学生的课程,加强指导和引领,把先进的教育理念转化为深化改革的实际行动,在改革实践中提升课程理念。

四是建立新规范,激发活力。完善《学校教师日常行为准则》《学校教学常规》,规范《考务细则》等相关制度,逐步建立并不断优化教学管理工作规范与流程,严格教学要求、教学监控、学习行为规范,用制度规范管理,形成有效的激励机制。学校努力在教职工中树立"管理即服务"的意识,做到管理人性化、网格化。每位行政干部,都深入一个年级组和一个教研组,关注教师的变化和成长,增强组室的凝聚力。学校完善民主化的管理方式,重视各部门之间的分工与合作,以沟通、交流、协作等方式实现目标统一。

五是创立新方法,科学评价。实施"新优质",学校工作、教育教学质量等的考核评价便成为重要的突破口。我们认为,单就评价工作而言,评价只是方法,导向才是目的。因此,这几年我们一直在重点探讨教育教学的"导向性评价"。我们有意识地淡化评价结果,更重视关注学生的思想、习惯、学业发展的综合表现,结合绿色指标测试反馈结果,以每位学生的学业发展折线图关注学生的成长过程,用"进步"指标关注每个学生基于原有基础上的"增值",使"指数"成为一种动态发展的对学生评价的标杆,以达到评价的最终目的、发挥评价的最大效益。通过评价,学生不仅可以知道自己的学习情况,更能清楚知道自己的优缺点,逐步拥有了判断自己学习质量和进步的机会,加强了自我评价意识,在提高了自我评价能力的同时每天进步一点点。"导向性评价",使我们的老师成为学生学习过程中的合作伙伴,走出了"为评价而评价"的形式主义"怪圈"。

## 二、"优教"与"强校"

优质教育需要政府、全民、全社会共同来办,这是天经地义的,但具体落实是在学校,这也是毫无疑义的。正因为如此,我们常常在讲"优教"的同时,不可避免地要谈到"强校"。

"优教"与"强校",在理论逻辑上没有次序之分、层级之别,其内涵是相通、交融的,运作是互动、互补的,成果是共生、共享的。

（一）"优教"促进"强校"

这是我们对自身实践的总结，因为我校"新优质"建设是先行一步的，"强校"工程随后跟进，其间，"优教"对"强校"的促进作用是显而易见的。

在优教、强校的身体力行中，"新优质"建设使我们更清晰地看到了强校之所以强的内蕴和外在。我们在实践中深深体会到：比之于普通学校，强校之"强"，最主要的是体现在"追求卓越"：创造出色的事物，为他人提供发展的空间；培养优秀的人，帮助他们凸显生命价值；争取一流的业绩，理念先进、管理规范、品质优良。

如何实现"优教"促进"强校"？这里，我们从新优质学校发展方向和路径的角度做一些探讨。

1. 确保教育回归育人本原

通过推进新优质学校项目，促进教育价值取向从高度追求现实功利，转向追求教育对人发展的价值。

教育本来就是有目的、有计划、有组织地培育人的社会实践，本质上是使学生学习知识、掌握技能，形成能力，丰富内心的精神世界，成为社会人的过程。而学科测试分数或其他方面的测量成绩，都是用来反映学生相关方面发展水平的指标，本来它们只是工具而已。但是在现实中，人们把工具当作了本体，当作了目的，这就本末倒置了。所以，新优质学校回归育人本原，就是要追求教育的本来面貌，而不是被工具牵着鼻子走。

新优质学校回归育人本原，必须做到以下几个方面：

第一，促进学生的全面发展。它包含两层含义：其一，使学生德智体美劳各方面素养得到全面培养；其二，使每一个学生都得到发展。从第一点看，新优质学校始终坚持全面的育人质量观，把提升国家课程校本化实施质量作为第一要务，通过为学生提供丰富多彩的学习经历，促进学生素质全面提高。学业成绩是需要关心的，但它只是需要关注的众多方面的一项。从第二点看，新优质学校提倡在尊重差异、理解差异、接纳差异、适应差异方面开展教与学的变革，保证每一个学生得到应有的尊重，保证每一个学生的学习权利，为所有学生提供有效的学习经验，满足学生个性化学习的需要，提升教育对每一个孩子精神发展、生命发展的价值。

第二，培育学生的核心素养。我国传统的中小学教科书主要采用以"基本知识、基本技能"为主线、"螺旋式上升"的编排方式，在日常教学中抓"双基"十分扎实。但新优质学校认为仅有"双基"还不够，需要重视隐藏在学习过程之中的基本思想、基本活动经验,从而实现对"双基"的超越,培育学生素养。当前,教育改革要求培养学生"正确的价值观、关键能力和必备品格"。新颁布的课程方案以素养为导向,注重学科实践与综合活动。党的二十大重申"发展素质教育"。这也正是新优质学校的重要追求。

第三,培育学生的精神品格。新优质学校重视全面发展、素养培育,也重视学生精神养成。尽管每个孩子的家庭背景、生活经历各异,学习基础、学习习惯不同,但只要他走进学校,就能够促进他内心世界的发展(阳光、善良、热爱生活)和学习兴趣、学习习惯、学习能力的形成。当他走出学校面对社会的时候,能够充满自信,成为社会有用之才。新优质学校要真正关注到人的发展,进而通过课程的浸润使学生的内心世界丰富而有追求。学生由此具有了精神上的获得感和归属感。学校就成了孩子们的精神家园。当前,教育改革鲜明地提出全面发展、素养培育的导向,但我们要清醒地看到,由于传统的惯性,发展应试学科的冲动还会一定程度阻碍全面发展,"双基"惯常做法还会让素养培育止步不前。造成这一困境的根源在于,学校教育只看到学生作为一个学习者而产生的活动结果,没有看到学生作为一个生命个体的完整生存状态。因为,只有把学生当人看,才会真正地把学生当人来培养,才会真正挖掘知识、技能背后的育人价值与意义,从而使知识、技能滋养人的生命,"让孩子的生命得以绽放"变成现实。

2. 提升学生学习生活质量

当我们的目光不只盯着知识与技能的培养,而是进一步关注知识、技能背后的育人价值,关注学生的潜能激发与生命成长时,我们就要关注学生的学习生活,而不仅仅是学习。

学习生活是学生以学业活动为表现形式的特殊生存过程,既是个人获得经验的过程,也是个人为了生存与发展而进行的自觉连续性活动过程。学习生活质量就是学生在学习生活中生命存在状况的好坏,包括学生在学习生活中的主观感受、客观结果和现实行为表现三个方面的内容。国外有研究认为,学校生活质量包括三个维度:学生对学校生活的满意度,即学生对学校生活的基本感受;学生对学业活动的参与度,即学生对学业活动的兴趣水平和参与程度;师生关系的融洽度,即师生之间的融洽程度。新优质学校坚持从以下方面提升学生的学习生活质量。

第一,办学生喜欢的学校。学校是学生除了家庭以外另一个十分重要的生活场域。在这里,学生主要从事学习活动,与老师和伙伴交往,是他们成长过程中一段独特而重要的生活经历。这段生活经历既影响当下的生命体验,也影响学生终身。因此,要办成学生喜欢的学校,让学生在校园里体验生命拔节成长的愉悦。正如有专家指出的:如果一个孩子不喜欢自己的学校,不喜欢自己的老师,怎么会对学习感兴趣?怎么会真实地表露自己的成长需求?怎么会敞开心扉去充分地、没有顾虑地汲取一切有利于生命成长的养料呢?因此,要让每一所学校都能让学生喜欢,并形成蕴含在学校"生命机体"中不可逆转的机制,正是内涵发展阶段所要攻克的瓶颈问题。

第二,丰富学生的学习经历。课程是一种教育性经验,是学校教育最富意义的组成部分,是践行新优质学校理念的重要载体与重要途径,是学生学习生活的重要内容。新优质学校认为要敏锐地感知学生发展的需要,为每一个学生提供完整的学习经历,如显性与隐性、智育与德育、认知与探究的学习经历,努力使学生体验"完整的世界"的样子,把整个世界都看成是"教室",看成是学校课程的有机组成部分,是丰富学习经历的"基因"。努力使学校课程具有多样性、多层面、可选择的特征,满足学生的多样发展需求。这样的课程,达到了与相关资源、社会实践的整合,达成了人与自然社会、人与校园文化、人与家庭的和谐统一。

第三,强调自主学习。教学是根据课程意图、内容及实施建议开展教与学的活动,是将理想的知识、能力与价值观等转化为学生自身素养的关键环节,是学生学习生活的主要活动。新优质学校强调以学生为中心,关注学生的自主学习,这并非忽视知识技能学习,而是突出关注学生内生的学习动力,促进每一个学生的学习态度、品质、能力、思维综合发生。

### 3. 强调学校主动发展

主动发展是相对于被动发展而言的,它是学校活力发展、可持续发展的关键。唯物辩证法的内外因辩证关系原理告诉我们,事物的发展是内因和外因相互作用的结果,内因是根本,外因是条件,外因通过内因起作用。这一原理要求我们坚持用内外因相结合的观点看问题,充分重视内因,同时不忽视外因。具体应用到学校,就是学校要充分发挥主观能动性,立足自身实际,根据自身发展需要,直面外部挑战,敏锐抓住机遇,优化内部发展机制,提升自身发展能力,实现学校持续发展。

新优质学校基于对新优质学校办学理念的认同,承担"为党育人、为国育才"的神圣使命,探索一条真正回归教育本原、遵循教育规律的办学之路,这就需要我们立足自身实际,主动回应校内外变化,积极寻找合适的办学路径与策略,使学校持续走向新优质。在这个过程中,未免会受来自功利主义教育、应试教育等方面的干扰与影响,新优质学校要有排除干扰、克服困难、坚守初心的勇气与定力,彰显学校的办学品格与价值追求。新优质学校主动发展要做到以下几个方面。

第一，坚持常态办学。新优质学校坚持"不挑选生源、不聚集资源、不争抢排名"的"三不"理念和"不靠生源、靠师资，不靠政策、靠创新，不靠负担、靠科学"的"三不三靠"思路。这体现了新优质学校寻求一种有别于传统重点学校发展的新路径，那就是不靠优势物力、财力、师资和生源来办学，而是在按国家标准配置教育资源的前提下，在常态办学条件下，学校通过解决发展中的常态问题，不断走向新优质。坚持常态办学，就是不搞花架子，不等、靠、要，而是回归日常、回归常识、回归常规，是最见内功的办学。

第二，坚持内涵发展。没有了额外的资源，学校只有靠自己内部挖潜，走改革创新之路，围绕课程建设、教学改革、师资培育、管理文化等方面，逐步优化，整体提升学校办学水平。多年来，新优质学校聚焦课程教学改革，坚持解决实践问题的应用性研究，围绕体现新优质学校核心理念的课程教学变革，总结提炼经验，再将经验回馈到实践中去，解决课程教学变革中的瓶颈问题，推动学校课程教学不断提升。经过初态调研阶段、能力建设阶段和集群发展阶段，解决课程教学变革中的瓶颈问题，推动学校课程教学不断提升。构建了"聚焦育人、惠及全体、系统回应、涵育素养"的新优质学校课程，形成了"立足差异、激活主体、真实学习、多元发展"的新优质学校课堂教学，建立了理念落地机制、教师群体发展策略、新优质学校课程教学管理等课程教学变革的支持系统。

第三，坚持主动探索。新优质学校不挂名、不授牌、不评比，但吸引了一批对教育有情怀有担当的校长和学校参与，他们就是想在充满机遇与挑战的新时代探索出一条办学新路。新优质学校倡导从校情、学情出发，在先进的教育理念引领下，积极开展课程教学改革、家校合作，主动探索提升学校办学水平的有效策略，并形成学校可持续发展的内部、外部联动的条件和机制，改变了以往依据自上而下的指令性要求被动执行的状态，对学生的需求保持敏锐洞察和积极适应，给学校的"生命机体"注入持续动力。新优质学校研究所正在进行的以学校成长为取向的新优质学校认证评估，就是通过将学校的办学现状、呈现出来的特征与理想的新优质学校办学理念、内涵与特征进行对照，分析学校发展的优势及有待进一步提升的地方，寻找学校最近发展区，为学校持续成长提供对策与建议，促使学校不断成长，具有成长性、引领性、探究性和互动性，其目的在于促进学校自觉积累涵养孩子有价值的经验，形成可持续发展的内在机制，增强学校发展的内驱力。

### 4. 坚守为人民办学宗旨

"为人民服务"是党的教育方针的重要内容，也是义务教育事业发展的重要指针。义务教育关系国民素质提升，事关国家发展、民族未来，具有基础性、全局性地位，牵涉千家万户，关系千万学生的终身发展，影响广大老百姓的生活福祉，是重要的民生工程。发展义务教育，对促进人的全面发展、保障人民权益、实现共同富裕有着极其重要的意义。党的二十大明确提出，坚持以人民为中心发展教育。促进教育公平，办好人民满意的教育。

新优质学校坚持"进步为公"的精神，积极作为，努力打造"公平"与"卓越"的公共教育，让所在社区普通老百姓的孩子能接受到公平而优质的教育。新优质学校倡导家国情怀、为民情怀，坚持办好每一所"老百姓家门口的学校"，为最广大人民服务，坚持为民族、为国家、为学生的未来尽责。最主要的是，新优质学校必须做到：

第一，秉持有教无类。新优质学校不挑选生源，要求按照《中华人民共和国义务教育法》及相关义务教育招生规定，实行就近、对口、免试入学，不管学生来自高档社区，还是人员混杂的区域，不管其家庭富裕还是贫穷，不管他本人是聪明还是不太聪明，只要符合招生政策，就无条件接纳。

第二，凸显因材施教。新优质学校认真探索满足儿童发展需求的学校课程，为学生提供完整的、丰富的、切实的学习经历，为其积极适应社会，获得幸福人生奠基。一方面，以学习者为中心，关注学生的整体发展，把"惠及全体，尊重差异；聚焦学习，涵养素养"作为学校课程建设的起点与目标；另一方面，运用系统思想，关注学校课程的整体建设，把"关注结构，系统设计；愿景引领，持续改进"作为学校课程建设的关键策略。新优质学校积极探索差异化教学策略，在尊重差异、理解差异、接纳差异、适应差异的基础上开展学与教的变革，保证每一位学生得到应有的尊重，保证每一位学生的学习权利，为所有学生提供有效的学习经验，满足学生个性化学习的需要。让每一个学生在进入校园后，其潜能得到充分发展，使每一个学生都有人生出彩的机会，实现更为实质的公平。

总之，新优质学校的核心价值追求是：坚持回归教育本原，促进学生全面发展、素养培育及精神品格成长；坚持提升学生学习生活质量，办学生喜欢的学校，丰富学生的学习生活经历，促进学生主动发展；强调学校主动发展，坚持在常态条件下，学校主动探索，走内涵发展之路；强调为人民办学，坚持有教无类、因材施教，办好老百姓家门口的每一所学校。这些价值追求是新优质学校对学校价值选择与探索的结果，是历史的必然，是实践智慧的结晶。

近几年来,市北初北校在新优质建设中不断观念更新、事业再造。学校坚持"自强志远,怀梦飞翔"的校训,鼓励全校师生相信自己的智慧和力量,满怀雄心壮志和美丽梦想,从自身做起,从现在做起,在学习和工作的广阔天地里展翅翱翔。我们有自己的"优教"憧憬:让每一个学生、每一位老师拥有温馨、美好的每一天:回味无穷的昨天、生机盎然的今天、梦想可期的明天! 我们有自己的"强校"情结:注重学校内涵式发展,不断提升办学品质,坚持以管理精细、队伍精良、课堂精彩为抓手,让每一个孩子每一天都有进步,努力建成一所老百姓家门口的"新优质"学校。

学校的办学理念是"总有一片天空属于你",就是尊重差异,激发个性,为每一个市北初北校人的个性发展创造一个富有激励性、支持性、发展性的时空。让每一个学生都有充分的选择和引领,通过四年学习找到适合自己的天空,为一生的发展奠基。

让每一位教师在教书育人中,都有适合自己发展的平台,并在教育教学实践中追求自己的教育理想,为不同的学生创设不同的成长氛围,并在创设学生成长时空的同时提升育人境界,实现自我价值。学校倡导平等和谐的师生关系,团结合作的教师团队和管理者团队,让学校的每一个角落成为学生、教师、管理者成长的天空。

学校的育人目标是:培养具有"大视野、厚情怀、重责任、好素养"的现代中学生。大视野,即不仅要拥有了解国情、关注全国的视野,也要有国际视野,从而为自己的发展定位;厚情怀,即心中有他人,心中有社会,心中有国家,不仅拥有爱国情怀,也要对社会、环境,对身边的人充满热情,充满关切;重责任,即既要求学生对自己负责,对家庭负责,也要对社会、对环境、对祖国负责,在承担责任的过程中,实现自己对祖国、对世界的价值;好素养,即形成全面的、适合学生发展的多方面素养,包括知识、技能、方法,情感、态度、价值观,开拓、创新、实践能力等,让每一个学生都能在属于自己的天空下提升自己的各种素养。

学校大力弘扬"敬业、精进、严谨、爱生"的教风,"乐学、勇进、求真、尊师"的学风,以发扬学校优良传统,增强师生的向心力和凝聚力,激发大家奋发向上的热情和勇气,营造启迪智慧、激励发展、丰富人生的温馨气候、优良生态。

(二)"强校"助推"优教"

从客观过程来看,在有关部门的部署和指导下,市北初北校先是开展新优质学校建设,稍后再实施强校工程的。在实践进程中,我们将两者有机地结合在一起,以新优质建设为导向、为引领,以强校为阶段目标、为行动方略,在强校工程的实施中助推新优质学校建设。助推的动力主要表现在：

1. 强队伍

首先，"名校"与"名校长"是互为依存的。由于是"名校"，因而得到人们的普遍重视，这为名校长的脱颖而出提供了肥沃的土壤；处在这种优越环境中的"名校长"，则会充分利用环境优势，发挥自己的聪明才智，使名校更上层楼。

其次，"名师"与"高徒"是互相成就的，因为是"名师"，于是得到大家的广泛关注，成为同行们心目中的良师、楷模，真心诚意去学习、请教，"高徒"就此诞生；"高徒"在实践中不断打磨、锤炼，取得不凡成就，则会使"名师"的光环更加熠熠生辉。

如果说，名校、名校长、名师是"光环"，那么，"光环"的背后则是"实力"，没有实力作支撑，光环的积极效应便不可能生成。正是出于这样的思考，我们才将"强队伍"视作强校工程的首要举措，力图以"强队伍"推动"强校"，以"强校"促进"优教"。

讲到"强队伍"，必须提到一点：作为校长，应严格要求教职员工，使他们拥有正确的人生观、价值观，并具备完善的品行，让他们因为你的关心和帮助而成长，这才是对下属最真诚的爱！如果说严格是大爱，那纵容又是什么？我们要记住：再强大的个人，在温暖的环境中都会失去狼性！对下属要求严格，才是真正帮助他们成长。如果真的爱你的下属，就要对他高标准、严要求，逼着他去成长；如果你碍于情面，降格以求，则很可能耽误了他本来有希望达成的高规格成长，这是对下属最大的不负责任。我很欣赏这样两句话并将它送给我们的老师，是自励，也是共勉：定个目标，给自己的生活一个方向，给自己的未来一个希望；梦想，并不奢侈，只差行动，向着月亮出发，即使不能到达，也能置身群星之中。

2. 强教学

作为学生成长的基石，基础教育的"强教学"不仅关乎学生的知识积累，更影响着他们的综合素质和未来发展。那么，如何实现基础教育的"强教学"呢？可从以下几个方面进行探讨。

一是注重个性化教学。每个学生都是独一无二的个体，他们有着不同的学习需求和特点。因此，基础教育应注重个性化教学，根据学生的实际情况制定合适的教学计划和方案。通过个性化教学，教师可以更好地激发学生的学习兴趣，发挥他们的特长和潜力，帮助他们更好地成长和发展。

二是培养学生的自主学习能力。自主学习能力是学生未来发展的重要支撑。在基础教育中，教师应注重培养学生的自主学习能力，引导他们养成良好的学习习惯和方法。通过自主学习，学生可以更好地掌握知识，提高学习效率，为未来的学习和工作打下坚实的基础。

三是强化实践教学。实践教学是提高学生综合素质的重要途径。教师应注重实践教学,通过各种形式的活动和实践课程,帮助学生将理论知识与实际相结合,提高他们的动手能力和创新思维。通过实践教学,学生可以更好地了解社会和行业需求,为未来的职业发展做好准备。

四是促进教师专业精进。教师是"强教学"的关键因素。必须与时俱进更新教师的教育理念,提高教师的专业素养,通过培训、交流、学术研讨等方式,促进教师之间的合作与共同进步。同时,还应鼓励教师进行教学创新,探索适合学生的教学方法和手段,提高教学质量和效果。

五是完善教学评价体系。坚持从多个方面对学生进行全面、客观、科学的评价。评价内容应涵盖知识技能、综合素质、情感态度等方面,评价方式可采用考试、作品评定、口头表达、自我评价等多种形式。通过完善教学评价体系,可以更好地促进学生的学习和发展。

3. 强质量

基础教育的强校之"强",首要的应该是质量之强,浓缩为一句话就是:立足于使学生"成人",为学生今后"成才"奠定坚实的基础。这应该上升到基础教育人才培养的战略高度来认识。

首先,要正确认识质量标准是一个多元化评价体系。它涉及学生知识的掌握、能力的培养、素质的提升等多个方面。因此,我们不能简单地用学生的成绩来衡量基础教育的质量,而应该建立一个全面的、科学的评价体系。

其次,要多渠道并进优化质量提升举措。一是要提高教师的教学水平。教师的教学水平直接决定了教育的质量。因此,我们需要加强对教师的培训和考核,提高教师的教学能力和专业素养。二是要优化课程设置。课程是教育的载体,课程的设置直接关系到学生的知识结构和能力的形成。我们需要根据时代的发展和社会的需求,不断优化课程设置,使课程更加贴近实际、贴近生活。三是要注重学生的个性发展。每个学生都是独特的,我们应该尊重学生的个性差异,注重学生的个性化发展,为学生提供更加多样化的教育资源和教育方式。

最后,要从制度层面入手强化质量调控机制。一是要建立健全质量监控机制,对基础教育过程进行全程监控,及时发现和解决问题。二是要建立质量奖惩机制,对教学质量高的学校和个人进行表彰和奖励,对教学质量差的进行整改和问责。

所以,我们必须牢固确立这样一种观念:只有实现学校教育的"强质量",我们才能为学生打下坚实的基础,为他们的未来发展提供更好的保障。

4. 强特色

先从书法讲起。大家知道,在历史的长河中,楷书作为中国书法的代表之一,以其端庄、规整、有力的风格,深受人们的喜爱。然而,在现代社会中,许多书法家却选择远离楷书,这究竟是为什么呢?

我想,重要原因之一,应该是为了创新和发展。必须明白,书法家也是艺术家,他们追求的是创新与突破。楷书虽然美丽,但它的形式和风格已经被前人发挥到了极致,对于现代书法家来说,要在楷书上有所突破,难度极大。因此,许多书法家选择探索其他领域,以求在艺术上获得更大的发展空间。这里融合了错位发展、创新发展、特色发展、个性化发展的理念。

学校发展是否可以从中得到一些启发呢? 答案是肯定的。

学校特色发展是当前教育改革的重要内容,旨在培养学生的综合素质,提高教育质量,并使学校在激烈的竞争中脱颖而出。首先,学校特色发展对于提高学生的综合素质具有重要意义。在传统的教育模式下,学生往往只学习课本知识,缺乏实践能力和创新精神。而学校特色发展则注重培养学生的兴趣、特长和创造力,鼓励学生参与各种活动,从而提高学生的综合素质。其次,学校特色发展也是提高教育质量的关键。学校通过发掘自身的优势和资源,结合市场需求和学生的特点,开展具有特色的课程和活动。这些课程和活动不仅丰富了学生的课余生活,也提高了教育的质量和水平。

然而,纵观各地学校的特色发展,当前还是存在一些问题。一些学校为了追求短期效益,为"特色"而"特色",忽视了学生的长远发展;还有一些学校则过于注重形式,缺乏实质性的内容,说得多,做得少,收效并不明显。因此,要实现学校的特色发展,必须解决这些问题。学校应该根据自身的特点和资源优势,制定具有特色的教育计划和活动方案,特别是要加强学校特色发展所需要的师资队伍建设,提高教师相应的专业素养和教育理念,为学校特色的长足发展提供有力保障。这样,通过特色发展这一重要途径,学校的综合实力就可以得到有效提升,为学生的美好未来奠定坚实的基础。

总之,"优教"与"强校",两者同向而行。在"优教"与"强校"的发展过程中,我们需要注重两者的内在联系:一方面,"优教"是"强校"的基础。优质的教育资源和教育环境能够吸引更多的优秀人才,提高学校的整体实力;另一方面,"强校"能够为"优教"提供更好的平台和支持,具有强大实力的学校能够更好地优化教育资源配置,提高教育质量。作为一校之长,要牢固确立"优教"的大局观念,同时要有"强校"的实干劲头。

讲到这里,我还想补充一句:如果将"新优质教育"再具体化为"新优质学校",从"强者更强"的意义上考察,"新优质学校"与"强校"作为名词性概念,两者基本上是同义语。这就意味着,"优教"与"强校"在很多情况下可以融为一体。可以想象的是:在更大范围的时空里,"强校工程"应该是一个连续性、发展性工程:初级阶段,它可能是以学校"由弱转强"为主;之后,它可能侧重于"强者更强";再然后,它可能致力于"更强者恒强"。这种"转"—"更"—"恒"的迭代、嬗变过程,恰好记录了"新优质教育""新优质学校"成长、发展的轨迹。

## 三、"优教""强校"与"集团化办学"

优教、强校与集团化办学之间存在着密切的关系。首先,强校是集团化办学的目标。集团化办学是通过规模化、集约化的方式,提高教育资源的利用效率,实现优质教育的普及化。因此,强校是集团化办学的核心目标之一,也是集团化办学追求的重要成果。其次,集团化办学是实现优教和强校的重要途径。通过集团化办学,可以实现教育资源的共享,提高教育质量和效率。同时,集团化办学也可以通过规模化、集约化的方式,优化教育资源配置,促进成员校由弱变强、强者更强。

具体来说,一方面,集团化办学可以通过多种方式来推动优教和强校的实现。例如,通过统一的教学管理、共享的教学资源、优秀的师资队伍等,可以提高教育质量和效率,促进优质教育的普及化和公平化。同时,集团化办学还可以通过合作、交流和竞争等方式,促进学校之间的互动和交流,推动学校之间的竞争和合作,从而激发学校的活力和创新能力,推动学校的不断发展和进步。另一方面,优教和强校也是集团化办学取得成功的关键因素之一。只有优质的学校和教育,才能吸引更多的学生和家长选择这个学校,从而扩大学校的规模和影响力。同时,强校也可以为集团化办学提供更多的资源和优势,推动集团化办学的进一步发展。

因此,优教、强校与集团化办学之间的关系,也可以理解为一种相互依存、相互促进的生态关系。在这个生态关系中,优质的教育、强大的学校和集团化办学共同构成了教育发展的基础和动力,为教育事业的繁荣和发展提供了有力支撑。只有通过优质的办学,打造出强大的学校,才能更好地实现集团化办学的目标,同时也需要集团化办学为优质教育的普及和普通学校的发展提供支持和保障。只有通过这种相互依存、相互促进关系的良性发展,才能实现教育事业的繁荣和兴盛。

市北初北校是实行集团化办学的,我想结合北校的实践稍作展开讨论一下"集团化办学"这个话题。

从"上海市静安区市北初级中学北校"这一校名看,它给人的直觉是"分校"性质的集团成员校,其实,它的内涵不止于此。从近几年的实践来看,北校就是一个集"新优质建设""强校工程""集团化办学"于一身的办学"复合体"。作为"复合体",我们是无法将三者截然分开的,统筹、兼顾、联结、融合,以及开拓、发展、创新等,则成为办学的"关键词",也是多频次出现的"常用语"。

集团化办学的初衷,与教育的优质、均衡发展是密切相关的,但在实践过程中的确也遇到了许多新情况、新问题。很多人对此并不理解和认同,甚至有所抵触,正如社会上有人议论的:"借名校风头,解招生之困";"改名换姓,有鱼目混珠之嫌";"丑媳妇披件俊外套,招摇过市";"借机收费,敛财之道",等等。虽有些许误解,却也并不奇怪。按照辩证唯物主义的观点,任何事物都是利和弊的复合体,我想,集团化办学应该也不例外,问题在于是利大于弊还是弊大于利。个人认为,我们必须将利与弊、动机与效果结合起来进行考察,看是利大还是弊大,看动机纯不纯、效果好不好,扬长避短,长善救失,确保集团化办学始终行进在优质均衡、健康发展之路上。

（一）集团化办学的主要优势

事实证明,集团化办学至少有以下几方面的优势:

1. 资源共享

集团化办学有利于促进区域教育的协同发展,整合资源优势,提高资源集聚效应,实现教育资源共享,包括师资、设施、课程等。这不仅可以降低办学成本,提高资源利用效率,还能促进优质教育资源的流动和均衡配置,缩小区域内学校之间的教育差距。同时,也可以在一定程度上降低管理成本,提高行政效率。

2. 优势互补

集团化办学可以促进不同学校之间的交流与合作,实现优势互补。每个学校都有自己的特色和优势,通过集团化办学,可以实现相互学习、共同进步,推动整个集团的教育水平不断提升。

3. 协同发展

集团化办学可以促进学校之间的协同发展,共同解决教育领域的一些难题。

通过合作办学,学校可以共同开展教育教学研究、探索教育改革创新等,提高整个集团的教育创新能力。

4. 提高教育质量

集团化办学可以促进学校之间的竞争与合作,从而提高整个集团的教育质量。学校之间会互相学习、互相借鉴,不断改进自身的教育教学方法和管理模式,从而提高教育质量和办学水平。

5. 增强办学活力

集团化办学可以增强学校的办学活力,激发学校的创新精神和发展动力。通过与其他学校的合作,各学校可以拓宽办学思路,丰富办学模式,提高学校的综合实力和社会影响力。

根据北校的实践,集团化办学的最大优势就是规模效应,可以综合、统筹各类教育教学资源,实现效益最大化。通过集团内的一体化、连续的高品质教育教学、教研设计、学生访学、课程衔接等方式,畅通优质教育资源要素的流动,夯实集团教育内涵,形成集团教育特色。集团内,教师可以跨校任教,学生可以跨校就读;老师们可以与更多的同行近距离地交流,与更多的学生更广泛地接触,学生们则能见到更多的同学,见到更多的好老师。这些都更利于大家扩展视野、增广见闻、丰富学识。

总之,集团化办学是一种新型的办学模式,其优势和潜力是有目共睹的。未来,随着教育改革的深入推进和教育事业的发展壮大,集团化办学将在我国教育事业中发挥更加重要的作用。

（二）集团化办学的一般形式

集团化办学有一个形、型、式的问题。形,主要指外在的"样子""式样";型,除"形"的意义外,更关注内在结构,即元素的组合方式;式,指方式、样式。这里,我们将各元素组合为一体,着重讨论一下集团化办学的形式问题。

集团化办学是一种新型的教育组织形式,在基础教育领域,其主要形式包括连锁式办学、联盟式办学、集聚式办学和共建式办学等。采用这些形式,目的都是为了提高教育质量和办学效益,促进教育公平和社会发展。

连锁式办学,是由一个或多个核心学校发起,联合其他学校组成连锁学校,共同开展教育教学活动。这种形式可以实现资源共享、优势互补和协同发展,提高教育质量和办学效益。通过连锁办学,各学校可以共享优质的教育资源、先进的教育理念和教学方法,同时也可以相互学习、互相借鉴,共同提高教育教学水平。

联盟式办学是由多所学校组成联盟,通过共同制定标准、共享资源等方式实现共赢。这种形式可以促进学校之间的合作与交流,实现资源共享、优势互补和协同发展。通过联盟式办学,各学校可以共同制定教育教学标准、开发课程和教材,同时也可以相互学习、互相借鉴,共同提高教育教学水平。实践中,这种模式一般由牵头学校和薄弱学校组成,各成员学校保持学校法人、经费运行、隶属关系不变。牵头学校负责统筹管理成员学校的教育教学工作,并采用多种形式促进成员校之间教育教学交流,对教育教学工作实行捆绑考核。

集聚式办学则是将同类型学校(单一学段,如独立高中、独立初中,或多学段,如完全中学、九年一贯制学校)集中在一个区域,实现资源共享和相互合作。这种形式可以促进同类型学校之间的交流与合作,提高教育资源的利用效率,同时也可以充分利用区域条件、发挥区域优势,形成区域办学特色,特别是共同开展教育教学研究、课程开发和学术交流等活动,有利于促进区域教育质量的整体提升。这种模式多在教育强区范围内采用。

共建式办学则是指政府、企业和社会组织等共同出资建设学校,实现资源整合和协同发展。这种形式可以吸引更多的社会力量参与教育事业,提高教育资源的利用效率,同时也可以为学校的发展提供更多的资金和资源支持。通过共建模式,政府、企业和社会组织等可以共同参与学校的建设和管理,为学校的发展提供更多的支持和帮助。这种模式通常在民办学校集团化办学中采用,由教育行政部门指导学校与全国享有办学声誉的名校进行合作,并签订合作协议。在此模式下,保持学校法人、隶属关系和教职工人事关系不变,接受名校管理,由当地教育行政部门进行考核,合作期满后,交由其所属教育行政部门管理。

一般而言,集团化办学运作中,比较普遍的是采用以下三种类型。

1. 紧密型

紧密型集团化办学旨在通过资源共享、优势互补,提高教育质量和办学水平。首先,紧密型集团化办学具有显著的优势。通过集中各个学校的优质资源,可以实现资源共享,提高资源利用效率。同时,集团内部的学校可以相互借鉴、学习,取长补短,提升整体办学水平。此外,紧密型集团化办学还有助于提升学校的知名度和影响力,吸引更多的优质生源和师资力量,有助于提高学校的综合实力和竞争力。

紧密型多为"总校—分校"式,属于上述之连锁式办学一类。这种模式通常采用集团总校负责制,对人力、财力和物力进行统筹管理。集团内部实行一套班子、一体化管理、集体研训、资源共享和统一考评。分校可以是独立法人,也可以是非独立法人。如系后者,通常为"总部—分部"式。

实施紧密型集团化办学需要采取一系列有效措施。一是要加强集团内部的组织建设,明确各成员学校的职责和权利,建立完善的沟通协调机制。二是要推进资源共享,包括师资、课程、设施等方面的共享,提升资源利用效率。三是要加强教育教学研究,针对各成员学校的特点和需求,开展教育教学研究和改革,提高教学质量和水平。

紧密型集团化办学也有一些问题需要展开深层次研究:一是如何实现集团内部的均衡发展,避免强者更强、弱者更弱的情况出现;二是如何处理好集团化办学与学校个性化发展的关系,保持各成员学校的特色和优势;三是如何完善治理结构,建立科学合理的考核评价机制,确保集团化办学的可持续发展。

2. 宽松型

宽松型集团化办学注重发挥各校的特色和优势,实现资源共享、互利共赢。各学校在集团内共享师资、设施、课程等资源,提高资源利用效率。不同学校之间可以相互借鉴、学习,发挥各自的优势,提升整体办学水平。

宽松型可称之为"加盟—校联"式,属于上述之联盟式办学一类。成员校均为独立法人。其运行规则为:政务统一,事务各便;人权统一,事权各便,即既体现集中统一意志,又满足各自个性化需要。

这种办学模式有许多成功的例子,比如:

北京某教育集团　该集团由多所中小学组成,通过共享课程、师资和设施,提高了教学质量和资源利用效率。同时,各学校之间定期开展交流活动,促进了教师专业成长和学生全面发展。

上海某教育集团　该集团以一所知名小学为核心,联合周边多所学校,共同开展教育教学活动。通过优势互补和资源共享,各学校在课程建设、师资培训等方面取得了显著成果。

当然,这种办学模式也面临着一些挑战,主要表现在:一是协调和管理难度大,由于涉及多所学校,如何协调和管理各方的利益和关系成为一大挑战;二是文化融合问题,不同学校有不同的文化传统和办学理念,如何实现文化融合成为亟待解决的问题;三是政策法规制约,不同地区对集团化办学的政策和法规有所不同,需要充分了解和遵守相关规定。

### 3. 项目型

项目型集团化办学主要是以"项目"为媒介,按照办学理念、办学模式等相近的原则,由若干同学段学校组成项目型教育集团。各成员学校在保持学校法人、经费运行、隶属关系不变的前提下,由牵头学校定期召集联席会议,在教学管理、课程开发、教研活动、教师培训等方面进行项目合作,实行项目考核。"项目"往往成为集团成员的"黏合剂","项目"实施的成效通常决定着集团的"黏合度"。"项目"目标达成后,集团化办学使命相应完成;如有新的"项目"且原成员有意继续合作,集团化办学依然持续,其间,成员校也可适当调整,特别是要注意接纳有参与"项目"意向的新的成员。

### (三)集团化办学的规模调控

集团化办学有其独到之处,但也要稳妥、适当,特别是要注意控制集团规模。近年来,很多专家学者提出了"巨型学校"问题,这也是值得我们思考的。

有知名专家发文转述开学之际自媒体热传的两种不同场景:一些巨型学校上下学时成了茫茫人海,家长与学生互找的忙乱拥堵画面,而另一些学校则冷冷清清、门可罗雀。某市某校一个年级 32 个班,而另一所城区学校 9 个班只有 99 个学生,一年级只有 3 名新生。文章接着评论道:"这两种景象发生在同一区域,是同一件事的两面,反映的是当地教育并未朝着均衡方向发展,且这种现象在基础教育发达的东部地区和大中城市表现得更为突出。其中,尤其令人担忧的是一些地方还在将巨型学校当成当地教育发展的政绩。于是这一现象还在不断出现,其将给未来教育优质均衡发展带来的严重问题不容小觑。"①

的确,巨型学校对教育生态的影响值得重视。片面的、局部的、本位的教育发展观助长了两极分化现象,促使优校越优越大,弱校越弱越小,误导家长抬高成本追逐。宏观上,破坏了一个区域内良性的教育生态,突破了就近入学原则,使当地教育处于单一、不平衡、成本不断攀升而又难以多样、平衡、可持续的发展状态;中观上,导致对学校的治理、管理由于超规模巨型学校而越过有效管理半径,降低甚至失去治理有效性,增高治理层级和成本;微观上,导致对学生个体的关注度降低,学生难以获得足够的关注、锻炼、表达与表现机会。

有学者指出:世界各发达国家学校发展的历史表明,追求规模是外延扩张阶段的特征,进入内涵发展就必然是适度规模的,学校随着发展水平提升而逐渐缩小才

---

① 储朝晖.巨型学校破坏教育生态不容小觑[N].中国教育报,2023-10-11(2).

能做精做细,适度规模是优质高效的必要前提与特征。

当下,很多学生在超规模学校就读,孩子承受着超规模学校带来的伤害。这种现象,已经到了必须转换发展模式的临界点。贻误时机,一旦更多超规模巨型学校出现,其延时效应对各地教育优质均衡的良性生态形成更为不利,所造成的危害更大,解决难度更高,解决所需要的时间更长,实现扩优提质也就更难。

因此,做好集团化办学规模调控工作,预防、减轻、解决巨型学校问题很有必要。其关键在于:科学合理地规划好学校布局,切实消除城乡、区域、校际、群体的四大差距,着眼全局又要精细考量;正确有效利用平衡机制,促使不同学校在同等条件和相同规则下均衡发展;转换做大做强做优少数学校的工作模式,着力完善政策措施,推进基本公共教育服务均等化,促进教育公平。

众所周知,管理是有一定宽度的,即前已提及的"有效管理半径",但这并没有统一的标准,而是因人因事因部门因层次而异。管理者要找到适合自己的宽度或半径。在教育内部,集团化的管理说到底依然是以学校为单位的管理,最终还是要落实到学校,而巨型学校的管理往往是超宽度的,其管理效益可能并不如有些人想象的那么理想。规模效应,有一个规模与效应的关系问题,不同规模到底有怎样的不同效应,合理的规模、效应到底有一个怎样的赋值区间,这些都需要做更深入的研究。

出于不同角度的种种思考,有人提议取消集团化办学,我觉得这并不是实事求是的科学态度,一味强调弊和一味强调利实质是一样的,都是走极端、一点论。其实,关键在于怎样扬长避短。比方说,集团化办学与教育的多元化发展还是有点不怎么协调的。我觉得,鼓励学校和教育机构在相互独立的形式下,注重多元化的教育发展,充分发挥各个学校的特色和优势,还是很有必要的。

既然集团化办学利大于弊,是不是就意味着大家都要这么干呢?我想还是要从客观实际和现实需求出发。我不大主张"化",因为"化"带有普遍性含义,其结果可能有"一哄而上"之嫌。我想,还是提"集团式""集团型"更适合一些,意在它只是众多办学形式中的一种,是百花园中的一种花,"百花齐放"一定更加美丽。

"优教""强校"邂逅"集团化办学",犹如三江并流,奔向教育的海洋,显示出改革、创新的强劲动能。这就是北校人心中的感觉。事实上,集团化办学过程中遭到一些质疑,有些是属于发展中的问题,有些是属于运作本身的问题。它们的出现并不使人感到意外,反而更能启发我们去思考、去探索、去追寻。

### 四、"优质"与"均衡"

实践中,我们经常强调教育要优质、均衡发展。优质发展,这是尊重、鼓励每一个受教育者的期望和个性;均衡发展,这是维护、保障每一个公民的受教育机会和权利。两者结合起来,相辅相成,才是真正公平意义上的教育。

（一）优质与均衡的要义

优质与均衡的概念,该如何准确界定,似乎并不需要太多的争论,因为这也是一个发展着的概念,其解释须与时俱进。不过,概念所包含着的最本质的东西还是有必要清晰认知的。优质与均衡之要旨,我以为主要在以下四点:

1. 优质,是尊重学生个性的优质

每个人都是具有一定个性的生命体。有的学生天资聪颖,素养全面,能力出众;有的学生是基础薄弱,学习偏科,动力不强,等等。能够做到真正区别对待,因材施教,这才是教育工作对个性的理解与尊重。让"吃不了"的学生跟胃口大开的学生一样大快朵颐,让"吃不饱"的学生陪着胃纳不佳的学生熬心情,带来的都是很差的学习体验,对两者都不公平。所以,尊重个性的优质,才是实至名归的优质。

2. 优质,是促进学生全面发展的优质

"新优质教育"所指的"优质",应该是促进学生全面发展的优质。毋庸讳言,现实中"全面发展"的落实并不理想。"素质教育轰轰烈烈"的表象背后,是"应试教育扎扎实实"的存在。有媒体报道,一些学校"课间圈养"现象比较严重,大部分学生课间不出教室,即使是 20 分钟的大课间,校园里也空荡荡的。在很多学校,学生们课间十分紧张,往往前一节课拖堂两分钟,下一节课就会提前两分钟开始,导致学生们在课间只能留在教室里,无法得到适当的休息和放松,甚至上厕所的时间也非常有限。"高分至上"的顽疾于此可见一斑。正如有专家所指出的:一所学校的教育工作如果到了这步田地,应该与"优质教育"相去甚远了吧!

对此,学生也有反映,"如果课间时间只能留在教室里,我们会感到非常疲惫","放松休息好了,我们才能更好地集中精力学习"。可见学生迫切需要的是能够促进他们多样化发展、个性化发展的教育,这才是他们心向往之、足亦能至的优质教育。

3. 均衡,是保障学生权益的均衡

讲到教育的优质发展,在很多人的潜意识中,各级"重点"、各地"名校"是优质教育的温床、优秀人才的摇篮。

　　以应试为诉求的教育在很大程度上体现为精英教育,这就是传统观念中的优质教育,这就是世界各国以前走的现在依然在走的教育发展之路……精英教育不搞好,精英就会外流,这就打脸"优质教育",这方面是有教训可以吸取的。因此,以"均衡"为初衷的义务教育也应指向"优质",即在均衡的基础上关注"精英",关注学生的个性发展、超常发展。我想,这才是"新优质"的真谛。所以,保障受教育者权益的均衡,才是名副其实的均衡。

　　讲到这里,我特别想说一句:真正的优质教育,不会是现在大多数人所热衷的以升学、就业为主要诉求的教育,而一定是能引导年轻一代放眼世界、走向未来的教育。这当然还有很长的一段路要走,相信我们已经在路上。

　　4. 均衡,是不同区域协调发展的均衡

　　在当今社会,随着经济的快速发展,教育均衡已成为一个突出问题,越来越受到人们的重点关注,成为社会的普遍关切。必须反复强调的是,教育均衡是不同区域教育事业协调发展的均衡,是实现教育公平的必要手段。不管区域间经济、社会发展的差距有多大,教育事业特别是义务教育、基础教育的差异应该是越来越小,逐步达至动态平衡。

　　为了实现教育的均衡发展,我们需要从多个方面入手,包括政策支持、资源分配、师资力量等方面。

　　首先,政策支持是实现教育均衡的前提。政府应该制定相关政策,鼓励和支持不同区域教育事业的发展。例如,可以制定优惠政策,发达地区支援薄弱地区,城市帮扶乡村,鼓励优秀教师到边远地区任教;可以加大对贫困地区的财政支持力度,改善学校办学条件;还可以完善教育评价体系,提高教育质量。

　　其次,资源分配是实现教育均衡的关键。教育资源的合理配置是确保教育质量的重要因素。政府应该加大对贫困地区的投入,提高学校硬件设施水平;同时,还需要注重软件建设,如加强学校管理、提高教师素质等方面的工作。只有资源得到合理配置,才能使每个孩子都能享受到优质的教育资源。

　　最后,师资力量是实现教育均衡的核心。教师是教育的主体,教师的素质和能力直接影响到教育质量。因此,政府应该加强对教师的培训和管理,提高教师的专业素养和教育教学能力;同时,还需要注重教师的福利待遇,吸引更多的优秀教师到边远地区任教。

　　总之,在优质、均衡发展方面,不但应关注学生在品德行为、学业发展、学习品质、身心健康、艺术兴趣方面的全面发展,同时应关注到学校内部的学业均衡问题。

只有政府、学校、社会共同努力,才能推动教育事业均衡发展,让每个孩子都能享受到优质的教育资源。

**(二)教育内卷是教育优质发展的羁绊**

2023年11月底,育娲人口研究智库发布了《中国教育内卷报告(2023版)》,对教育内卷的现象、原因,以及为何频频减负却屡屡失败等关键问题进行了披露和分析。

报告指出,教育内卷表现在,教育被一刀切的统考统招制度卡住了,明明考试大纲之外还有很多有用的知识和技能需要学习,但是因为高考的魔棒,导致中学里的教学资源都集中到备战高考上。学生、家长和老师过分追求分数、追求名次,不惜投入大量时间和金钱,导致教育资源过度集中,但教育质量却未能真正提高。伴随着教育内卷,还出现了"鸡娃""坑校"等热词,它们都是由焦虑的家长们发明出来的。

报告认为,教育内卷导致小学以及初中教育以应试为主,浪费了人才基础教育的时间,不利于培养具有创新意识和学习能力的人才,意味着中国未来的劳动市场,缺乏能够迅速进入不同行业并且独当一面的劳动人口,这会成为中国的创新经济和智能社会发展的极大阻碍。教育内卷导致中小学生学习压力过大,也影响了学生的身心健康。学生视力不良问题突出,睡眠时间总体不足;学生家庭作业时间过长,参加校外学业类辅导班比例较高,学习压力较大。过高的学习压力对学生学习兴趣、自信心甚至学业表现均有不利影响。

"内卷"其实就是"内耗",大家"卷",大家"耗",共进共退,同此凉热。长此以往,最终大家的脚几乎还是踏在同一块土地上,只不过是稍微挪了一点窝,"出人头地"的期望依然未能达成。面对此情此景,有有识之士提出了教育"退卷"问题,认为教育已到了非"退卷"不可的时候,否则"内卷"日益泛滥,负面影响不堪设想;呼吁人们主动放弃内卷,人人自觉"退卷",按教育内在的规律去办学、去求学,以人成长的思维去育人,这样,教育的美好便指日可待![①] 的确如此! 现实使我们深深感觉到:愈演愈烈的教育内卷,日益成为制约教育优质发展的羁绊。无论是"优教"还是"强校",不解决教育内卷的问题,"优"与"强"的前景都很难乐观,即使已经"挂钩"了,也难以延续持久。因此,我们要下大力气摆脱"内卷"的羁绊,使教育走向"内优",使

① 汤勇.教育到了非"退卷"不可的时候了[EB/OL].校长会微信公众号,(2024-01-22)[2024-02-10]. https://mp.weixin.qq.com/s/Qx8sf3frR6TPmOyfyk1bpw.

学校走向"内强"。

问题的关键是要从根本上解决人们的教育需求问题——实行教育资源均等化。以校外补课为例,一方面,它反映了人们特别是学生家长对优质教育的需求,但现实中这却是一种内卷的畸形的需求,看似让每个人看到希望,实则对整体有害。另一方面,问题的根源其实并非补课,而是应试和择校制度。现在的考试,主要就是被下一阶段的名校和重点学校用来掐尖选人,然后整个社会就自然形成一种习惯——只认学校的牌子。在这样的普遍认知下,家长们都在为子女能上名校而倾尽全力。所以,要想真正解决教育内卷的问题,必须切实推进教育资源均等化,从根本上化解择校给全社会带来的焦虑,进而消除应试性校外培训的根基。

教育资源的均等化,核心就是不让学校掐尖,中小学取消重点学校和非重点学校的区别。教育经费的投入,由学生多少而非学校名气来决定,并且要求优质老师在不同学校轮岗,简单一点来说,就是以后不再有所谓重点学校了。教育资源均等化还可以减少教育的不平等。在中小学阶段,让不同家庭背景的孩子同校上课,有利于增加社会的流动性。如果一个孩子在成长时期的同学都和自己处于同一阶层,无论对富人或穷人的孩子还是整个社会来说都不是一件好事。现在中小学阶段实行教育资源的均等化,应该具备社会共识和可行性。完全可以尽快取消中考和重点中学,实行就近入学等随机分配生源的办法禁止掐尖生源,并且实行包括教师轮岗等均等化的措施。这样既解决了中小学的择校刚需,也就解决了补课压力。

我想,优教、强校肯定有利于缓解教育内卷问题,解决了教育内卷问题,"新优质教育"的健康发展才有可能真正实现。

第二章

# 升华思考促优助强

对于教育教学改革，我们的态度是十分明朗的：改革是当今时代的主旋律，经济、社会、各行各业都走在与时俱进的改革之路上，教育不改革就适应不了形势的要求，因而就没有了出路。"志存高远"呼唤改革，"脚踏实地"要从改革做起。

无须否认，教师队伍中有些人对教育改革是持怀疑甚至否定态度的，认为教育有其内在的客观规律，很多东西历经千百年传承至今肯定有其道理，因而教育领域改革的空间不大，加上我们在改革中出现了诸多反复，许多举措长期难以定论，所以改革一直处于进程之中，渐渐地，成了一些人眼中的"折腾"。另一方面，许多人满足于习惯性思维，陶醉于自身经验，感觉"走老路"最"稳当"，也最"省力"，走原有轨道轻车熟路，照经验办事得心应手，对变革、创新持消极态度，要么冷眼观望，要么被动应付，或者嘴上讲一套，行动不对号。然而，"老路"往往只是围绕"老地方"打转，无法到达"新境界"；经验只能证明过去，无法解释现在，更不能代表将来。所以，教育的出路唯有改革，这是发展的大趋势，且是全球教育的共识。

讲到应试教育，据我的接触，社会上很多人特别是学生家长们，他们总觉得"应试教育"并没有什么不好，许多普通家庭的孩子就是凭借分数走出社会底层的，从而打破了阶层固化的格局，觉得原有的教育体系仍可维持。对此，我和各界人士也有过多方面的交流。

讲到素质教育，他们也有自己的说辞：善于应试就是最实在的素质，入学考试、就业考编，分数过关者为王；讲到全面发展，他们说：总体上讲全面发展是对的，而对具体的个人来说，没有谁是真正全面发展的，孩子能有某一方面的良好发展，已经是谢天谢地了，"学好数理化，走遍天下都不怕"，诺贝尔奖就是这么来的，全面发展可能只是发展了表层，得诺奖那就难了。

讲到创新，他们认为：创新是职场人的事，学生能学好书本上的知识、能应付考试就行，再说了，试卷上能考查出创新来吗？

所有这些，都在影响着、制约着学校教育。学校的责任，在于加强宣传和引导，让现代教育理念和人才培养理念源源不断地渗入人们的思想和生活。为此，我们需要升华自己的思想方法、思维模式，学会升维思考、降维行动和多维推进学校教育工作。

## 一、升维思考

在面对复杂的问题或挑战时，我们通常习惯于在现有的维度上思考问题和寻找解决方案。然而，这样做往往会限制我们的视野和思维方式，导致我们陷入困境。为了更好地解决问题，我们需要学会升维思考。

### （一）"升维思考"浅释

人们常说，思考要升维。什么是升维思考呢？比方说，个别问题上升到一类问题层面，经验认识上升到规律认知层面，小举措上升到方法论层面，诸如此类，都在升维思考之列。通俗地讲也就是，解决一个人的问题，意味着要解决一批人的问题；处理某一件事情，意味着要处理相关的同一类事情；决定某一项策略和办法，意味着要决定相关的或连带影响的多项策略和办法；制定当前的政策和方针，意味着要通盘考虑今后一段乃至更长时期的策略和方针，等等。概括地讲，升维思考的基本含义是积极学习高维知识，突破旧有认知束缚，站上高一级台阶看待、认识、处置和解决问题。具体仍以"强校""优教"为例：关于"强校"，不能只站在一所学校的角度来看待，而要从优质教育的层面来思考；关于"优质教育"，不能仅囿于教育本身来认识，而要从国家、民族、人类未来的高度来思考。因此，升维思考是一种全新的思维方式，它超越了我们日常的线性思维，让我们看到更多的可能性。这种思维方式可以帮助我们更好地理解世界，更全面地看待问题，更有效地解决问题。

想象一下，如果我们把问题看作是一个多维度的集合，那么解决这个问题的方法就不再是单一的，而是可以有许多种。比如，在三维空间中，我们只能从一个特定的角度去看一个物体，但在更高维度的空间中，我们可以从不同的角度去观察它。这就是升维思考的魅力所在。讲到这里，我们可以认为，所谓升维思考，就是站上高一级台阶看问题，登高望远，拓宽眼界，提升境界。这不仅是领导干部必须有的思维品质，也应该成为我们普通人追求的高水平素养。

升维思考意味着将我们的视角提升到一个更高的层次，从宏观的角度看待问题。这可以帮助我们跳出局部的限制，把握问题的本质和整体结构，从而更好地找到解决问题的方法。

站上高一级台阶看问题，我们需要具备宏观的思维方式和全局观。这需要我们不断地学习和积累知识，拓宽视野和认知领域。同时，我们还需要保持开放的心态，勇于挑战传统的思维模式和观念，敢于尝试新的方法和思路。

在实践中，我们可以采用多种方法进行升维思考。例如，通过深入了解问题的背景和相关因素,找到问题的根本原因;通过类比或比喻的方式,将复杂的问题简化或转化为更容易理解的形式;通过跨学科的学习和研究,借鉴其他领域的思想和理论,为解决问题提供新的思路和方法。

比方说,现在全球主流教育的方向已经转移到关注人的意义,而我们的眼光还在紧紧地盯着所谓"起跑线",还在纠缠、困惑于起跑线问题的争论,这是否意味着,我们还驻足于较低层次的台阶上。教育的一大目的就是引导学生成为更好的自己,这也是人的意义。这取决于首先保证学生是活生生的人。当我们鼓动孩子用尽全力搏击在"起跑"的瞬间,教育的本义便荡然无存。"起跑线"之争表明,我们还没有站上高一级的台阶,已经掉队落伍了,需要变革思维,向前看、往前走了。其实,起跑线它就是一根标志线,在标志线上无所谓输赢,重要的是人离开起跑线后的表现,特别是过程中的坚持(包括思想动机、行为动力)和关键时刻的冲刺。退一步说,一起跑便全力以赴,赢了如何?输了又怎样?它根本不能说明任何问题。然而,一旦人的意义不在,输赢便毫无意义。所以,应该从头到尾认真审视一下我们的教育,赋予学生有生命力的学习成长的意义。

总的来说,升维思考是一种重要的、强大的思维方式,它可以帮助我们更好地解决问题、把握机遇和应对挑战,帮助我们看到更多的可能性,更好地理解自己和他人,通过站上高一级台阶看问题,我们可以拓宽视野、突破限制、发现本质,为未来的发展打下坚实的基础。只有当我们愿意尝试新的思维方式时,我们才能真正地升维思考,才能真正地超越自我,看到更广阔的世界。当然,一下子站上很高的台阶可能不太实际,但站上高一级台阶应该是可行的,也是必需的。

（二）学校发展的升维思考

升维思考并不是一件轻而易举的事情,它需要我们有开放的心态,愿意接受新的观念和思维方式。它需要我们有勇气去挑战自己和现有的思维方式,去尝试新的可能性。

在当今快速发展的社会中,学校作为培养人才的摇篮,其发展至关重要。然而,学校发展面临着诸多挑战,如何实现升维思考,推动学校持续发展,是摆在我们面前的重要课题。

第一,学校发展需注重战略规划。制定科学合理的战略规划,有利于学校明确发展方向,优化资源配置,提高教育教学质量。制定长期、中期和短期发展规划,将有助于学校逐步实现目标,形成特色鲜明、优势突出的教育品牌。

第二,学校发展需加强师资队伍建设。教师是学校发展的核心力量,加强师资队伍建设是提高教育教学质量的关键。学校应注重教师专业发展,提供多元化的培训和学习机会,激发教师的工作热情和创新精神,打造一支高素质、专业化、富有爱心的教师团队。

第三,学校发展需推进课程改革。随着社会的发展和科技的进步,传统课程已经难以满足学生的需求。学校应积极推进课程改革,优化课程结构,更新课程内容,注重学生综合素质的培养。同时,加强学科融合,促进学生跨学科学习,培养学生的创新精神和实践能力。

第四,学校发展需注重校园文化建设。校园文化是学校的灵魂,对于学生的健康成长和全面发展具有重要影响。学校应积极营造健康向上的文化氛围,注重校园环境的绿化、美化和净化,开展丰富多彩的文化活动,培养学生的审美情趣和人文素养。

此外,学校发展还需加强与社会各界的合作。学校的发展离不开社会各界的支持与合作。学校应积极寻求与政府、企业、社区等合作的机会,共同推进教育改革与发展。同时,加强与国内外学校的交流与合作,引进先进的教育理念和资源,提升学校的国际影响力。

同时我们还必须明白,升维思考不仅可以帮助我们解决问题,还可以帮助我们更好地理解自己和他人。当我们从更高的维度去看待自己和他人时,我们会发现每个人都有其独特的价值和意义,每个人都是一个独特的个体。这种理解可以让我们更加尊重他人,更加包容和理解他人。

总体而言,学校发展的升维思考需要从战略规划、师资队伍、课程改革、校园文化和社会合作等多个方面入手。只有这样,才能更好地适应时代发展的需求,培养出更多优秀的人才,为国家和民族的繁荣做出更大的贡献。

## 二、降维行动

人们又说,行动要降维。何谓降维行动?实践中,我们常常听到或看到:到基层去,到一线去,将问题解决在当时、在现场;大问题先解决小矛盾,复杂问题先解决主要矛盾;深层问题先解决表层、浅层矛盾;诸多问题分化瓦解、各个击破,等等。诸如此类,都包含着"降维行动"的意义。在任何岗位,做任何工作,"眼望星空"的同时,还要"脚踏实地"。有时候,我们确实需要有一点"降维行动",不过,这必须是

"升维思考"主导下的降维行动。

（一）"降维行动"略解

所谓降维行动，说得直白、通俗一点，就是放下身段做事情。沉心静气、脚踏实地就是说的这个意思，它与好高骛远、说大话唱高调之类绝不相容。降维行动的具体含义是将高维认知和其他优势沉降到低维环境踏实做事。这就意味着，降维行动生效的前提是拥有高维认知。

那么，拥有高维认知的前提又是什么呢？答案是升维学习。

升维学习是指通过将多个知识点串联起来，形成一个整体的学习体系，以提升学习效率和质量的过程。它意味着从一个更宽广、更高层次的角度来审视学习，以便更好地理解和应用所学知识。因此，升维学习是一种深度思考和整合知识的过程，可以帮助学习者摆脱原有的单一思考模式和知识体系，形成更系统、更全面、更具创造性的思维方式。这种思维方式可以带来更广阔的视野和更高的学习效率，有助于学习者在复杂多变的环境中更好地整合和利用所学的知识点，快速适应和解决问题。升维学习不一定立竿见影，却是为捕捉低维环境机遇以及让机遇变现的有效准备。

处在快节奏、高压力的社会中，我们时常会陷入一种身不由己的状态。为了追求更高的目标，我们常常需要不断地攀越、升级，但有时候，适当的降维行动也是一种大智慧。

降维行动，其要旨就是放下身段，从更高的维度审视自己和周围的世界，然后以更贴近实际、更贴近需求的方式去做事情。这并不是一种放弃，而是一种以退为进的策略。当一个人身处高位时，常常很容易被宏大的目标和高昂的姿态所迷惑，总幻想着追求更大的成功，却忽略了成功的本质——满足需求。降维行动让我们重新审视自己的初衷，让我们回归到最基本的需求上来。

放下身段，意味着我们要摒弃那些形式主义和浮夸的表面功夫，真正地深入实际中去。这样，我们才能更好地理解问题的本质，找到最有效的解决方案。

在平时工作中，我们不妨尝试从领导的角度思考问题，了解他们的需求和期望，然后以更实际的方式去完成任务。这样不仅可以提高工作效率，还能在实践中不断提升自己的能力。

在日常生活中，我们也可以通过降维行动来改善人际关系。放下身段，意味着我们要尊重他人、理解他人，以更真诚的态度去交往。这样建立起来的关系更加牢固,也更能经受住考验。

当然,降维行动并不是一味地降低标准、放弃追求。相反,它是一种更为务实的态度,让我们在实现目标的过程中更加脚踏实地、稳步前行。

总之,在这个充满挑战和机遇的时代,降维行动是一种难得的智慧。通过放下身段做事情,我们能够更好地理解世界、把握机会,实现个人与社会的共赢。

（二）学校教学中的"降维行动"

学校教学中的降维行动可以理解为:为了适应特定环境和学生需求,降低教育教学难度和复杂性,以更直接、简单的方式呈现知识,从而提高教学效果。学校教学的降维行动需要从多个方面入手,注重学生的实际需求和能力水平,以提高教学效果和学生的综合素质。

首先,需要定位降维的具体行动方向。对于学校来说,需要考虑以下几个方面:课程内容的设置、教学方式的运用、评估机制的完善等。

在课程内容的设置上,学校需要根据学生的实际情况和学习需求,制定符合其能力水平的课程计划。避免过于复杂和抽象的内容,尽可能选择与学生生活经验密切相关的教学素材,以提高学生对知识的理解和掌握能力。

在教学方式的运用上,学校可以采用多样化的教学方法,如案例教学、情境模拟、角色扮演等,以激发学生的学习兴趣和积极性。同时,注重实践环节,让学生在实践中学习和掌握知识,培养其实际操作能力和解决问题的能力。

在评估机制的完善上,学校需要制定科学合理的评价标准和方法,注重过程评价和多元评价,以全面了解学生的学习情况和发展状况。同时,及时反馈评价结果,帮助学生发现问题和不足,为其提供有针对性的指导和支持。

其次,需要关注学科联系、技术应用,以及教学个性化问题,寻求合理且有效的降维通道。

一是跨学科整合:打破学科界限,整合不同学科的知识和资源,以提高学生的学习效果和综合素质。

二是技术应用:利用现代信息技术手段,如多媒体、网络资源等,为学生提供更为丰富的学习资源和工具。

三是个性化教学:尊重学生的个体差异和个性特点,根据学生的不同需求和能力水平,为其提供个性化的教学方案和支持。

四是社区参与:加强学校与社区的联系和合作,利用社区资源为学校教学提供支持和帮助。

最后，要从学情实际出发采取行动措施，该升的当然要升，另一方面，不该升的必须得降，如教学内容的难度系数，对多数人，不必过分强调"高难度"。

在当今的教育环境下，学校教学正面临着诸多挑战。为了更好地应对这些挑战，许多学校开始实施一种名为"降维行动"的教学策略。这一策略旨在降低教学内容的难度，使更多的学生能够理解和掌握知识，从而提高整体的教学效果。

为了更好地实施"降维行动"，学校需要有的放矢采取一系列因应措施。首先，要重新审视教材内容，对难度过高的知识点进行适当的简化，使其更加贴近学生的实际水平。同时，教师们还注重将理论知识与实际生活相结合，通过生动有趣的案例和实例来帮助学生理解抽象的概念。

为了更好地落实"降维行动"，学校必须加强了对教师的培训。通过定期开展教学研讨、观摩优秀教师的教学活动等方式，提高教师的教学水平和能力，使他们能够更好地应对教学中的挑战。

实践表明，"降维行动"的实施，有利于激发学生对学习的兴趣和热情，从而提高他们的学习效果。学生逐渐克服了对困难的恐惧感，变得更加自信和积极。同时，这一策略也有助于培养他们的实际应用能力，为未来的发展打下坚实的基础。因此，"降维行动"作为一种有效的教育策略，在提高教学质量、促进教育公平方面发挥了积极的作用。未来，我们期待更多的学校能够采纳并实施这一策略，为培养更多优秀人才贡献力量。

以上主要是从理念层面讲认识、谈体会。就教育实践而言，校长应该是学校层面最直接接触学校工作实际的人之一，他也有一个降维以待的问题。校长，可以设身处地从学校中层的视角看待问题，了解局部工作的不易，体谅部门人员的艰辛；也需要以普通一员的身份与教师心理位置互换，设身处地，勠力同心，不断开创学校工作的新局面。

## 三、多维推进

维是指向量，以及空间发展所具有的某一种衡量标准。多维的意思是"many dimensions"，指一个事物有多个维度，比如一个人的表现可以分为智力、情商、体质、财富等不同维度。因此多维的定义可以表述为：指多种（一般是指三种以及三种以上）维和维度同时存在和发生作用。通俗地讲，多维推进就是多方向、多思路发展。

**（一）"多维推进"的现实意义**

在当今社会,多维推进、力求多方向多思路发展已经成为一种至关重要的思维方式和工作方法。这种思维方式旨在通过多个角度、多个层面、多个方向的思考和行动,实现更全面、更高效、更具创新性的发展。

1. 多维推进有助于激发创新思维

在传统的线性思维模式下,我们往往只关注因果关系和直线性的思考,缺乏灵活性和创新性。而多维推进则可以让我们突破这种局限,走出思维定式,从多个方向和角度去思考和探索,从而激发出更多的创新思维和想法。这种思维方式有助于我们在解决问题时更加灵活和创新,从而取得更好的成果。

2. 多维推进有助于优化工作方式

多维推进是优化工作方式的有效途径。通过多维度、多角度地思考和行动,我们能够更好地应对多样化的工作环境,提高工作效率,并取得更好的成果。首先,多维推进有助于我们全面地了解问题。在工作中,我们经常会遇到各种各样的问题,这些问题往往不是孤立的,而是相互关联的。通过多维度地思考问题,我们可以更全面地了解问题的本质和影响范围,从而更好地制定解决方案。其次,多维推进有助于全方位地思考工作中的矛盾和问题。在传统的工作方式中,我们往往只关注问题的某个方面,而忽视了其他可能的因素。通过多维度思考,我们可以打破认知惯性,发现新的思考角度和解决方案,从而更好地应对复杂的工作环境。再次,多维推进有助于我们提高工作效率。在工作中,我们经常需要处理大量的信息和任务。通过多维度地推进工作,我们可以更高效地处理信息和任务,减少重复和不必要的劳动,从而提高工作效率。最后,多维推进有助于我们取得更好的工作成果。在工作中,我们往往需要与他人合作完成任务。通过多维度地推进工作,我们可以更好地协调各方资源和工作进度,提高工作质量和效率,从而取得更好的成果。

3. 多维推进有助于更好地应对复杂多变的局面

在全球化、信息化的时代背景下,各种问题和挑战也变得越来越复杂和多变。如果我们只从一个角度或一个层面去思考和行动,很可能会陷入片面和狭隘的视野,无法有效地解决问题。而多维推进则可以帮助我们全面地审视问题,从多个角度和层面去分析和解决,从而提高应对复杂问题的能力。

4. 多维推进有助于提高团队协作能力

在一个团队中,团队成员可以来自不同的专业背景和领域,每个人都有自己的专业知识和经验,通过共同探讨问题,提出多种解决方案,可以更快速地达成共识,进而从多个维度进行交流和合作,就可以实现优势互补和资源共享。这种协作方式不仅有助于提高团队的效率,还能增强团队的创新能力和应变能力。从而提高整个团队的协作效率和创新能力。通过多维推进,我们可以更好地整合团队资源,还可以最大程度地发挥团队每个成员的智慧和才干,共同实现团队目标。

5. 多维推进有助于促进个人职业发展

多维推进可以帮助我们更好地规划自己的职业路径。通过从多个角度审视自己的优势和不足,我们可以更全面地了解自己的现状,并制定出更具针对性的提升计划。例如,一个专任教师除了提高本学科的教学技能技巧外,还可以学习相邻或相近学科教学的成功经验,通过合理的"移植""嫁接",使自己的业务水平和能力得到新的提升,在职业生涯中获得更多的机会和更好的发展。

说到这里,有必要再强调一句:在教育领域,多维推进更是创新的关键。如今的教师,需要具备跨学科的知识和视野,从不同的学科领域出发,进行交叉融合,从而产生新的教育教学成果。例如,将生物学与信息技术相结合诞生了生物信息学,将物理学与数学相结合催生了数理逻辑等。这种多学科交叉融合的方式有助于突破传统的思维限制,推动教育教学创新不断向前发展。

总之,多维推进、实现多方向多思路发展是一种非常重要的思维方式和工作方法。在未来,我们应该更加注重这种思维方式的培养和实践,从而更好地应对各种挑战和机遇,实现更加全面、高效的发展。让我们不断拓展自己的思维边界,勇于尝试新的方法和思路,为未来的发展奠定坚实的基础。同时,我们也要学会从多个角度看待问题,把握事物的内在联系和发展趋势。只有这样,我们才能在不断变化的环境中保持敏锐的洞察力和应变能力,实现个人和事业的持续发展。

(二)"多维推进"的实践指向

任何"推进"都是实践过程中的推进。多维推进,不只是要"推进",而且还要求"多维",这就更离不开实践。这里主要讲一下多维推进的实践指向,即在实际教育工作中怎样去推进,以及往哪些方面去推进。

1. 多维分析

多维也常常是指衍生于或由多个变量合成的数据。它可以显示出多个参数之间的复杂关系和模式,可以为我们提供参考,丰富我们对事物的认知见解,这就涉及多维分析。多维分析法是高级统计分析方法之一,其应用非常广泛,运用于人们生活的方方面面。

在社会科学领域,多维分析是一种通过多个变量来考察问题的研究方法,常用于比较多个因素之间的关系。

在经济领域,多维分析也是一个重要的决策依据,常用于市场营销,以便更好地了解消费者行为和习惯,推出更具针对性的产品和服务。

在教育领域,多维分析更是一种教育教学辅助工具,是学校和教师了解学生发展状况从而相应跟进针对性措施并展开结果评估的系列化过程。我们可以将各种对象,包括人、事、现象、活动等,放到一个两维以上的空间坐标上来进行分析。比如,设置一个三维坐标的学生学习发展组合模型,其中的 X 轴代表某学生某学科成绩在班级(或年级)所处位置的百分比率,Y 轴代表班级(或年级)某学科成绩增长率、Z 轴代表某学生某学科成绩净提升率,对其综合分析,便可以比较准确地反映一个学生学业状况。

这虽然属于一种量性分析方法,但也可以借鉴其思想方法和策略,用于质性分析,以解决教育中的一些具体问题。这在实践中也是可行的、有效的。

以学生表现为例,某个一向很守纪律的学生近期经常迟到,在教师数次告诫后依然如故。若有必要,教师可以从学生日常生活环境、家庭状况、思想动态、心理状态等维度综合考察,找出原因,"靶向"处置,问题就有可能妥善解决。

以学生学习为例,某个学生学习成绩持续退步,这可能涉及多方面因素。为了全面分析这一问题,我们需要从多个维度进行探讨。首先,从学生自身的角度来看,学习成绩退步的原因可能是由于学习态度不端正、学习方法不当、学习动力不足。学生可能缺乏自律,容易受到外界干扰,导致学习不专心;学习方法上可能存在误区,没有掌握适合自己的高效学习方法;或者对学习目标不明确,缺乏内在的学习动力。其次,家庭和社会环境对学生的影响也不容忽视。家庭环境的好坏、父母的教育方式和家庭氛围等都可能影响学生的学习成绩。例如,家庭关系紧张、父母教育方式过于严格或放任不管等都可能导致学生学习成绩的退步。再次,学校和教师的影响也是不可忽视的。学校的教育理念、课程设置、教学质量等都可能影响学生的学习成绩。教师的教学方法、对学生的关注度、师生关系等也可能影响学生的学习积极性,进而影响学习成绩。此外,社会环境对学生的影响也不容忽视,例如网络游戏、社交媒体等都可能成为学生学习成绩退步的诱因。最后,我们还需要考虑学生的个体差异。每个学生都是独特的个体,他们的学习方式、兴趣爱好、天赋特长等都有所不同。因此,我们需要尊重学生的个体差异,有针对性地引导他们发挥自己的优势,提高学习成绩。

以教学活动为例,多维分析更是教师需要掌握的教学辅助工具。教学活动是一个复杂的过程,涉及教师、学生、教学内容、教学方法等多个维度。首先,从教师的角度来看,教学活动是教师传授知识、技能和价值观的过程。在这个过程中,教师需要充分了解学生的需求和特点,根据学生的实际情况制定教学计划和策略。同时,教师还需要不断提升自身的专业素养和教学能力,以更好地满足学生的学习需求。其次,从学生的角度来看,教学活动是他们获取知识、技能和体验的过程。在这个过程中,学生需要积极参与课堂互动,主动思考和探索问题,同时还需要培养良好的学习习惯和态度。学生还需要学会自我评估和反思,以便更好地提升自己的学习效果。再次,从教学内容的角度来看,教学活动是教师根据课程目标和学生需求选择和组织教学内容的过程。教学内容的选择和组织要遵循科学性、系统性和实用性的原则,同时还需要注重知识的更新和拓展。教师还需要根据学生的实际情况对教学内容进行适当的调整和优化,以便更好地满足学生的学习需求。最后,从教学方法的角度来看,教学活动是教师根据教学内容和学生特点选择合适的教学方法的过程。教学方法的选择要注重实效性和多样性,同时还需要注重启发式教学和探究式教学的运用。教师还需要根据学生的反馈和教学效果对教学方法进行不断优化和改进。因此,教学活动作为一个多维度的过程,需要全面考虑各个方面的因素,注重各个维度的协调和配合。通过多维度的分析和实践,我们可以更好地理解教学活动的本质和规律,提升教学效果和教育质量。

讲到多维推进,我还想特别说明一点:社会不应该用整齐划一的评价机制去看待每一个孩子。现实生活中很多人行而不辍的"鸡娃",也只是在把每个生来不同的孩子,努力按照流水线模式,打磨成相同的样子,导致"多维"收缩为"一维"。

其实,正如有识之士所指出的:每个孩子更像是一粒种子,我们更应该根据他们不同的基因和天赋,给他们提供适合的土壤和养料,让他们最大化地发展专属于自己的能力。在我们的精心照料下,每一粒种子都有着不同的生长姿态,有的会变成一朵花,有的会长成一棵树……孩子们会遇见更多的可能性,并且不断壮大,成为独一无二的自己。

2. 多维发力

在教育工作中,多维发力是一种重要的策略。多维发力强调的是从多个方面、多个角度来推动教育工作的发展,从而提高教育质量。

第一,教师必须十分注重培养学生的道德素养。道德素养是学生成长成才的重要基石,教师应该注重德育首位,立德树人,引导学生形成正确的价值观和道德观念,培养他们的社会责任感和公民意识。

第二,教师必须十分注重学生的个性化发展。每一个学生都有自己的特点和优势,每一个教师都应该关注学生的个性差异,针对不同学生的特点进行教学。通过个性化的教学方式,可以更好地激发学生的潜力,培养他们的创新能力和自主学习能力。

第三,教师必须十分注重培养学生的思维能力。思维能力是学生未来发展所必需的核心能力之一,包括分析性思维、批判性思维、创造性思维等。教师可以通过引导学生进行探究式学习、问题解决学习等方式,培养学生的思维能力。

第四,教师必须十分注重培养学生的实践能力。实践能力是学生未来职业发展的重要基础,教师应该注重实践教学,引导学生将理论知识与实际操作相结合,提高他们的实践能力和动手能力。

总的说来,教育工作中的多维发力,需要从学生道德素养提升、个性化发展、思维能力培养、实践能力等多个方面入手。通过多维发力,可以更好地促进学生的全面发展,为他们的美好未来奠定坚实的基础。此外,在学校人力资源开发利用上,要注重充分调动各层级的积极性、主动性,凝心聚力、汇智集能,让智慧的涓流汇成溪涧、江河,奔向广阔无涯的教育事业的海洋。

3. 多维发展

我们一直强调"全面发展的教育",也有人将其等同于"全人教育"。其实,两者在很多方面是相通的:前者关注"发展"的"全面",重心在人的发展取向;后者注重"人"自身的"全",强调培养"全人"。

在教学领域,全人教育是指教学时了解学生的心理需求、能力、经验、性格、意愿等主观条件,来进行教学活动,从而激发学生的求知欲,学习动机,而能快乐学习。

无论是教育还是教学,学生的多维发展始终是我们追求的目标。而要真正实现学生的多维发展,必须首先直面现实中的问题特别是牵动全局的关键问题。我们需要反思:为什么孩子们在求知的道路上渐渐失去了对学习的热爱和对生活的热情?教育的现实是:在单纯应试的模式下,许多学校过分追求升学率,将学生置于被动接受知识的地位;唯分数是瞻的评价导向使学生陷入了无尽的考试和补习漩涡中,为了应对考试,他们不得不放弃自己的兴趣和爱好,将大部分时间用于机械地记忆和应试技巧的训练,身心健康和全面发展被严重忽视。这样的教育模式不仅扼杀了学生的创造力和想象力,更让他们对学习产生了厌恶和抵触情绪。这样的教育不仅无法培养出真正的人才,更可能让学生在未来的社会中无法适应和立足。

那么,我们应该如何改变这种现状呢?关键要转变教育观念,充分认识教育的本质是培养人,而不是简单地传授知识。我们应该关注学生的全面发展,注重培养他们的创新精神和实践能力。同时,我们也需要改革教育评价体系,将学生的综合素质作为评价的重要标准。全社会都要共同努力,营造一个更加宽松、自由、包容的教育环境,让每一个孩子都能在教育中找到自己的价值和意义。

我想,这也应该是"优教""强校"的初衷。

在当今社会,教育的重要性日益凸显。随着科技的飞速发展和全球化的推进,我们需要的教育不仅仅是知识的传授,更需要关注学生的多维发展。这意味着教育者需要重新审视教育的目标和方法,注重培养学生的综合能力,为他们未来的生活和工作做好准备。

第一,多维发展强调的是学生的全面发展。除了传统的学术课程,教育者应该提供更多元化的课程,如艺术、体育和社会实践等。这些课程不仅能够丰富学生的知识体系,还有助于培养学生的创造力、团队协作能力和社交技巧。通过多元化的课程设置,学生可以发现自己的兴趣和优势,更好地发挥自己的潜能。

第二,多维发展还意味着教育者需要关注学生的情感和心理健康。在高压的学习环境下,学生可能会面临各种心理问题,如焦虑、抑郁等。教育者应该为学生提供心理支持和辅导,帮助他们建立积极的心态和应对压力的能力。同时,教育者还应该培养学生的同理心和情感智慧,使他们能够更好地与人相处和沟通。

第三,多维发展还要求教育者注重学生的实践能力和创新精神。理论知识的学习固然重要,但真正的知识和技能需要在实践中获得。因此,教育者应该为学生提供更多的实践机会,如实验、项目和实习等。通过实践,学生可以更好地理解和应用所学知识,提高自己解决问题的能力。同时,教育者还应该鼓励学生敢于创新和尝试,培养他们的创新意识和创业精神。

最后,多维发展还需要教育者的专业素养和教学能力的提升。为了更好地培养学生的综合能力,教育者本身也需要不断学习和成长。他们应该具备跨学科的知识和技能,能够灵活地运用不同的教学方法和手段,以满足学生多维发展的需求。同时,教育者还应该关注教育的新趋势和技术的发展,不断提高自己的专业素养和教育能力。

一言以蔽之,教育工作中学生的多维发展是当今社会对教育的必然要求。为了培养出具备综合素质的学生,教育者需要不断探索和实践,才能为学生提供更好的教育环境和服务,为他们的长远发展奠定坚实的基础。

第三章

# 顶层设计行稳致远

今天所做的事情是为了我们有更好的明天,未来属于那些在昨天做出今天计划的人。

不为明天做准备的人永远不会有未来。

——题记

优教、强校并不是自然生成的,它需要经历众多人的接力式的奋斗。这种奋斗,是有目标、有计划、有组织进行的,换言之,它需要有立足当前、着眼长远的顶层设计。在优教、强校建设中,我们只有按照正确的设计思想,依据相应的设计原则和要求,遵循科学的设计思路和方法,才能使顶层设计高屋建瓴,确保学校发展行稳致远。

## 一、学校发展顶层设计的内涵

什么是顶层设计? 顶层设计是一个工程学概念,本义是统筹考虑项目各层次和各要素,追根溯源,统揽全局,在最高层次上寻求问题的解决之道。现在,顶层设计已经成为一个新的政治名词,并被各行各业广泛使用,其基本涵义为:运用系统论的方法,从全局的角度,对某项任务或者某个项目的各方面、各层次、各要素统筹规划,以集中有效资源,高效快捷地实现目标。

顶层设计的主要特征在于:一是顶层决定性,即自高端向低端展开设计,其核心理念与目标都源自顶层,即顶层决定底层,高端决定低端;二是整体关联性,即强调设计对象内部要素之间围绕核心理念和顶层目标所形成的关联、匹配与有机衔接;三是实际可操作性,设计的基本要求是意图清晰准确,表述简明扼要,所形成的方案具备实践可行性,即顶层设计所产出的成果应是可实施、可操作的。

学校发展的顶层设计是一个综合性的概念,它涉及学校发展的战略规划、组织架构、管理体制、人力资源、课程设置、教育技术、文化氛围等多个方面。这就意味着,它是学校发展最高层次的设想和筹划,是对学校发展诸要素的整体思考和综合利用,是使学校发展达成既定目标的行动方案和实施举措。

## 二、学校发展顶层设计的设计思想

学校发展顶层设计是一项系统性的工程,需要从全局出发,综合考虑各种因素,制定出科学、合理的发展规划。

### （一）顶层设计是着眼全局的整体性思考

顶层设计的设计思想有三个要点：要从全局看问题，要从全局去运作，要解决整体的问题。这是顶层设计的基本思路。也就是说，顶层谋划是整体谋划，顶层运作是高端运作，所以，设计者要站得高，看得远。换言之，顶层设计是代表高层，站在高层的角度，解决高层的问题，实现高层的目标。

学校发展的顶层设计在设计思想上要考虑到学校的整体发展、均衡发展、长远发展，切忌近视、短视，防止只顾自身、局部，防止只顾眼前、胸无大志。

整体性思考的关键，是要有明确的核心理念。学校发展顶层设计的核心理念是以人为本、全面发展和持续发展。具体来说，就是要以学生为中心，关注学生的全面发展，注重培养学生的创新精神和实践能力，同时也要关注教师的专业成长，提高教师的教育教学水平。此外，还要注重学校文化的建设，营造良好的校园氛围，推动学校的持续发展。

### （二）顶层设计是现实、梦想与成果的融合

顶层设计的设计思想是立足现实、面向未来，目标导向，使命必达，既仰望星空，又脚踏实地。

学校发展顶层设计的设计思想，主要是从实际出发，将理想与现实密切结合起来，规划好"筑梦—追梦—圆梦"的渐进性过程，使学校朝着预定目标顺利前进，行稳致远。

市北初北校结合"优教""强校"进程，在顶层设计上明确了"四路递进"的发展方略：

一是察老路。回溯来路，反思得失，从中吸取教训，得到启迪。因此，老路是镜鉴之路，旨在借鉴发展。

二是循常路。按照常规，遵循通常的、普遍性的思考与实践来行动。因此，常路是经验之路，旨在稳健发展。

三是探新路。结合阶段目标、中心工作、主要任务，探索新思维、新策略、新方法，促进新一轮发展。因此，新路是发展之路，通常表现为特色化发展，其关键在于从实际出发，根据现实条件与可能，找到"特色"的生长点，经过培育、提炼，升华为真正的特色。

四是行大路。拓展思维，拓宽思路，铺设更近、更快、更高效达至目标的大道，勇毅前行。因此，大路是速进之路，"高速""高架""立交"衔接互联，通常表现为多样

化发展,同时也含有超常发展的意思。

这样的"四路递进",前两种主要是传承,后两种主要在创新,它们之间有着层层递进的关系,较好地体现了现实、梦想与成果的融合。

（三）顶层设计是要素组合型立体式架构

按照规划工作的基本理论,顶层设计有三个要素:动力、能力、方法论;四个层面的转型升级:思维转型、战略转型、文化转型、管理体系升级。这是为发展提出了确切的路径,为决策、管理者如何领导人们走向未来提供了参考。

学校发展的顶层设计,应该综合考虑与教育有关的各种内外部因素,包括学校所在地经济、社会、科技、教育发展的现实状况和人民群众对教育的需求,以及教育方针、培养目标、办学条件等,促进教育事业与社会各项事业的协调发展;要用教育家思维引导办学,从线性思维、平面思维转向立体化思维,要实施内涵发展、特色发展、创新发展和可持续发展战略,建设先进的学校文化和学校管理体系,这些都是学校顶层设计的题中应有之义。

## 三、学校发展顶层设计的原则与要求

学校在进行顶层设计时,要从自身现实状况及未来发展的目标、任务出发,遵循一定的设计原则和要求,回顾结合前瞻,继承结合创新,形成具有一定思维高度的发展构想。

（一）顶层设计的主要原则

1. 系统性原则

学校总体发展思路:提升办学综合实力,增进教改创新活力,激发师生内在动力,建设高标准现代型学校。

学校要有"增力"的系列举措,主要包括教育向心力、教师发展力、学生内驱力、科研推进力、品牌创生力、社会影响力,等等。

要有建设高标准现代型学校的扎实行动,最需要强调的是:高素质队伍建设、高质量教育教学、高水平管理治理、高境界创新创优。

2. 可行性原则

可行性原则是用来衡量顶层设计是否切实可行,即从人力、物力、财力、科学技术能力诸方面来说,都是可以执行的。假如相关决策无论从学校的外部环境还是从学校的内部条件及其他方面来说都是不可能实现的,那么这样的决策显然是不可行的。决策的目的是为了行动。如果决策不能实施且见之于行动，就是没有价值的非科学的决策，这类决策就没有任何实际意义。

学校发展的顶层设计，要从五个方面考虑其可行性：

一是经济可行性。一方面，教育事业的发展也要讲究与社会经济发展的适应性和契合度，这是经济基础决定上层建筑的现实反映。学校的发展规模、速度和要求，与所在地区的经济状况相匹配；另一方面，学校作为人才培养的基地，也有一个成本和收益的问题，即投入产出比，不仅有短期效益的考量，也需要有长期利益的分析。

二是技术可行性。即学校发展顶层设计所确立的目标、指标、标准，以及有关项目及相应的措施，要有必备的技术支撑。如专业技术上面的问题能否解决，如果不能解决，是否有补充或者替代方案，等等。

三是组织可行性。学校发展顶层设计所确定的项目，要有付诸实施的组织架构、执行人员、管理制度等，还要制定人员培训计划，以保证设计项目的顺利推进。

四是社会可行性。主要是学校发展的规模、速度和要求，要与当地社会发展的总趋势相融合。此外，学校工作涉及法律、道德、社会影响等社会因素，这也需要相应的协调平衡。

3. 科学化原则

顶层设计也要有辩证思维，既要锐意进取，又要务本求真；既要"仰望星空"，又要"脚踏实地"；既要善抓机遇，又要敢迎挑战；既要稳步妥行，又要脱颖而出。

我觉得，根据顶层设计的要求，应拟定符合学校自身发展要求的行动方略，按照科学化原则，应注意处理好四个关系。

一是处理好"大"和"小"的关系。学校需把准国家发展战略和基础教育发展脉搏、节奏与重点，找准自己的立足点和发展极。

二是处理好"先"和"后"的关系。学校各项工作的开展不可能同时推进，这就要求学校管理层具有前瞻性和辨别力，区分主次，确定工作开展的先后顺序。

三是处理好"快"和"慢"的关系。在基础教育快速发展的今天，追求速度成为很多学校在办学过程中考虑的首要因素，但教育的根本属性与"快速"并不匹配，在追求快的同时，一定要尊重教育规律，相信"教育即养成"。

四是处理好"点"和"面"的关系。以点带面，推动整体工作的开展。当学校有多项重点工作时，要依照分工确定不同的承担部门，各项工作齐头并进，累积一定经验后，再全面推开。

### 4. 创新性原则

创新是学校可持续发展、保持旺盛生命力的动力之源,也是保持"新优质"和"强校"的法宝。

学校顶层设计要激励创新。如在学校教育教学的数字化转型中,鼓励教师不断尝试新的技术和方法,并保持足够的灵活性以应对变化。

学校顶层设计还要注重完善创新的基本条件,如培育创新者较强的观察力和思考力;支持教师在教育教学改革中敢想、敢闯、敢试,并给予必要的帮助和指导;鼓励教师在教育教学实践中有所发明创造,协助他们申请专利、维护知识产权。

### (二)顶层设计的基本要求

学校发展的顶层设计作为一项系统工程,需要综合考虑多方面因素,为学校谋划可持续发展的美好愿景。其基本要求是:

#### 1. 具有明确的战略目标和发展规划

学校发展的顶层设计应基于对学校现状的深入分析,以及对教育市场、教育政策、教育技术等外部环境的全面了解。在确定目标时,应该充分考虑学校的资源、优势和潜力,同时要注重目标的可行性和可实现性。

#### 2. 建立科学合理的管理体制和组织架构

学校发展的顶层设计应明确各部门的职责和权限,建立有效的沟通机制和决策流程,确保各部门之间的协调和合作。同时,要注重提高管理效率,优化资源配置,降低管理成本,提高学校的整体效益。

#### 3. 关注人力资源的发展及其管理

学校应该制定一套完善的招聘、培训、考核、晋升机制,吸引和留住优秀教师,激发教师的积极性和创造力。同时,要注重培养教师的职业素养和教育教学能力,提高他们的专业水平和综合素质。

#### 4. 注重课程设置和教学方式的改革

学校应该根据战略目标和学生需求,制定科学合理的课程体系,注重培养学生的创新能力和实践能力。同时,要积极探索新的教学方式和方法,提高教学效果和质量。

#### 5. 重视教育技术的运用和发展趋势

学校应该紧跟时代潮流,引进先进的教育技术,如在线教学、数字化教育资源等,提高教育教学的质量和效率。同时,要注重信息安全和隐私保护,确保学生的权益不受侵犯。

6.营造良好的校园文化氛围和师生关系

学校应该注重培养学生的道德品质和人文素养,营造一个积极向上、和谐融洽的校园环境。同时,要注重师生之间的沟通和互动,建立良好的师生关系,增强学校的凝聚力和向心力。

## 四、学校发展顶层设计的设计要点

学校发展顶层设计,其要点通常体现在以下几个方面:

明确学校定位。学校定位主要包括学校的类型、办学理念、发展目标等。这有助于学校在发展过程中保持清晰的方向和目标。

制定发展策略。根据学校定位,制定相应的发展策略,包括学科建设、师资队伍建设、校园文化建设等方面。这些策略应该符合学校的实际情况,并且具有可操作性。

优化资源配置。在制定发展策略的同时,需要优化学校资源配置,确保资源能够得到合理利用,避免浪费。这包括人力资源、财力资源、物力资源等方面的配置。

建立有效的管理机制。建立有效的管理机制,包括教学质量监控、学生管理、财务管理等方面的制度。这些机制能够保证学校的各项工作能够顺利进行,提高管理效率。

加强对外合作与交流。加强与其他学校的合作与交流,共同推动教育教学的创新与发展;同时,也需要积极开展与社区、企业及有关部门的合作,为学生提供更多的实践机会。

注重人才培养和造就。注重人才培养是学校发展的核心任务之一。学校应该根据市场需求和学科发展趋势,制定人才培养方案,对特别优秀的教师,要制定个性化的培养方案;对学业成绩优良的学生,要特别注重其综合素养和特长优势的培育。

营造良好的校园文化氛围。校园文化是学校发展的重要软实力。学校应该积极营造具有自身特色的校园文化氛围,充分利用好自身的文化基因,努力推动校园文化的传承与创新。

在实践中我们感到,进行学校发展顶层设计,要特别注重规划制定、目标导向和措施保障。其中,规划制定更是重中之重。

（一）规划制定

学校发展的顶层设计,常常以规划、方案、行动计划等形式来呈现。其中,最具代表性的是规划。

制定科学的发展规划是学校发展顶层设计的第一步。发展规划应该明确学校的发展目标、发展重点和保障措施,既要考虑学校的实际情况,又要具有前瞻性和可操作性。在制定发展规划的过程中,应该充分听取各方面的意见和建议,确保规划的科学性和民主性。

1. 规划制定的基本要求

学校发展规划是比较全面的、长远的发展计划,是对未来整体性、长期性、基本性问题的思考、考量,以及关于未来的整套行动方案。

制定规划有哪些要求,这也是见仁见智,各取所需,并无统一规定,但有些方面还是有所共识的。在我看来,基本的要求重在四个方面:

一是增强规划意识。这是针对"例行公事"论者而言的。须知,学校发展规划属于学校的大事、要事,不仅关系学校的现在,更关联学校的未来,绝非"搞形式""走过场"。可以断言,规划意识不强,或者对规划工作有误解,规划是制定不好的。

二是明确发展思路。学校发展思路是一所学校朝着什么方向、沿着怎样的路径、采用怎样的方式、达到怎样的目标的连贯性思考。其关键就在"连贯"二字上,它反映了学校"质"的发展的规定性,因而具有鲜明的导向性、实践性、检测性意义,必须十分清晰地、简明扼要地作出表述。

三是确定重点工作。重点工作与工作重点有所不同:首先,两者的指向和范围有区别,重点工作一般是指多项工作中某些重要的单项工作,是相对于比较复杂的项目而言;工作重点一般指单项工作中重要的组成部分,或者重要的操作步骤,是相对于一项工作而言。其次,两者对所属项目或所属工作的影响不一样,重点工作的完成与否,会影响整个项目的进程,但由于各单项工作可以相关联,也可以不关联,所以对没有直接关联的其他单项工作影响有限;而工作重点若把握不好,会直接影响整项工作的成效。对两者关系的把握,将直接影响规划制定的质量及规划实施的效力。

四是坚持民主决策。如前所述,学校规划事关学校发展的前途,作为学校的"大政方针",民主决策极为重要,唯有如此,才能充分调动学校师生员工的积极性、主动性、自觉性和创造性,凝心聚力,群策群力,共同开创学校发展的新局面。

2. 学校规划的主要内容

如何制定好的学校发展规划?其基本架构主要是在四个方面:

一是发展基础,包括前一个发展周期的回顾和总结,当下的发展优势和劣势,面临的机遇与挑战;

二是目标引领,包括指导思想、发展理念、发展思路、发展目标、总体目标、分领域目标和分阶段目标;

三是重点工作或主要任务,如党建引领、德育首位、课程教学、教师发展、文化强校、管理优化、特色建设、品牌打造等;

四是保障机制,包括组织保障、机制保障(运行机制、评价机制、激励机制)、队伍保障、资源保障等。

有一点必须明确,规划只是执行的前提,而行动才是执行的真谛。将规划落到实处,才能真正让学校发展规划成为师生生命成长的动力。

(二)目标导向

在当今这个瞬息万变的时代,有了明确的奋斗目标,就有了稳健地应变、顺变的主心骨。学校作为培养下一代的基地,其发展目标导向就显得尤为重要。

一所学校就是一个生态系统。就主观愿望而言,每一位学校管理者都想办一所好学校。这个"好"究竟意味着什么?办成一所好学校需要遵循怎样的底层逻辑?

"源头的石头决定河流的方向",这是一句名言,告诉我们"源头的石头"具有导向作用。在学校起导向作用的是什么呢?当然是学校的办学目标和价值追求。因此,"目标和价值系统"是学校开展教育教学工作的底层逻辑。它与学校的办学理念及文化体系是一致的。一个清晰、明确的学校发展目标导向,不仅能为学校指明前进的方向,更能调动全体师生的积极性,激发他们的创新精神,推动学校持续、稳定地发展。

这里,第一个问题是学校的目标体系。我们可以从内容、时间两个维度建构目标体系。

一是内容维度的目标体系,主要包括办学目标、育人目标、教学目标、管理目标等。

二是时间维度的目标体系,通常包括周期目标(规划期目标)、年度目标、月度目标等。

至于究竟采用怎样的目标体系,设置怎样的具体目标,可以因校制宜、酌情而定。

第二,学校发展的目标导向必须基于对自身实际情况的深入了解。每个学校都有其独特的历史积淀、文化传统和特色优势。因此,在制定发展目标时,必须对这些因素进行全面的考量。同时,学校的发展目标还要与国家的教育方针、政策保持一致,确保学校的发展方向与时代潮流相契合。这样,学校才能紧跟时代的步伐,培养出符合社会需求的人才。

第三,目标导向必须具有明确性和可衡量性。一个好的目标导向不仅要能够清晰地传达学校的愿景和使命,还要能让全体师生明确地知道学校的发展方向。此外,目标还应该是可以衡量的,有具体的数据和指标来评估学校发展的进度和成果。这样的目标导向能更好地激励师生为实现目标而努力,同时也有助于学校对自身的成就进行科学的评估和反思。

第四,学校发展的目标导向还必须具备可行性和挑战性。制定的目标既不能过于简单,也不能过于困难。过于简单的目标缺乏挑战性,难以激发师生的积极性;而过于困难的目标则可能让人望而却步,产生消极情绪。因此,目标的设定需要在可行性和挑战性之间找到平衡点,既要保证目标的实现,又要能激发师生的斗志。

第五,学校发展的目标导向需要全体师生的共同参与和努力。只有当全体师生都认同学校的发展目标,并将其转化为自己的行动时,学校的发展才能真正取得成效。因此,学校需要通过各种途径,如宣传、教育、培训等,让全体师生深入理解并认同学校的发展目标,激发他们的积极性和创造力。同时,还要建立有效的激励机制,鼓励师生为实现目标付出更多的努力。

总之,学校发展的目标导向是引领学校前进的灯塔。只有制定出科学、合理、可行的发展目标,并让全体师生共同参与和努力,学校才能不断发展壮大,培养出更多优秀的人才,为社会的发展做出更大的贡献。同时,学校也要不断审视和调整目标导向,以适应时代发展和教育改革的要求。通过持续改进和不断创新,学校才能始终保持其竞争力,为学生的成长和社会的发展做出更大的贡献。

（三）措施保障

学校发展的措施保障,除了通常所说的保障措施外,主要是重大举措的跟进。学校发展是教育领域中至关重要的一环,它关乎着学生的成长、教育质量的提升以及社会的进步。为了确保学校的持续发展,必须采取一系列重大措施作为保障。

学校发展的重大措施保障应该因校制宜,但也有一些共同的方面,主要包括:

首先,加大投入是关键。学校应积极争取政府和社会各界的支持,增加教育经费的投入,为学校的硬件设施建设提供资金保障。同时,学校还应注重软件建设,如引进先进的教育理念、教学方法和技术,以提高教学质量。

其次,师资力量是核心。学校应加强教师队伍建设,提高教师的专业素养和教学水平。通过定期的教师培训、交流研讨以及专业进修等形式,不断提升教师的综合素质。同时,建立完善的激励机制,鼓励教师创新教学方法,提高教学质量。

再次,课程设置是重点。学校应根据学生的需求和社会的变化,合理设置课程,注重培养学生的综合素质和实践能力。同时,加强与企业的合作,为学生提供实践和实习的机会,帮助学生更好地适应社会。

此外,校园文化建设不容忽视。学校应注重营造积极向上的校园文化氛围,培养学生的团队协作精神、创新意识和实践能力。通过举办丰富多彩的文化活动、体育竞赛等,促进学生全面发展。

最后,管理体制的改革也是必要的。学校应建立健全管理体制,提高管理效率和管理水平。推行绩效考核制度、问责制度等,确保各项措施的有效实施。同时,加强与家长、社区的联系与沟通,共同推动学校的发展。

这里特别要提出制度保障的一个关键问题——校长要用好学校的"关键制度":①

激发各个层面的育人动力,促进学校高质量发展,离不开有效的制度供给。但从实践层面看,部分学校存在制度多、师生知晓度低、流于形式等问题。这时,找出事关学校高质量育人的关键制度就显得尤为重要。

1. 关键制度及其特性

什么样的制度是关键制度? 涉及学校安全、育人质量和长远发展的是关键制度。

作为关键制度,要有精准、务实、有效三个特性。精准,即能够基于学校实际,精准把脉,对症施策,对于问题解决有很强的针对性;务实,不图"好看""好听",直陈内容,讲究实际;有效,制度可执行性要强,定了就要实施,就要力求实效,形式上

---

① 井光进.校长要用好学校的"关键制度"[N/OL].校长会微信公众号(2024 - 01 - 04)[2024 - 01 - 06].https://mp.weixin.qq.com/s/JfzdRDXwOGNSn5zX3Zjciw.

看似完美而实践中无法执行的不是好制度。

2. 提高关键制度的有效性

如何让关键制度更有效？有专家提出要采取四项对策，厘清三组关系。

四项对策是：

一要上下贯通。关键制度既要与国家政策要求和上级教育部门制度规定上下贯通、步调一致，具有可执行性，又要符合教育教学规律和人的成长规律，确保服务学校发展、助力师生成长，真正起到应有作用。

二要左右衔接。任何一项制度的确立与实施绝不是孤立的，需要与其他制度相互衔接、配合，保持一致性，确保协同推进。只有目标指向一致、形成集成效应，才能让关键制度发挥最大效益。

三要内外配套。要坚持系统思维，把家庭教育作为突破口，内外配套推进家校社全环境育人，及时推介关键制度的价值取向和育人导向，积极争取家长的理解和认同，营造学生平心静气学习、家长理性平和看待、社会合理期待的良好氛围。

四要远近统筹。制度要具有稳定性与持续性，不能朝令夕改。育人工作、管理工作不是"儿戏"，要坚持远近统筹，既要仰望星空又要脚踏实地，既要大处着眼又要小处着手，既要通盘考虑又要重点突破，迈小步不停步，不断完善关键制度，持之以恒，久久为功。

三组关系是：

一是虚与实的关系。教育本身是"务虚"的，从当下始、以未来计，是一项寄希望于未来的事业。有些制度看上去也是"虚"的，起着调试文化、涵养价值观的作用，不一定条条看起来都那么"实"。虚功实做、虚实结合，要学会用务"虚"的思维解决"实"的问题。

二是多与少的关系。制度再多，流于形式、形同虚设也等于"0"。制度一条，务实管用、卓有成效就等于"100"。制度的关键在于内容、在于执行、在于有效，不在数量多少，不能为了制定"制度"而"滥竽充数"。

三是刚与柔的关系。教育是凝聚人心、塑造灵魂的事业。不能用蛮力、强力，要学会用心、用情。关键制度确定之后，刚性的制度要学会柔性实施，柔性的要求要实现刚性落地。只有将制度的刚性与管理的柔性有效结合，才能发挥最大的效用。

随着时间的推移和实践的变化，关键制度会不断修改完善。但无论怎么改、怎么变，都应着眼于尊重、鼓励、激发、营造，而不是单纯的管制、规范和冷冰冰的考核,这样才能得到师生的认可。

我想,有了关键制度保驾护航,学校的发展就有了基本保障。制度,也许不是最高境界的管理,但它却是规范化管理不可或缺的"基座",也是走向高境界管理的必由之路。

总而言之,学校发展的顶层设计必须考虑重大措施的保驾护航,而重大措施保障需要从加大投入和师资力量、课程设置、校园文化建设和管理体制改革等方面入手。只有全面提升学校的综合实力,才能为学生提供更好的教育环境和发展机会,为社会的进步做出更大的贡献。

第四章

# 运行过程有序调控

管理从思想上来说是哲学的,从理论上来说是科学的,从操作上来说是艺术的。

——题记

优教与强校,同所有事物一样,既要有立足现实、着眼长远的规划设计,还要有秩序井然、成效卓著的运行管理。一流学校要有一流治理,要注重在科学化、精细化、智能化上下功夫。既要善于运用现代科技手段实现智能化,又要通过绣花般的细心、耐心、巧心提高精细化水平,绣出学校教育的品质品牌。

这,有赖于学校运行过程的有序调控。

## 一、健全管理组织机体

学校组织要保持机体健康,运转灵活,这样才有生气、朝气和活力。管理实践中,虽然多数学校的管理组织肌体基本上是健全的,但也不同程度地存在着一些不健康因素,主要表现在:

其一,肌肉僵化,缺少弹性和张力,靠惯性勉强维持,该使劲的时候使不上劲,或者刚刚得劲又立马松弛;

其二,血管老化,内部沟通不畅,许多事情很难一以贯之,甚至在某些环节出现梗阻;

其三,思维钝化,反应迟滞,或者甘于守旧,或者安于现状,不思进取,更难创新;

其四,功能退化,运转不畅,缺少灵动,执行任务打折扣,工作质量难保证。

组织机体不健康,必然会有一些不良影响在潜滋暗长,形成某种危机,所以,管理者任何时候都要保持一定程度的危机感。著名校长窦桂梅认为:“没有危机感就是最大的危机。学校的真正危机,往往不是来自外部环境,也不是来自强大的竞争对手,而是来自内部管理者。”[①]比如,一个人如果价值观太浅,就爱发牢骚,就总充满负能量,总觉得自己委屈。委屈多了,就不能做到能屈能伸,于是就会有成长的天花板。渐渐地,使命感、责任心淡薄了,行动力也大打折扣了。当所有人都在谈别人的问题,不谈自己的问题时,学校组织就成了负能量场。因此,我们要实现学校使命,就要不断涵养正能量场,给大家以正向心理预期,牵引大家能够朝着共同

---

① 窦桂梅.学校的真正危机,来自内部管理[EB/OL].校长会微信公众号(2023-02-06)[2023-07-02].https://mp.weixin.qq.com/s/8xYncRr0hrdUhcqSKc8YbQ.

的目标去努力,而不是与组织的目标相悖而行。

所以,学校要保持健康的组织机体。欲达此目的,须注重以下几点:①

一是确立愿景。在数字化与智能化时代,学校要以内在的确定性来应对外部的不确定性。而内在确定性来自初心,来自使命愿景,来自立德树人的担当。管理者要注重发挥美好愿景的激励功能,用共同愿景来激发全体成员的热情、激情、豪情。

二是善于洞察。这是把熟悉的、熟视无睹的事物,变成陌生化的、新发现的事物的能力,这就要求我们能够敏锐地洞察到教育机遇、发展机会。尤其是在转型时期,管理者对社会机会和机遇的敏锐感知、对学生需求的洞察、对行业发展趋势的洞见,是一个管理者尤为重要的能力,也是核心能力。

三是敢于决断。这是一个管理者责任感的体现,管理者在关键时刻要敢于决断,勇于拍板。学校发展到一定时期,外部环境变化太快,管理者如果不能抓住机遇,提高决策能力,机会就会稍纵即逝。我在培养青年干部时特别看重这一点,如果一个人在年轻时就很保守,瞻前顾后,小心谨慎,是不太可能成为一个优秀管理者的。

四是跨界融合。管理者必须跨越学科边界、学校边界去思考各部门的协同。能量是互相交换的,学校的教育链、价值链之间也是相互交叉与交融的,学校的物流、人才流、信息流,都应融为一体。

## 二、强化学校实力领导

校长的职责之一,就是确保学校机体的稳态、常态(有时则需超常态)运行,这是需要学校有强劲的领导实力作后盾的。

(一)学校实力领导的类型

坚强有力的学校领导班子通常呈四种形态:

1.合力型

校长为核心,整个班子心往一处想,劲往一处使。这是一种最理想的班子组合。其特点主要是:

目标一致:班子成员有共同的教育理念和发展目标,能够齐心协力,共同实现

---

① 窦桂梅.学校的真正危机,来自内部管理[EB/OL].校长会微信公众号(2023-02-06)[2023-07-02].https://mp.weixin.qq.com/s/8xYncRr0hrdUhcqSKc8YbQ.

学校的发展愿景。

分工明确：班子成员之间有明确的分工，能够各司其职，充分发挥各自的专业特长和领导才能。

沟通高效：班子成员之间沟通顺畅，能够及时交流信息、解决问题，提高工作效率。

团结协作：班子成员能够互相支持、合作，形成强大的集体力量，共同推动学校的发展。这是最典型的特征。

2. 潜力型

学校领导班子充满智慧，善于自我更新、与时俱进，易于接受新事物，工作上追求卓越，有发展后劲。其特点主要是：

年轻有为：班子成员年轻、有朝气、有活力，具备发展潜力和上升空间。

善于学习：班子成员具有强烈的学习欲望和能力，能够不断更新知识和提高领导能力。

勇于担当：班子成员勇于担当责任和风险，敢于尝试新方法和策略，不断推动学校改革和发展。

视野开阔：班子成员具有开阔的视野和前瞻性思维，能够把握教育发展的趋势和机遇，为学校创造更加美好的未来。

3. 魅力型

人格上，尊重他人，严于律己；专业上，业务精，能力强，上好课，能示范；管理上，善于组织协调，指挥有方，处事果断；工作上，率先垂范，敢于负责。其特点主要是：

富有魅力：班子成员具有个人魅力，能够吸引和感召师生，形成良好的人际关系和凝聚力。

品质高尚：班子成员具有高尚的品质和道德情操，能够成为师生的楷模和表率。

善于激励：班子成员讲究领导艺术，善于激励师生，充分调动他们的积极性和创造力。

4. 活力型

班子成员有共性、有个性，整个班子动力充沛，有创新意识、创新思维，领导力、执行力强。其特点主要是：

充满活力：班子成员具有强烈的活力和进取心，能够为学校的发展注入新的动力和能量。

灵活应变：班子成员具有灵活应变的能力，能够应对各种复杂情况和突发事件，及时调整工作策略和方向。

勇于创新：班子成员具有创新思维和开拓精神，能够引领学校进行教育改革和创新。

当然，以上只是一种机械式分类，仅有参考意义。实际运作中，多数领导班子是若干类型兼而有之，并非一成不变。

### （二）办好学校的基本要素

有人从学校高效管理的角度提出办好学校的三大要素：爱、激情、执行力。[①]  对此，我很有同感。

"爱"，包括教育工作者对于教育的"爱"，校长对老师的"爱"，教师对学生的"爱"，学生之间的"爱"，学生对学校的"爱"。爱是和谐校园的根，爱是学校教育的本。

"激情"，是成就事业的基石。教育是一项伟大的事业，需要一大批永葆激情的教师。教师只有永葆激情，才能走进学生心灵，用生命点燃生命，用灵魂塑造灵魂，用智慧开启智慧；激情是一种状态，是一种态度，是一种情怀，是一种素质，更是一种境界。教师有无激情，关系到工作态度，关系到工作效率，关系到幸福指数。拥有激情，教师才会精神振奋，工作有力，激情四射，不计得失，对学生倾注心血和汗水，迸发教育智慧，激情是工作的灵魂。

"执行力"，是指个人或组织在实现目标过程中，有效利用资源、采取行动、解决问题的能力。执行力是学校竞争力的核心，是把学校的教育理念、办学理念、发展规划、决策目标转化为学校发展、办学特色、教师进步、学生成长的关键力量。提高执行力的关键是：首先，要提高校长的执行力。校长要加强政治理论、方针政策、法律法规及科学管理理论的学习，不断提升内力，不断修炼内功；要与时俱进，不断更新自己的办学理念，使之适应新时期的办学要求，占领教育的制高点；要真抓实干，勇于创新，有新思路、新点子、新措施、新成效。其次，要提高中层干部的执行力。要让他们不断增强执行过程中的理解能力、体悟能力、计划能力、指挥能力、判断能力，创造性地开展工作；强调团结和协作，增强相互配合意识，做好互相补位和衔接，防止产生"内耗"。再次，要提高老师的执行力。要增强教师的大局意识和集体

---

① 罗日荣.办好一所学校离不开6个字：爱、激情、执行力[EB/OL].校长会微信公众号(2023 - 06 - 11)[2024 - 01 - 03].https://mp.weixin.qq.com/s/jpSN7JXhLIvoQLPLI7Mg5Q.

荣誉感,增强集体合力;激发教职工干事创业的积极性、主动性和创造性,增强教师的责任心。

最后,校长要从组织上、制度上、措施上、方法上加强对学校执行群体的思想引领,促使领导干部和教师树立正确的世界观、人生观、价值观,弘扬敬业精神,增强进取意识,培育创新品格。

### (三)激发团队的生命活力

现代管理高度重视充分发挥团队的力量,这对于达成管理目标至关重要。拥有一个坚强有力的管理团队,不仅能够提高工作效率,还能够增强创新能力、竞争实力,以及应对各种困难和考验的魄力。因此,现代管理强调充分认识团队力量的重要性,并采取有效策略来发挥团队的最大潜力。

学校管理也是同样的道理。好的学校都有一支优秀的管理团队。

#### 1. 团队力量的培育

现代学校管理是校长主持下的团队式管理。校长的主要职责就是带领整个管理团队经营好学校教育事业,使团队的聪明才智及其综合实力得到最大程度的发挥。

(1)凝聚力的培育。团队力量首先体现为团队的凝聚力。团队凝聚力是一种无形又强大的力量,能够把团队中的成员都联系在一起,让每个团队成员都能够以大局为重,能够主动配合工作,相互协作。

如何凝聚团队力量,提升团队效能,可从以下三个方面入手。

一是强意识,汇众智。当今时代各方面的较量,在很大程度上表现为团队力量的角逐。现代社会并不缺少有能力的个体,但每个组织真正需要的是既有能力又富有团队精神的整体。因此,人们必须切实强化团队意识,汇聚团队智慧,成就一番事业。

二是扬优势,聚众力。首先,团队的力量是无穷大的,绝对比个人单打独斗要强,只有把强队拧成一股绳,才会将团队的力量发挥到极致。其次,每个人都有自己的优点和缺点,当大家组队在一起后,就能互相弥补,发现不足,形成一个比较完美的有战斗力的团队。最后,人多力量大,做一件事情,有这么多人的帮忙一定会快很多。

三是融关系,增活力。形成关系融洽、温暖健康的团队氛围:有事情,共同努力去做;有困难,群策群力去想办法;遇挫折,大家共同面对;获成功,大家共同分享。

要保持良好的沟通与交流,相互之间密切配合,团结协作,形成战斗力极强的团队。

四是增自信,强实力。让每个成员都知道自己与团队的价值和意义,让团队成员知道自己与团队的贡献,激发团队成员的自信心,增强他们的自豪感,使之感受到自己是集体中的一分子,能够更好地挺身而出,壮大团队实力。

(2) 执行力的提升。执行力是个人或组织取得成功的重要因素之一。通过提高执行力,人们可以更好地实现自己的目标,提高工作效率,增强团队协作,提高领导力,并提升创新能力。

一是顾大局,善合作。顾全大局、善于合作是提升执行力的两大基石。要想提升执行力,必须始终保持清醒的头脑,从全局出发,着眼长远发展。同时,要注重团队合作,充分发挥每个人的优势,形成强大的工作合力。只有这样,我们才能在竞争激烈的环境中立于不败之地。

倡导团队精神。团队力量是团队精神的化身。团队精神是什么? 说得直观些,团队精神就是大局意识,是协作精神和服务精神的集中体现,它不仅包含了人与人之间的沟通、交流能力,重要的是强调人与人之间的协调合作能力。团队精神的基础是尊重个性,核心是协同合作,最高境界是团队全员的向心力、凝聚力,反映的是个体利益和整体利益的和谐统一,并进而确保团队的高效率运转。团队精神的形成并不是要求团队成员牺牲自我,相反,挥洒个性、表现特点反而有利于团队成员去共同完成任务目标。要通过团队活动、培训和奖励机制等手段,培养团队精神和合作意识,使团队成员愿意为共同的目标而努力。

追求整体效应。团队之所以"制胜",是出于"1+1>2"效应,即"整体大于部分之和",也就是通常所说的整体效应。在学校管理中,追求整体效应也是非常重要的。一所学校的各个部门之间必须相互协作,才能实现学校的整体目标。如果一个部门只关注自己的利益,不顾及其他部门的利益,那么全局工作就会受到影响。因此,学校的管理团队需要注重整体效应,协调好各个部门之间的关系,让各项工作协同运行,实现更好的效果。

在人际关系中,追求整体效应也是必不可少的。人与人之间的交往需要建立在相互信任和合作的基础上,才能实现共同的目标。如果一个人只考虑自己的利益,不顾及其他人的感受和利益,那么他的人际关系就会受到影响,甚至可能导致社交孤立。因此,人们需要注重整体效应,关注他人的感受和利益,建立良好的人际关系,实现更好的社交效果。

所以,追求整体效应是任何组织、系统或个体的共同追求,我们只有在各个方面注重整体效应，才能更好地实现预定目标。

二是讲方式，强功能。讲究组合方式，完善结构功能，打好"组合拳"，这是在实践层面提升执行力的基本操作。主要可从以下四个方面着手：

制度明规范。制度管理是组织发展的重要基石，它能够确保各项工作有序进行，提高工作效率和员工的工作积极性。因此，制度管理需要明确规范，确保所有人都能够清楚自己的职责和义务，以及在出现问题时的处理方式。

流程稳秩序。工作流程的明确性和稳定性对于维持良好的工作秩序至关重要。清晰、有序的工作流程能够确保资源的有效利用，提高工作效率，减少混乱和浪费。第一，明确工作流程的目标和期望结果。这有助于确保所有相关人员对工作的方向和预期结果有共同的理解。第二，分析评估现有工作流程并了解其优点和不足。这可以通过调查、访谈或流程图等方式进行，了解现有流程中的瓶颈、冗余步骤或不明确的地方。第三，基于对现有流程的理解设计建构新流程。可以考虑使用流程图、流程模型等工具来辅助设计，确保新流程简单、高效，并能够满足组织的目标和期望结果。第四，依据工作目标和任务组织实施新流程。一旦新流程设计完成，确保所有相关人员都清楚自己的角色和责任，并提供必要的培训和支持，以确保所有人都能顺利执行新流程。第五，结合工作进程适时开展监控和评估。在实施新流程后，定期监控其运行情况，收集反馈，评估效果，这有助于及时发现和解决潜在问题，并根据需要进行调整。第六，是根据评价反馈结合实际需要持续改进。工作流程不是一成不变的，随着组织的发展和市场环境的变化，需要不断地对流程进行优化和改进，持续关注效率、效果和员工的反馈，确保工作流程始终与组织的战略目标保持一致。通过以上步骤，我们可以明确工作流程，稳定工作秩序，提高工作效率，推动组织的持续发展。

团队强实力。在竞争激烈的环境下，团队实力是事业成功的关键因素之一。一个强大的团队能够更好地应对挑战、解决问题，并在不断变化的市场中取得优势。因此，增强团队实力是一项重要的任务，需要长期、持续的努力。

合作增效益。比尔·盖茨说过："团队合作是成功的保证，不重视团队合作的企业是无法取得成功的"，"没有完美的个人，只有完美的团队"。单打独斗的方式已经不适应当今激烈竞争的社会环境，唯有团队合作才能取得胜利，拥有一支卓越的团队，就等于踏上了胜利成功的旅程。团队是汇集所有力量的精神支柱，正如一滴水只有放进大海中才永远不会干涸一样，一个人即使再完美，也不过是沧海中的一个水滴，唯有融入优秀的团队中去，才能获得源源不断的力量，团结就是力量永不干涸的源泉。

（3）反思力的养成。反思力是一种自我审视和思考的能力，要求我们对自己的思想、行为、感受进行深入分析和思考，从中发现自己的不足和问题，进而进行改进和提升。反思力是个人成长和发展的重要驱动力，能够帮助我们不断自我完善、提高自己的素质和能力。

反思力表现为一种批判性思维，即不盲目接受表面的信息，而是通过分析和判断，探究事物的本质和内在联系。它要求我们保持谦逊和开放的态度，敢于正视自己的不足，勇于承认错误并改正。在反思的过程中，我们需要积极思考问题的根本原因，发现问题的根源，从而找到更好的解决方案。

反思力的重要性不言而喻。首先，它可以帮助我们更好地认识自己，了解自己的优点和不足，从而制定出更为明确的人生规划和职业发展路径。其次，反思力可以提高我们的思维能力和解决问题的能力。通过深入思考和分析问题，我们可以更加全面地了解问题的本质，找到更好的解决方案。此外，反思力还可以增强我们的自我控制力和情绪管理能力，使我们更好地应对生活中的挑战和压力。

要培养反思力，我们可以从以下两个方面入手：

一是调机制，重反馈。调机制是指通过协调各方面的资源来解决问题。在工作中，我们经常会遇到各种问题，这时候就需要有一个有效的机制来协调各方面的资源，以确保问题得到及时解决。这种协调机制可以是一种制度、一种流程或者一种工作方式，只要能够有效地协调各方面的资源，就可以说是一种好的调机制。

重反馈是指在解决问题的过程中，需要及时反馈信息，以便更好地协调各方面的资源。领导要及时给予团队成员正面和负面的反馈，帮助他们了解自己的工作表现，激励他们不断改进和提高。反馈信息可以是一种报告、一种通知或者一种沟通方式，它能够及时传递问题的进展情况、遇到的困难和需要的支持等信息，从而帮助协调者更好地协调各方面的资源，确保问题得到及时解决。

调机制和重反馈是相辅相成的。只有建立了有效的调机制，才能够更好地协调各方面的资源；只有及时反馈信息，才能够更好地协调各方面的资源。因此，在管理实践中，我们需要建立有效的调机制和重反馈的工作方式，以确保问题得到及时解决，工作得以高效运行。

二是会评价，善总结。评价和总结是管理者一项非常重要的能力。一个会评价、善总结的人往往能够更好地理解事物，发现问题并提出有效的解决方案。评价不仅是对事物的好坏进行评估，还包括对事物的意义、价值等方面的思考，而总结则能够帮助我们把握事物的整体情况，明确重点和要点。

在工作中，会评价、善总结的人往往能够更好地完成工作任务。他们能够准确地评估工作的难度、价值、风险等方面，从而制定出更加合理的工作计划和方案。同时，他们也能够及时发现工作中存在的问题和不足，提出改进意见和建议，提高工作效率和质量。

在生活中，会评价、善总结的人也更加能够应对各种复杂的情况。他们能够准确地评估事物的利弊、优劣，从而做出更加明智的决策。同时，他们也能够从过去的经验中总结出有用的教训和启示，不断完善自己的人生观和价值观。

为了成为一个会评价、善总结的人，我们可以采取以下措施：首先，要保持开放的心态，勇于接受新事物和不同的观点；其次，要学会分析和思考，从多个角度去看待问题；再次，要注重实践和经验积累，从实际中获取真知；最后，要不断学习和提高自己的知识水平，增强评价和总结的能力。

事实上，评价和总结是一项非常重要的能力，对于个人和组织的发展都具有重要意义。只有不断培养和提高自己的评价和总结能力，才能更好地应对各种挑战和机遇。

此外，在具体操作上，我们还可以从养成反思习惯入手：一是养成写日记的习惯，记录自己的思想和行为，分析自己的感受和情绪；二是多读书、多听讲座、多与他人交流，开阔视野、丰富知识储备，提高自己的思维能力和判断力；三是要勇于尝试新事物、接受新挑战，从实践中发现问题并总结经验教训。此外，要保持谦逊和开放的态度，虚心接受他人的批评和建议，不断改进自己的不足之处。

总之，反思力是一种非常重要的能力，它能帮助我们更好地认识自己、提高自己的思维能力和解决问题的能力、增强自我控制力和情绪管理能力。因此，我们应该重视培养自己的反思力，通过实践不断总结经验教训，不断自我完善和提高。

凝聚、执行、反思"三力"融合，就可以形成巨大的影响力、原动力和新的生长力。

2. 激发团队力量的主要策略

团队力量的激发是领导与管理科学中的一个重要命题。一个团队之所以能够战胜各种挑战，实现目标，与团队力量的充分激发是分不开的。以下是一些激发团队力量的基本策略。

（1）确立美好愿景。确立团队的美好愿景是发挥团队力量的基础。一个明确的共同愿景，能够使团队成员凝心聚力，激发团队成员的工作热情和创新动能。通过设定明确、可实现的目标愿景，管理者可以引导团队成员朝着同一方向努力，形成强大的合力。特别是设定可量化的、可达到的,并且有明确的时间限制的具有挑战性的目标,能够激发团队的斗志和创造力。

(2)达成有效沟通。团队成员之间需要建立起互信、互助和互爱的关系,保持开放、坦诚的沟通,积极发表意见和建议,及时分享信息、解决问题和协调工作;领导要关注团队成员的需求和困难,为他们提供支持和帮助。通过有效的沟通,团队成员可以更好地理解彼此的工作需求和挑战,从而更好地协作完成任务。

(3)合理分工合作。合理的分工与合作也是发挥团队力量的重要方式。每个团队成员都有自己的专业知识和技能,要根据团队成员的特长和兴趣,合理分配工作任务,让他们在适合自己的岗位上发挥最大的价值。通过合理的分工,可以让每个成员发挥自己的优势,提高工作效率。同时,团队成员之间也需要相互支持、合作,共同应对挑战和解决问题。

(4)培植团队文化。建立良好的团队文化对于发挥团队力量也非常重要。一个积极、健康、开放的团队文化可以增强团队成员的归属感和忠诚度,提高团队的凝聚力和战斗力;创造一个积极向上、充满正能量的工作氛围,使团队成员感到快乐、满足和自豪,如举办团队建设活动、鼓励员工交流互动、表彰优秀员工等;鼓励团队成员保持开放的心态,接受新的观念、方法和建议。一个愿意学习和改变的团队才能不断进步。

(5)提升组织领导力。组织的领导力作用也不容忽视。一个优秀的领导者能够引领团队朝着正确的方向发展,激发团队的创新能力和潜力。领导者需要具备战略眼光、决策能力、沟通能力以及人格魅力等方面的素质,以引领团队走向成功;同时,要鼓励团队成员发展自己的领导力,为他们提供学习和发展的机会,一个拥有众多优秀领导的团队将更加强大。

总之,现代管理中团队力量的发挥对于事业的成功至关重要。通过建立共同目标、有效沟通、合理分工与合作、创造良好团队文化以及具备优秀领导力等方面的努力,可以充分发挥团队的最大潜力,为学校的发展注入强大而不竭的动力。

## 三、重塑校长主体角色

在当今教育环境下,校长的角色越来越受到关注和重视。校长作为学校的领导者和管理者,对学校的发展和学生的成长具有举足轻重的地位。然而,随着时代的发展和教育改革的需求,校长的角色需要得到重塑和优化。

## （一）校长的角色认知

校长是一所学校的灵魂，多方面的因素赋予校长以主体角色，好学校要有好校长。

### 1. 校长要有自己的教育思想

人因思想而伟大，人因思想而走向崇高。好的校长都有自己明确深邃的教育思想，因其在很大程度上决定着一位校长的建树和境界，决定着一个学校的格局和特色，决定着一方教育的品位和影响，甚至决定着一批又一批孩子的成长与未来人生的走向。因此，在教育的路上，校长应在不断地学习中涵养自己的思想，在不断的反思中积淀自己的思想，在不断的实践中磨砺自己的思想，在不断的探索中淬炼自己的思想，努力做教育思想的引领者、躬耕者、前行者。

### 2. 校长要有自己的教育情怀

教育是极富情怀的事业，教育需要情怀，教育者要有情怀，一个好的校长，更要有教育情怀。一个有教育情怀的校长，他会爱孩子，走近孩子，读懂孩子，理解孩子，信任孩子，喜欢孩子，他会坚定地站在孩子身后，成为孩子世界的"一道光"，辉映孩子的烂漫，点亮孩子的童年，照亮孩子未来人生路。一个有教育情怀的校长，他会关爱教师，尊重教师，善待教师，成全教师，他会想到自己曾经就是一个教师，自己所面对的教师就是曾经的那个自己，他不会己所不欲而施于人，己所不愿而强求于人，他会把每一位老师都视作学校宝贵的财富，积极创造条件，为其搭建成长平台，尽可能发挥特长，竭尽所能给予支持、鼓励，以情相感，以柔相待，他会让教师充分融入学校，充分享受学校，充分感受学校，视学校为家，视他人的孩子为自己的孩子，与校长同心同向，共赴教育的"春暖花开"。一个有教育情怀的校长，他会把普通的职业当成一项神圣的事业，当成一种融入生命中的命业，当成一件实现自己人生价值的志业；他会以教育发展为己任，全身心投入其中，沉浸其里，专注其间；他会穷其一生，倾其毕生，去实现自己的教育理想，去书写自己的教育人生，既埋头拉车又抬头看路，既脚踏实地又仰望星空，既坚定不移又审时度势；他不会把这一切作为换取其他资本的台阶和砝码。

### 3. 校长要有自己的思考定力

好的校长都有自己咬定青山的坚守定力。校长要有对教育常识的遵从，对教育本质的探寻，对教育终极价值的判断，对美好教育的追求，更要有沉得住气、静得下心、守得住道的定力，防止人云亦云、盲信盲从，防止"跟着感觉走"，或者"月亮走,我也走",不要因短视与功利遮住双眼,被外在与世俗的力量牵着走。"为什么素质教育推进这么多年,仍然躲躲闪闪,遮遮掩掩,犹抱琵琶半遮面,而应试教育却大行其道,十分猖獗,甚至愈演愈烈,我觉得与不少校长缺乏执着、坚守的定力,不无关系。"[①]这话说得实在,说得中肯,说在了点子上。

### 4. 校长要有自己的身体力行

好的校长都有自己立说立行的实践逻辑。校长最重要的能力与使命,就是把理念变现,把自己的思想落地,把愿景诠释成教育发展一道道靓丽的风景,把学校的目标演绎成清晰、可操作的实现路径,使一个又一个的课程方案在校园里呈现出来,变成生动的教育场景,把国家教育方针的每一个字,转化为学校教育中的真实情境。这就要求校长不仅是说,而且重要的是做;不仅是空想,而且关键是行动;不仅是批判者,而且要努力成为建设者、实践者。

### 5. 校长要有自己的人格魅力

现实生活中,能力很重要,这是被无数实践所证明了的,但同时多数人们认为,可有一样东西比能力更重要,那就是人品。人品,是人真正的最高学历,是人能力施展的基础,是当今社会稀缺而珍贵的品质标签。有人品,才会人格魅力。做事先做人,律人先律己。这样的领导者,才能带领团队走向成功。

校长是教师中的教师,是教师的精神领袖,其人格魅力至关重要。有人说,校长的人格特质,不仅决定了学校发展的方向与底色,而且影响着一个民族的未来与走向,我觉得这话并不夸张,因为学校教育是影响千秋万载的事业,校长在一定程度上是学校精神、灵魂的象征。校长的人格魅力,既是个人之品行,又是校风之大旗,还是立德树人之标杆。校长有了人格魅力,就有了不令而行,众望所归;就有了精神支撑,人心所向;就有了凝心聚力,众志成城。校长应该不遗余力,以情意感人,以能力服人,以公正待人,以诚信处人,以事业留人,用自己的高尚的品格、纯粹的情操、渊博的学识、丰富的智慧、优雅的举止,铸就自己独特的人格魅力。

校长的人格魅力,还体现在善解人意上。校长管理的前提是理解,理解就是对人的尊重,对人性的把握,对教师工作情况、现实需求的把控,对他们心理特征以及情绪变化的了如指掌,心中有数。校长必须充分理解教师,想他们之所想,急他们之所急,具有同理共情心,真正走近教师的内心,真正做到善解人意。一个善解人意的校长,总能够设身处地为教师着想,总能够做到将心比心,换位思考,总能够心

---

① 汤勇.好的教育,呼唤好的校长[EB/OL].校长会微信公众号(2024-01-05)[2024-01-08].https://mp.weixin.qq.com/s/ZX0MEP5TI6tqzUTQhk8cbQ.

有灵犀,想到教师的心坎上去,总能够把关心和体贴,如及时雨播洒在教师的心田,总能够把细致入微的工作做到教师的内心深处。一个善解人意的校长,总能够让教师享受到家的感觉,总能够使教师感受到亲人般的真切与温暖,总能够让教师免于恐惧、紧张、拘谨以及尴尬、难堪的局面,总能够使教师有一种士为知己者死的情怀,有一种心甘情愿为其追随的豪迈。调动教师的工作热情,激发教师的工作激情,往往并不需要花费很大力气,也不需要花很多金钱,有时一个善解人意的眼神,一句善解人意的话语,一种善解人意的关怀,就足可以使教师斗志昂扬,热情澎湃,激情四溢。①

所以,善解人意,是一个优秀校长完美的心理特征的体现,也是一个优秀校长人品素质、综合素养的折射,更是校长的管理魅力所在。校长倘能首先做到善解人意,学校管理就可以走向理想的境界。

此外,对于那些习惯于事必躬亲的校长,对自己的角色认识,要由"划桨人"转变为"掌舵人"。在某些情形下,校长可以以"划桨人"的身份出现在群众中,这是工作方式、工作作风的反映,而非职责使然,其目的意义不在于"划桨"本身,而也是为了更好地"掌舵"。校长适度放权,合理赋权,从思想到物质,都给予下属更广阔的空间,才能将自己身上的重担卸下部分,以腾出时间和精力,把关注重心放在未来发展的大计上,做更长远、更有价值的事情。

### (二) 校长的角色定位

校长是学校工作的第一责任人,其角色定位对于学校发展的意义不言而喻,因而要求校长必须具备驾驭全局、协调各种关系、推进全面工作的领导能力。

首先,校长应该成为教育的引领者。校长作为学校的掌门人,应该具备先进的教育理念和教学思想,不断探索教育的本质和规律,引领学校的教育教学改革。同时,校长还应该关注教育发展的趋势和国家政策的变化,为学校的发展提供指导和支持。

其次,校长应该成为教师的管理者和合作者。校长需要关注教师的教学水平和专业发展,为教师提供培训和发展的机会,激发教师的教学热情和创新精神。同时,校长还需要与教师建立良好的合作关系,共同推进学校的教育教学工作,提高学校的教育教学质量。

---

① 汤勇.校长最大的管理魅力:善解人意[EB/OL].校长会微信公众号,(2024-02-08)[2024-02-08].https://mp.weixin.qq.com/s/rNumJLQIDmpT7wWOP3xToA.

同时,校长应该成为学生的服务者和守护者。学生是学校的主体,校长需要关注学生的需求和成长,为学生提供良好的学习和生活环境。同时,校长还需要关注学生的心理健康和情感需求,为学生提供必要的支持和帮助。

最后,校长应该成为社区的代表者和沟通者。学校是社区的重要组成部分,校长需要与社区建立良好的沟通和合作关系,代表学校参与社区活动和教育交流。同时,校长还需要与家长保持密切的联系和沟通,及时反馈学生的情况和发展状况,共同推进学校和学生的发展。

### (三) 校长要学会"带人"

打造一个高绩效团队,是管理工作孜孜以求的目标。实践中,很多管理者往往热衷于"管事",自己忙得不可开交,团队却绩效平平。其症结就在不善于带领团队。带团队就是带人心,真正好的领导者,不仅要懂得"管人",还要学会"带人"。换言之,只"管事",不"管人",不能算是一个合格的管理者;只"管人",不"带人",同样也不是一个明智的领导者。

"带人"之"带",意在"引领"。"引领"的关键,首要的是目标导向,因为目标是实现被动式监督管理到主动式自主管理的有效方式,让人感到有希望、有奔头;其次是绩效激励,因为每一个正常的人都是追求自我价值实现的,物质激励与精神激励相辅相成,可以强化主体的成就感。目标导向是引领人们往哪走,绩效激励是引领人们怎样走。

"带人"是需要讲原则的,主要体现在三点:

一是愉悦原则。要给员工创造一个舒适的工作环境,开心的工作氛围。持续的紧张、频繁的高压只能限制员工的积极性和创造力。

二是合作原则。树立团队至上的理念。一个优秀的团队,需要的是既能独立作业又能团队合作的人,独来独往、个人英雄主义只会削弱团队的战斗力。

三是成长原则。团队要成长,首先员工要成长。领导者最重要的职责是:当老师,以教授技能;做"牧师",做心理辅导;架梯子,以助人攀登;搭舞台,给员工表现机会。

"带人"还要讲究策略、方法,有人提出"八个不要",我觉得可以参考:①

一是不要"做事",而要"做人"。自己做是做事情,带人做才是做事业;普通人

---

① 不懂带人,你拿什么赢别人[EB/OL].领袖智慧微信公众号(2024-02-16)[2024-02-17].https://mp.weixin.qq.com/s/W53_tTeWgInH3a1z5w028w.

做事情，优秀者做事业；要领导好别人，首先要领导好自己。

二是不要做"头羊"，而要做"头狼"。再优秀的羊也带不出最平庸的狼。要想带出强大的团队，你自己也要足够强大。

三是不要当"老大"，而要当"裁判"。好的领导在管理过程中应该做到：绝情的制度＋无情的管理＋有情的领导；制度管人＋流程管事，才能让团队走得更稳健、更久远；别将自己当老大，而要做裁判。

四是不要管"手脚"，而要管"人心"。管理重在管人，带人先要带心，要解放其手脚，抓住其内心；你为员工多着想，员工为你多担当，要经常了解员工的内心需求，注重感情投资。

五是不要抓"权力"，而要抓"目标"。单打独斗死得快，众人拾柴火焰高，把权力下放，把目标盯住，效率水到渠成；成功的领导不仅是授权高手，更是控权高手；授权有七个要点：不要越级、人员能力、单一授权、明确目标、权限边界、确定责任、反馈要求。

六是不要做"牧羊人"，而要做"布道者"。队伍不能赶着跑，主动走起才是王道，所以，是猴子就给一棵树，是老虎就给一座山；确保人们看到的不只是那些愿景，还要让他们能够切实地感受到这些愿景；竞争机制，让员工绷紧执行的弦；绩效激励，让员工保持持久的工作热情。

七是不要先"修路"，而要先"推墙"。要推倒影响沟通的五堵墙：高高在上、自以为是、傲慢偏见、拒绝倾听、缺乏信任；良好沟通的前提是尊重；表扬要大张旗鼓，批评要私下进行。管理学家雅科尔说："表扬一个人最好用公文，批评一个人尽量用电话。"

八是不要盯"缺点"，而要看"优点"。要能把人身上最好的东西发掘出来，找这个人的优点，找到这个人自己都不知道的优点。问题员工是座富矿，用对用好就是精兵强将，用人所长，别跟员工的短处过不去：争强好胜的，用方向引导；性格孤僻的，靠感情交流；夸夸其谈的，靠挫折打磨；鲁莽冲动的，用细节培养；消极被动的，靠信心鼓励；倚老卖老的，靠尊重感化；价值观不符的，要么改变，要么辞掉。

## 四、提升学校运营绩效

学校运营绩效的提升需要从多个方面入手，包括强化内部管理、优化资源配置、推进信息化建设、加强对外合作与交流以及营造良好的校园文化氛围等。只有全面提升学校的综合实力和管理水平，才能更好地服务于学生和社会的发展需求。

（一）优化管理方略

善谋划、巧管理、勤实践、敢担当，被认为是现代校长必备的职业素养。① 这种职业素养需要在长期的学习和实践中逐步积累。校长要学习领导科学，丰富管理知识，遵循学校管理本身的规律、教育教学的客观规律和人的发展的基本规律，运用科学的管理策略，引领学校科学、健康地发展。

优化学校管理方略，作为校长，是要在清晰的角色认知的基础上，不断提升自己的领导、管理、执行能力。这里涉及两对概念：领导者与执行者；领导者与管理者。前者有领导力与执行力的问题需要研究，后者有领导方式与管理方式的问题需要探讨。

领导，主要是领导人心，目的是带领组织能动地、创造性地适应环境变化，以愿景为中心，动员、激励人们不断奋进，达至预定目标。领导者，其基本职能是方向的引领，通俗地讲，就是科学决策，做正确的事。其关键在于：看透变化的趋势，指出团队组织应该前进的方向，并描绘出美好的愿景，能够激发相关人员的积极性，带领团队组织朝着描绘的美好愿景前进。

学校领导也是如此：首先，校长作为领导者，第一重要的是决策力，要对学校的发展掌好方向舵，不能偏离航向，也不能偏离航道，确保所做的事情都是积极的、正确的，确保所发挥、所产生的都是正能量、正效应；其次，校长作为领导者，最为关键的能力是领导力，要善于凝群心、聚众力，团结带领全体师生走向学校美好的明天；最后，校长作为领导者，须对下负责，关心全体师生员工，为他们的工作、学习、生活创造条件，促进每一个成员的发展、进步、成长。

管理，主要是管理事务，目的是确保整个组织系统的顺利、高效运转。管理者，其基本职能是决策的执行，通俗地讲，就是有效实施，把事情做正确。其关键在于：按照既定目标对团队组织进行管理，带领团队组织一步步实现目标。

学校管理亦同此理：首先，校长作为管理者，第一位重要的是要将既定部署落深、落细、落实，直到达至预定目标；其次，校长作为管理者，最为关键的能力是大事要事管控能力，要善于过程调控，用好评鉴定、激励机制，不断创造工作业绩；最后，校长作为管理者，须对上负责，增强自身的执行力，创造性地完成上级布置的各项工作任务,争取学校工作在大局、全局层面实现高质量发展。

（二）完善治理结构

随着教育改革的深入推进,学校管理架构和治理结构的完善变得愈加重要。这不仅关乎学校的日常运作,更影响到教育教学和学生发展的质量。一个科学、合理的管理架构和治理结构,能够显著提高学校的管理效能和工作效率,从而更好地服务于学校的核心使命。

首先,我们需要明确学校的管理架构。这涉及学校内部的组织结构和职责分工。一个健全的管理架构,应当清晰界定各个层面的职责和权力,包括校级领导、中层干部和教职工等。在此架构中,校级领导负责制定学校的发展战略和长远规划,他们需要具备高瞻远瞩的视野和果断的决策能力。中层干部则是具体实施和管理的核心力量,他们需要具备扎实的专业知识和高效的组织协调能力。而教职工则是教育教学和学生管理工作的主力军,他们需要具备丰富的教育经验和深厚的教育情怀。以当前比较热门的集团化办学为例,就师资队伍管理而言,可考虑在总部设立教师发展中心,统筹统管;规模一般的分校（部）,设立教师发展中心意义不大,管理上反而增加了一个环节,宜仍以教导处具体负责教师发展的相关工作。

在管理架构的基础上,我们需要进一步完善学校的治理结构。这涉及学校的决策机制和管理制度。一个健全的治理结构,应当保证决策的科学性和民主性,同时注重制度的执行和监督。例如,校务委员会应负责学校的重大决策和管理事务,确保决策的公正与合理;教职工代表大会则要充分反映教职工的意见和建议,参与到学校的决策和管理过程中;学生代表大会则要充分代表学生的利益,让学生参与到学校的决策和管理中来。

其次,强化内部管理是提高学校运营绩效的基础。学校应建立健全内部管理体系,明确各级职责,确保各项工作有序开展。同时,应加强教学质量管理,完善教学评估机制,鼓励教师创新教学方法,提高教学效果。

再次,营造良好的校园文化氛围也是提高学校运营绩效的重要因素。校园文化是学校的软实力,对于激发师生潜能、提升教学质量和培养优秀人才具有积极影响。因此,学校应注重营造积极向上、开放包容、创新进取的校园文化氛围。

最后,我们还需要注重管理架构和治理结构的创新和完善。随着教育改革和社会的发展,学校的管理架构和治理结构也需要与时俱进。我们需要不断借鉴先进的管理理念和经验,结合学校的实际情况进行创新和完善。同时,我们还需要加强学校内部的培训和学习,提高各个层面的管理水平和专业素养。

不言而喻的是,在完善治理结构方面,学校应注重与家长的沟通与合作。家庭是孩子成长的第一个课堂,家长的支持与配合对学校工作至关重要。学校应定期与家长进行交流,让家长了解孩子在校的表现和进步,同时听取家长的意见和建议。通过家校合作,共同营造一个有利于学生成长的良好环境。

总之,学校管理架构和治理结构的完善是一个持续的过程。我们需要不断探索和实践,以适应教育改革和社会发展的需求。只有这样,我们才能更好地服务于教育教学和学生发展,为学校的持续进步打下坚实的基础。

### (三) 提高中层执行力

学校中层管理者在学校组织中扮演着重要的角色,他们是连接高层领导和基层教师的桥梁,承担着将战略转化为行动和结果的职责。在学校管理中,中层班子的执行力至关重要。

有识之士明确指出:管理的关键在于执行到位,执行不力,管理就是零![1] 主要表现在:有工作没努力等于零,懂得把握机会的人才会笑到最后,有了工作如果不加以珍惜,金饭碗也会变成泥饭碗;有能力没表现等于零,知晓自己的长处并通过实践让自己的价值得到他人认同,才能获取更大的发展空间,潜在优势只有发挥出来才能成为优势,否则就会变成包袱;有计划没行动等于零,计划只是执行的前提,而行动才是执行的真谛,如果计划不能通过行动去实践与总结,任何完美的计划都只能是一个永不能实现的童话;有机会没争取等于零,工作绝不仅仅是一份薪水,工作中涌现的种种机会同时也是培养和锻炼自己能力的一个良机,争取机会、把握机会只需要比别人多想一点、多做一点;有布置没监督等于零,工作要有布置、有落实,还要有监督,只有通过监督总结,才可能从监督总结中发现问题、处理问题、总结经验、吸取教训,才可能把工作开展得更好;有进步没持续等于零,持续进步才是团队和个人不断成长的法宝,如果进步没有持续,或者有一点小进步就原地不动,最终的命运只能是末位淘汰;有发现没处理等于零,任何计划在实施过程中都有可能因小小的疏忽而导致整个行动受挫,所以,要注意工作中细节的把握,对过程中发现的每一个小问题都要及时处理,以防"千里之堤、溃于蚁穴";有操作不灵活等于零,执行需要创新,切忌生搬硬套、经验主义,任何流程、操作,都要灵活变通、智

---

① 执行不力,管理就是零[EB/OL].领袖智慧微信公众号[2024 - 02 - 23](2024 - 02 - 23).https://mp.weixin.qq.com/s/eoIP0lMbjAIRdfOA1nI8wg.

慧制胜;有价值没利用等于零,特别是一些值得应用的策略、方法、技术,以及教育教学改革的新成果,只有充分发掘并合理利用其价值,才能转化为工作实绩;有行动没成效等于零,考察执行力的最终指标是所取得的实际成效,关键在于要将每一项工作任务落实到位,强调客观困难而忽视主观努力,是很难达至预定目标的。

所以,提高学校中层执行力需要从多个方面入手,包括明确职责和角色、建立良好的沟通机制、制定明确的目标和计划、建立有效的团队、提供有效的指导和反馈、建立良好的激励机制以及强化自身素质和能力等。只有这样,才能确保中层管理者能够更好地履行自己的职责,实现学校的目标。

（四）运用现代管理技术

运用大数据、云计算、区块链、人工智能等前沿技术推动管理理念、管理手段、管理模式创新,从数字化到智能化再到智慧化,已经成为当今时代的必然趋势。就教育而言,这些技术的运用,不仅可以提高学校的管理效率,降低管理成本,更可以提升学校的竞争力,为学校的可持续发展提供有力支撑。

在数字化阶段,学校通过数据采集、存储和分析,实现了业务流程的优化和管理效率的提升。而在智能化阶段,学校则可以利用人工智能等技术,实现自动化决策和智能管理,进一步提高管理效率和精度。

然而,仅仅实现数字化和智能化还不够,还需要实现智慧化。智慧化是指运用大数据、云计算、区块链等技术,建立起完善的数据驱动决策机制,实现全面的智慧化管理。智慧化不仅需要技术上的支持,更需要管理理念、管理手段和管理模式的创新。

在管理理念方面,学校需要打破传统的管理思维,树立数据驱动的管理理念。管理者需要认识到数据的重要性,将数据作为管理要素和管理资源,充分挖掘数据的价值,为学校的决策提供科学依据。如学校办学规模、校舍使用、设施设备利用等,都有赖于现实数据的支撑。

在管理手段方面,推进信息化建设是提高学校运营绩效的重要途径。利用信息技术手段可以提高学校管理效率、教学水平和资源利用效果。例如,建立数字化校园管理系统,实现信息共享、流程优化和决策支持;利用在线教育平台提高教学质量和覆盖面;借助数据分析工具对学校运营绩效进行实时监测和评估。

在管理模式方面,要建立基于数据的决策机制,实现全面的数据化管理。学校需要完善数据驱动的管理流程,通过数据分析结果来优化管理决策和业务运营,进一步提高学校的运营效率和竞争力;需要利用大数据、云计算等技术,形成环环相扣的数据采集、存储、分析和应用体系,通过数据挖掘和分析,深入了解所在区域的教育需求、竞争态势和内部运营情况,为学校的战略规划和事业调整提供有力支持。

总之,从数字化到智能化再到智慧化是当今时代的发展的基本走向。学校需要积极拥抱前沿技术,推动管理理念、管理手段和管理模式的创新,实现全面的智慧化管理。只有这样,才能在激烈的国际教育竞争中立于不败之地。

让我们来举一个具体的例子。

比如,我们可以有效利用"DETT 学校云智库"之类的管理软件,使之成为我们管理学校的好助理、好帮手。让我们来领教一下它的"神通"广大:[①]

这款由蒲公英教育智库研究团队携手《新校长》媒体团队共同精心打造的学校管理软件,提供了智能化的全链条实用解决方案,以赋能学校全方位管理,使学校工作变得更简单、更便捷、更高效。它有六大亮点:方案——数千一线问题解决方案轻松获取;资讯——教育研究与趋势实时掌握;案例——学校创新案例海量参考;工具——底层模型巧妙迁移应用;管理——联动教师端,决策层与执行层的认知断层消解;资源——年会、论坛、杂志等海量学习资源一键下发。软件分三大内容板块:一是 DETT 全能校长,包括 16 大管理目标分类、数百项问题解决策略、数千个可下载的解决方案,帮助校长及管理团队优化学校管理系统;二是云端知识库,由 DETT 研发团队精准追踪、汇集、研判全球教育趋势,为校长的日常工作提供有针对性的理论、趋势、政策、案例等资讯,让你对当下的理解和未来的预判更清晰,思想与创意的流动因此更自由;三是《新校长》杂志,持续、完整地收录该杂志每一期、每一篇文章,让广大教育人更便捷、更高效地吸收智慧,借鉴经验,帮助学校管理者更好地从"模型"走向"实例"、从"知道"走向"做到",让随时随地的思维破局走向可能。此外,"DETT 学校云智库"还具有"联动教师端"的核心功能,将理念共识、现实难点、解决途径、达成效果一线贯穿,同时还提供了投屏共学、一键分享、快速检索等实用功能。

我们比较欢迎的就是这样一类适用、实用的教育管理软件。相信以后会有更多、更好的产品问世,让我们得以如虎添翼般地做好学校管理工作。

---

① 这位超可靠的管理助手,让学校治理更简单[EB/OL].新校长传媒(2024 - 01 - 09)[2024 - 01 - 09].https://mp.weixin.qq.com/s/hgfwaL9zNYwtVde0_gsXOA.

有人预计，未来十年，人工智能（AI）技术的不断进步，将对普通人产生深远的影响，人们只需积极学习和掌握 AI 技术，就能实现个人的发展和突破。教育领域尤其如此。过去，传统教育注重学生的记忆和应试能力，但随着 AI 的介入，学习将变得更加智能化和个性化：AI 可以根据学生的学习风格、兴趣和能力提供定制化的学习内容和方法；通过分析学生数据，AI 能够了解他们的优势和弱点，并为他们提供有针对性的指导。这种个性化教育将激发学生的潜力，提高学习效果。此外，AI 还能为教师提供更多支持和辅助，如推荐和筛选教学资源，选择最优教学策略和方法，设计更好的课程和教学内容，还可以自动批改作业和测试，减轻教师的负担，使他们能够更专注于教学和指导。

技术发展的规律告诉我们，技术进化只会越来越快。当前人们极为关注的 ChatGPT、Sora 之类，都只不过是开始，以强大算力和算法支持的数字大脑，将在学习能力、学习范围和学习深度上远超人类。今后，人类只有依靠人工智能一起协同学习，才是教育的出路。可以说，我们的教育正在经历前所未有的变革，人类的学习活动将进入超级学习阶段，教育的逻辑也将因此而改变，知识、能力、学习、创生将被重新定义。我们正站在科技浪潮的前沿，面临划时代的发展和创新。让我们热情迎接这个充满机遇的时代，主动拥抱 AI 的发展，无论是学生还是教师，都要善用 AI 技术，实现个人的成长和进步。

## 五、建立良好工作秩序

管理，主要靠制度；治理，主要靠法度，两者在刚性程度上有所区别，但都有一个相同的机制——"理"，可见"理"的重要性。"管"而不"理"，空管；"治"而不"理"，无治。"理"什么？怎样"理"？答案集中到一点，就是建立良好的日常工作秩序。

### （一）工作部署

工作部署的一般流程：明确任务、设置完成时间、制定完成标准、与员工确认任务、监督完成过程、验收并考核。

#### 1. 明确任务具体到个人

首先，校长要考察将要做的各项工作，确保自己理解了这些工作，包括存在哪些问题或困难程度如何；然后，校长就可以向有关人员说明工作的性质和目标，要保证说明过程清晰且明确。其次，对各层次的工作进行完整的评价，了解完成工作的速度以及质量，根据自己对于工作的期望，进行必要的调整。任何工作任务，必须明确到人,并且说清楚执行目标和期限,使之明确应该承担的责任,否则很难会有人主动承担工作任务。

2. 设置任务完成的时间

大多数管理者觉得,只要告诉员工什么时间完工就行了。的确没错,但放任不管执行过程,可能就会出现截止日期刚刚好的现象,而且执行过程中有什么问题,推进程度,管理者完全不知道。因此,校长布置工作任务,不但要设定最后的截止时间,还要设定任务推进的汇报时间,让相关人员在任务推进的几个节点汇报工作进度,以便即时了解任务完成的情况。这样既能有效把握全局节奏,又能及时发现问题并予以纠正。

3. 一起制定任务标准

据有关统计,超过 40% 的管理者很少给员工明确任务标准,而 80% 以上的管理者都不会引导员工自己明确任务标准。这是在部署工作时必须纠正的。

在学校中,每个教职员工的知识结构并不相同,也许有人可能会提出更加行之有效的办法,所以,在制定任务标准时,决策者不应独断专行,要让教职员工参与到讨论中,了解他们的想法,共同决定任务标准。引导执行人自己明确任务的标准,从而深入理解任务本身,形成自我驱动。这是最佳解决方式。

4. 确认员工准确理解任务

由于沟通漏斗的存在,有时候,员工不能马上理解领导交代的工作。所以有时会出现管理者认为员工听懂了,而员工却不懂装懂,带着疑惑开展工作的现象。因此,在学校管理中,校长在布置完工作后,要让相关人员重复一遍工作重点,并检查有无遗漏,也可以让他说说具体执行思路,以起到促进理解的作用,确保工作任务的正确执行,防止执行过程走偏。

5. 任务布置后要有监督

管理就是对任务的监督与跟踪,据统计,有监督的任务,完成率高达 95%,而没有监督的任务,完成率不足 60%,可见其中的差距。一位优秀的管理者,一定要学会任务过程中的监督,这样可以提升执行者的专注度,让工作保质保量地完成。

6. 验收并考核

布置工作需要有头有尾,既然布置了,管理者必须验收与考核。这既是管理者要求员工的依据,也是对管理者管理成效的验收。如果没有验收和考核,工作就会无疾而终,长此以往,员工得不到反馈,自然就不会再对工作特别上心,管理者的权威也会荡然无存。任何一项工作最重要的都是工作结果,管理者不仅要注重工作结果,验收每项工作任务,还要对结果进行合理考核。奖励完成好的,惩罚未完成的,让员工有压力、有危机感,这样布置的工作才会得到落实。这些都是校长在学校管理中要特别注意的。这里,推荐一个有关结果测评的公式作为参考:

结果＝速度(马上做)＋效率(做得快)＋细节(做到位)＋成果(做得好)＋数据(说得清)。

（二）节奏调适

生命有节律,生活有节律,工作也同样有节律,学校管理自然有其内在的规律,遵循规律运行,才有可能事半功倍、一举多得、一树百获,实现多赢。

学校工作也要做到张弛有度、有效律动。打一个比方,学校工作就像一首动人的交响乐,每一个音符都需要精心编排,每一个音节都要节奏鲜明,才能呈现出最美的旋律。这样的旋律不仅关乎教育的质量,更直接影响到每一个学生的成长和发展。因此,我们需要以高度的责任感和科学的方法来策划和安排学校工作,确保它既充实又有序。

首先,学校工作需要合理部署,学年、学期、月、周、日都要做出精细的安排,确保整体运转平稳有序。最常见的形式是计划、行事历、日程表等。

其次,对各项工作要合理统筹,区分轻重缓急,防止"眉毛胡子一把抓",使每一项任务都能得到合乎要求的落实,达到预期的效果。以教学工作为例,要注重教学进度与质量的平衡。教师需要根据课程大纲和学生实际情况,制定出科学、可行的教学计划。在保证教学质量的同时,还需要关注学生的接受能力,避免因进度过快或内容过多而使学生感到压力过大。合理规划教学进度,不仅有助于学生系统地掌握知识,还能让他们在学习过程中保持轻松愉快的心情,进一步提高学习效果。

管理实践中,我们常常对来自方方面面的工作任务深感应接不暇,"上面千条线,下面一根针"的比喻一语道破了人们心中的困惑。

"上面千条线,下面一根针",是说基层很忙,要减少条块分割,为基层轻负、减压;不过,还有另外一种相近的说法:"工作千条线,管理一根针",是说各项工作千头万绪,但在管理上要加强统筹,化繁为简,百川归海,合理并轨,减少内耗,提高效益。因此,通过科学高效的管理,让"千条线"穿过"一根针",非常有必要。其中的关键,就是要在"针眼"上下功夫,或是扩宽,或是加长,这可能需要借助资源,如人力资源、智力资源、技术资源等,内部力量和外部力量同舟共济、同频共振,方能奏效。当然,掌控好工作节奏也是重要的应对之策。

（三）达标检测

达标检测是学校工作中一个举足轻重的环节，它不仅评估学生的学习成果，还评估教师的教学效果。通过达标检测，我们能够深入了解学生的学习状况，发现他们的薄弱环节，并采取有效的措施来解决这些问题。这不仅有助于提高学生的学业成绩，还有助于教师队伍的专业精进。

1. 学校工作指标

学校工作的达标检测，各级教育行政部门通常会作出相应的部署，包括确定指标体系、标准体系和操作体系等。一般情况下，学校自行开展的常规工作检测评估，常用指标主要有：

（1）学生成绩

这是评估学校工作最直接的指标，通过学生的考试成绩、学术表现来衡量学校的教学质量和效果。

（2）毕业率

毕业率作为评估学校工作的重要指标，它反映了学校对学生完成学业的支持程度和教学质量。

（3）高一级学校满意率

高一级学校对毕业生的满意率是评估学校工作的重要指标之一，它反映了学校对学生持续发展的帮助程度和学生未来发展的潜力和后劲。

（4）学生满意度

学生满意度是学生对学校工作的直接，通过调查问卷等方式了解学生对学校工作的满意度，可以帮助学校改进工作。

（5）教师综合素质

教师综合素质是评估学校工作的关键指标，它直接影响到学校的教学质量和学生的学习效果。

（6）学校设施状况

学校设施与学校各项工作的进展具有内在联系，良好的设施有助于提高学生的学习效果和学校的整体形象。

（7）学校领导与管理

学校领导与管理直接反映了学校工作运行的状态和结果，体现了学校的组织管理能力和领导水平，对学校的发展和进步起着关键作用。

2. 学校"达标"检测

在实施达标检测时,我们需要遵循一定的原则和标准。以教学工作为例,达标检测必须做到:

首先,检测的内容必须符合课程大纲的要求,能够全面反映学生对所学知识的掌握程度和应用能力。

其次,检测的方法应该科学合理,既要能够客观公正地评价学生的学习成果,又要能够激发学生的积极性和创造性。

此外,达标检测的结果需要及时反馈给学生和教师,以便学生了解自己的不足之处并及时纠正错误,同时教师也可以根据检测结果进行教学反思和改进。

为了确保达标检测的科学性和公正性,我们需要关注以下几个方面的问题。

一是合理安排检测的时间和频率。比如,以考试方式进行的达标检测,既要保证学生有足够的时间备考,又要避免因检测过于频繁而给学生带来过大的压力。

二是注重检测的保密性和公正性。要确保检测内容的保密和评价的客观公正。

三是采用切实可行和富有实效的检测方法。要根据学生的实际情况和个性差异,采用多样化的检测方式和手段,以全面评估学生的学习成果和潜力。

总之,达标检测是学校工作中的一项重要环节,需要我们认真对待和科学实施。合理的安排和有效的管理,可以使达标检测工作更加科学、公正、客观和准确,为提高学校的教学质量和学生的学习水平发挥积极的作用。

（四）评价反馈

优教与强校,并不是管理者自说自话所能下结论的,它需要有科学评价体系的支撑。随着教育改革的深入,完善学校工作的"评价—反馈"运行机制显得越发重要。这不仅有利于提高教学质量,也有助于促进学生全面发展。

1. 完善"评价—反馈"运行机制的必要性

"评价—反馈"运行机制是学校工作的重要组成部分,它不仅涉及教师教学质量的评估,还关乎学生的学习状况和发展。然而,当前许多学校的"评价—反馈"机制存在诸多问题,如评价标准模糊、反馈不及时等,这在一定程度上影响了学校工作的有效开展。因此,完善这一机制显得尤为重要,具体表现在:

一是有助于提高教师教学质量。通过科学、合理的评价标准,教师可以及时了解自己的教学状况,发现并改进存在的问题,从而提高教学质量。

二是有利于促进学生全面发展。有效的"评价—反馈"机制能让学生更好地认识自己，发现自己的优点和不足，从而在学习和生活中更好地发挥自己的潜能。

三是有益于提升学校管理水平。一个完善的"评价—反馈"机制有助于学校及时了解各项工作开展情况，发现问题并及时解决，从而提高学校的管理水平。

2. 完善"评价—反馈"运行机制的策略

一是制定明确的评价标准。学校应根据实际情况制定具体、明确的评价标准，以确保评价结果的客观性和公正性。

二是加强评价与反馈的时效性。及时进行评价和反馈，以便教师和学生能快速了解自己的表现，并做出相应的调整。

三是强化评价与反馈的互动性。评价和反馈不仅仅是单向的，更应是双向的、互动的过程，让教师和学生都能积极参与其中。

四是注重评价与反馈的指导性。评价和反馈的结果应具有指导意义，能为教师和学生提供具体的改进建议，帮助他们进一步提高。

五是建立完善的激励机制。通过合理的奖励制度，激励教师和学生积极参与评价和反馈工作，提高他们的积极性和主动性。

总体说来，完善学校工作的"评价—反馈"运行机制是一项长期而艰巨的任务，需要学校各方的共同努力。只有建立起科学、合理、有效的"评价—反馈"机制，才能更好地提高教学质量，促进学生全面发展，提升学校的管理水平。让我们共同努力，为完善这一机制贡献自己的力量。

第五章

# 强校之本在于强师

师者匠心，止于至善；师者如光，微以致远。

——题记

优教与强校，顶层设计是首要的，将顶层设计付诸实施，则是有赖于人才的，缺少一支优秀的人才队伍，再美妙的憧憬也可能成为"空中楼阁"。人们衡量一所学校的"实力"，很大程度上取决于其师资队伍的"阵容"。内行看"门道"："硬件"反映"此前的"，"软件"反映"当前的"，"活件"反映"未来的"。"活件"是人，而人对事物的发展具有长远的影响。伟人的影响有时是跨时代、跨地域的。这种超时空影响力，甚至可以决定人类的前途、历史的走向。

"强校"之本，在于"强师"，作为一种基本的教育理念，强调的是要提高学校的整体实力和水平，关键在于拥有一支高素质、高水平的教师队伍。唯有如此，才能奠定学校持续发展的基础。

"强师"，涉及教师队伍建设的诸多方面。比如，注重教师的专业发展和素质提升，通过各种途径和方式提高教师的教育专业水平和教学实践能力；营造良好的工作环境和文化氛围，让教师能够更好地发挥自己的能力和特长；尊重教师的工作成果和贡献，给予教师充分的肯定和激励，同时也要关注教师的职业发展和福利待遇，让教师感到自己的价值和重要性，等等。这些的确都很重要，以往相关的讨论也非常多。这里我们主要从师资培训的角度，结合市北初北校的实践，做一些个性化的探讨。

在北校，大家有一个共识：学校之"强"，"强"在师资；师资之"强"，"强"在活力；活力之"强"，"强"在培训；培训之"强"，"强"在校本。出于这样的认识，我们对教师校本培训、校本研修给予了高度的、持久的重视，通过培养优质师资，为每一个学生的发展铺路引航。

## 一、周密部署，实现共学共享共进

我们认为，优质教育的关键在教师，教师专业化的持续发展是学校发展的关键，也吻合"新优质"与百强工程的要求。为了提升学校教育水平和促进员工成长，我们以"共学""共享""共进"引领教师，鼓励他们各展所长，在团队发展中汲取力量，在温暖的环境中，实现个人成长。我们坚持科研引领，营造"共学"的氛围：学校重视教研组、备课组建设，为每一位教师订阅专业杂志，服务于教师的专业成长；以骨干教师引领、核心教师打造、全体教师积极参与的方式,强调发挥组内全体教师集体学习优势。教研组推进主题式教研组活动,教师的学习体会、外出听课学习的收获、教学的得与失,都是教研的重点。我们倡导同伴互助,形成"共享"的文化:我们建立"public"校内信息化资源平台、教师的电子教案、教学资源(如课件、题库、讲座、教具学具)等全部上传,每个教研组和备课组就上传的资料开展学习和整合。"共享"的教学资源平台真正做到"五随":随时访问、随时添加、随时使用、随时优化、随时共享。我们加强梯队建设,实现"共进"的教师专业化发展模式:学校结合现有教师基本情况并依据每位教师自己制定的个人三年发展规划,开展顶层设计,逐渐形成了系列教师培养工程。

在实践中我们感到,实现教师的共学共享共进,最有效的举措是建立学习共同体、共享优质教学资源、搭建交流展示平台、强化教师培训进修、完善激励机制,等等。其中最突出的,从学校管理的角度看,要坚定不移地抓好两件大事:

（一）素养提升：关注教师职业生涯发展

教师作为知识的传播者、学生成长的引导者,其素养水平直接关系到教育质量和学生的未来。提升教师的全面素养,对于教育事业的发展和教师自身职业生涯的发展具有重要而深远的意义。

有人说过,一所学校不能把教师当"耗材",只使用和消费,不呵护和培养。我觉得这是给校长们提了一个醒。在物质生产领域,耗材,是指为保证和维持正常生产、工作而消耗的诸如煤炭、石油、办公用品等材料。人,不是"耗材";教师,自然也不是。当教师走上工作岗位之后,我们不能让他们用一次损耗一次,而是要帮助和支持他们不断发光发热,实现职业生涯的持续发展。一所好的学校,无论是出于学校长远发展还是现实的考量,都一定要把教师的发展放在重要地位,带领他们从"耗材"的命运中挣脱出来,让他们发展自我,拥有无可替代的价值;激励他们在"照亮别人"的同时也能"光耀自身",让他们的职业生命充满生机与活力,并能持续进化和不断迭代。在教与学的交互中,教师能够幸福前行,学生才能幸福成长。

首先,要努力满足教师的发展需求,帮助教师确立发展愿景。尊重每一个教师的发展愿望,引导和帮助教师规划设计好自己的职业路径,对于教师专业素养的提升至关重要。学校要明确定义教师的职业路径,使教师明确有效提升需要学习什么,以及需要提升哪些技能和特质,让他们前进有方向,奋斗有目标。这就要求学校必须对教师的情况了如指掌,知道不同教师的不同需求,从而提供各种必要的条件和平台,引领教师的专业化发展。

其次,提升教师的核心品质,促进教师实现个性化发展。教师的个性化发展是各有侧重、各具特点的,学校通常很难满足所有教师的所有需求,但这并不意味着学校对教师的个性化发展就一筹莫展、束手无策。为此,我们将主要精力集中于提升教师的核心品质,在此基础上促进教师实现个性化自主发展。近几年,我们将教师核心品质的提升侧重定位在理念和认知层面。虽然我们很难解决教师具体的课堂行为,但我们可以引导他们对教学建立科学的认知。这种认知,既是理念也是态度,会深刻影响教师的教学行为。这种建立在共同理念和态度基础上的课堂教学的多风格呈现,才是最佳的教学生态。我们不主张也没必要让教师在教学行为上整齐划一,但我们可以让他们在理念和态度上达成共识,这是一所优质学校能做的,也是必须做的。学校应该理直气壮地鼓励教师千差万别、千姿百态去选择教学的策略、思路和方法,而不用担心可能造成的"跑偏""豁边",因为多样化选择和组合的内在底层逻辑和背后的科学理据是相同的,强求一律只会窒息教师的思维和创意。

再次,关注教师的身心健康,支持教师丰富教育生活。教育的本意是促进每一个人过幸福、多彩的生活,因而其本身就应该是幸福、多彩的。出于这样的本意,学校应该切实关注教师的身心健康,努力为教师营造生动而丰富的教育生活。显而易见的是,只有每一所学校都拥有一支身心健康、教育生活丰富的高素质的教师队伍,才有可能使大家充满热情、满怀爱意地去让学生拥有幸福、快乐的学习生活。

习近平总书记2014年9月9日在同北京师范大学师生代表座谈时说:"一个人遇到好老师是人生的幸运,一个学校拥有好老师是学校的光荣,一个民族源源不断涌现出一批又一批好老师则是民族的希望。国家繁荣、民族振兴、教育发展,需要我们大力培养造就一支师德高尚、业务精湛、结构合理、充满活力的高素质专业化教师队伍,需要涌现一大批好老师。"的确,好老师是学生的幸运、民族的希望,而培养和发展教师,则是学校应有的责任和使命,其间首先要注意的,就是不能将教师当"耗材",而是要让他们始终"充满活力"。特别是对老教师,不能把他们当作磨损的旧机器,要善待、善用,精心呵护、保养,充分利用老教师的教学经验,并总结成为学校的办学特色,让老教师发挥出无可替代的价值,让他们的职业生命始终生机盎然,使学校实现持续优化和不断迭代,一步一个脚印地走向辉煌。

（二）知人善任：校长用人的基本准则

知人善任是领导者必备的素质，也是组织发展的关键。唯有广纳贤才，因才施用，方能实现组织目标，共创辉煌未来。

知人，就是洞察人心，明辨是非；善任，即用人所长，避其所短。知人善任，方能聚天下英才而用之，形成人才济济、百舸争流之盛景；知人善任，才有利于激发人才潜能，释放无穷创造力；知人善任，有助于构建和谐团队，形成强大合力；知人善任，从而奠定人才队伍坚实基础，促进组织长远发展。

校长在人才队伍建设上，关键就是要"知人善任"，具体包括：知人，即了解人才的长短优劣及个人意愿，做到心中有数；选人，就是选择合适的人才放在合适的岗位，避免错位与浪费；用人，主要是利用人的长处，充分发挥其聪明才智，特别是专长。此外还有三个要点：组队，就是组建团队，让优势互补的人才发挥 $1+1>2$ 的效应；育才，即加强人员培训，确保各个岗位后继有人；激励，就是激励人才，发挥人才的最大价值，激发其潜在能量。

要真正做到"知人善任"，校长还要注意做好相关基础性工作：一是按需设岗，即依据学校工作的现实需要设置必要的岗位，而非因人设岗以致出现"冗员虚岗"；二是因岗察人，要研究员工个体的特点，使之能在所任岗位上发挥优势，扬长避短；三是以人定责，即根据岗位和工作需要，以及个体的能力状况，明确其任务和责任；四是据职考绩，即按照岗位职责的要求，考察员工的履职情况，评估其工作绩效。

按照以上部署，可以比较好地形成学校员工共学共享共进的氛围，提升教育整体水平，促进个人和学校的共同发展。

## 二、立德树人，升华师德修养内涵

我认为，在一定意义上，师德集中体现为爱与责任；在一定程度上，师德更在于心和行。在北校，关于师德，大家有"两魂""三心""五气"的提法，虽然意境相近，表达上还有重复，但恰恰正是这种相近和重复，表明了老师们对师德修养的极为重视。

（一）"两魂"：爱学生、尽责任

师德，是教师之魂，是教师职业的神圣本质。它不仅体现在教师的言行举止中，更是教师职业角色的重要支撑。因此，爱与责任无疑是师德的核心所在。

爱，主要是爱学生、爱事业，这是教师发展的原动力。对学生的关爱、对教育事业的热爱,是教师不懈追求的动力源泉。一个优秀的教师,必然拥有一颗充满爱的心。这种爱,是对学生的尊重与理解,是对教育事业的执着与奉献。只有心中有爱,才能以满腔的热情去关注、关心、关怀每一个学生,才能用心去倾听他们的声音,才能真正做到因材施教。

责任,主要在忠诚、努力。教师的责任不仅在于传授知识,更在于培养学生的品格、塑造学生的未来。100年前,朱自清就说过:"教育者先须有'培养'的心,坦白的,正直的,温热的,忠于后一代的心! 有了'培养'的心,才说得到'培养'的方法。"①有了"培养心",便有了"责任感"。一个有责任感的教师,会十分注重责任认识、责任情感、责任意志、责任行为的修炼,时刻牢记自己的使命,忠诚、敬业,以身作则、言传身教,为学生树立良好的榜样。他们会尽心尽力地关注每一个学生的成长,不放弃任何一个学生,用实际行动践行"一切为了学生"的信念。

爱与责任又是相辅相成的,它们互为因果、互通互融,在精神层面高度统一,在行为层面相互支持,共同为教书育人建功立业。一个充满爱心的教师,必然会对学生负责、对教育事业负责;同样,一个有责任感的教师,也必然会关爱学生、热爱教育事业。只有将爱与责任融入教师的言行中,才能真正体现出教师的师德,才能真正做到为人师表、教书育人。

因此,爱与责任作为师德的核心,每一位教师都应当铭记于心,并作为自己的行为准则,不断提升自己的师德修养。

(二)"三心":良心、爱心、责任心

良心主要属于意识的范畴,但与人的道德品质密切相关。教师所从事的是被誉为"太阳底下最光辉的职业"。可以说,教师的职业良心是镌刻在骨子里、流淌在血液中的,正如我们的一位老师所说:和教师讲良心,不是停留在"良心发现"上,而是"良心兑现""良心尽现"。

前面曾经讲到,爱是师德关键点之一。讲爱,当然是先有爱的心意,然后才会有爱的行为;前文也曾提及,责任也是师德的一个关键点。先得有责任之心,而后才可能有责任之行。由此可见"心"之重要性。

人们都说"教育是个良心活",的确如此! 倾情而为,你可能感觉时间总是不够;得过且过,你可能觉得反正无所事事。这就要凭良心、靠自觉:良心发现,你就会尽心竭力、鞠躬尽瘁;高度自觉,你就会严于律己、精益求精。

---

① 朱自清.教育的信仰[M]//现代教师读本 人文卷.南宁:广西教育出版社,2008:138.

比之其他行业,教师工作具有其独特的个性化特点:不限于时间,并无固化的"八小时工作制"的概念,只要想做;非囿于空间,可从学校向任一合适场景延伸,只要能做;无拘于形式,可在合适情境下进入工作状态,只要会做。

(三)"五气":志气、浩气、才气、大气、书卷气

教师应该具有怎样的气质,答案众说纷纭,可谓仁者见仁、智者见智。在我看来,优秀的教师主要应该具备以下五种气质。

一是志气。志气是指人们对于未来和目标的决心和信念,它是一个人内心深处的驱动力。教师的志气是为人民教育事业竭诚奉献的精神源泉,因而无论遇到多大的困难和挫折,都能够坚定不移地朝着理想的目标前进。

二是浩气。浩气即刚强正直的气概,与通常所讲的正气相通。人因正气而有浩然之气,这是一个公民最基本的素养,更是教师应当具有的最基本的气质。教师拥有浩气,就能胸怀天下,心系学生,具有高度的责任心和使命感;就能从容面对生活中的种种挑战,不为个人得失而斤斤计较。正是这种浩然正气,使得教师得以保持精神饱满的状态,表现出一种高尚、坚定的品质。

三是才气。才气指的是一个人的才华和智慧,包括文学、艺术、科技等方面的天赋和创造力,表现为一个人内在才华、才情的自然对外流露。教师拥有才气,就能在教育教学工作中勇于探索,敢于创新,展现出卓越的才华和非凡的创造力,在激烈的竞争中脱颖而出。

四是大气。大气通常指的是一个人的气度和风度,表现出一种豁达、宽容、高远的品质。大气反映的是人生的态度、人生的修养、人生的智慧。一个教师的眼界、胸襟和气度,在某种程度上决定了教师在职业生涯中所能达到的高度。教师拥有大气,就能从容应对各种场合和情境,展现出优雅自信的风采,使教育教学工作达到最佳境界。

五是书卷气。书卷气指的是一个人身上散发出的文化气息和书卷味,表现出一种学识渊博、文化修养高的品质。书卷气反映了人的文化积淀。"腹有诗书气自华",教师拥有书卷气,就能深入了解人类历史和文化的发展脉络,不断提升自己的文化素养和审美水平。因此,教师除了教学工作之外,应该把读书作为自己的一种生活方式、一种生命状态,在知识的海洋中汲取智慧和力量,使自己的精神世界更加丰富和深邃。

这五个方面都是对人的精神品质和气质的形容,内涵深刻,意味深长。它们相

互交织、相互影响,共同构成了人类精神世界的完整画卷。就教师而言,"五气"集中体现出来的就是教师的优雅、典雅、儒雅、慧雅之气。我们应该不断培养和提升这五种气质,让自己成为一个有理想、有担当、有才华、有风范、有文化的人。只有这样,我们才能够更好地面对生活中的挑战和机遇,创造出教育事业更加美好的未来。

### 三、专业精进,夯实教师发展基座

教师的专业精进,关键在于要符合不同个性教师的自身特点,同时也要注重从学校校情出发,将统一要求与个性特色结合起来。以教师参加校本研修为例,我们注重创新校本研修的方式,形成自己的个性特色。如主题式(或专题式)研修、问题式研修、评论式(论坛或讲坛)研修、质疑式(或创见式,因质疑的同时有创见)研修、反思式研修、吸纳式(理论学习、成果借鉴、经验总结)研修,等等。

一次,在网上读到一则短文,现摘录如下(个别字词有所改动):

> 我有一个亲戚,初中毕业以后就学泥水匠,一直干到现在,30多年了。最近五六年在上海挂靠了几个装修公司,其他的泥水活不干,专门负责贴瓷砖地砖,一天的收入有600元,还包吃包住,即使是这样高的价格,仍然有不同的装修公司经常跟他联系,还是来不及做,有时只好推掉一部分的工程。

> 为什么道理呢? 他贴瓷砖地砖速度快,质量好,横平竖直,光滑平整,牢固度好,几乎没有返工的。几十年练下来,力量手感都练到了恰到好处,成了真正的有特长的工匠。

> 有一次回老家正好碰到他,聊这方面的话题,据他说,同样面积的瓷砖地砖的铺贴,一般泥水匠需要三天贴完,他只要两天就可以完成了,而且质量还比人家好。我相信他说的是对的。

> 因为我所了解的上海装修市面上泥水匠一天的工钱大约是450元左右,他的要价这么高,仍然有人请他做,一定有他的绝招。

> 所以,靠一技之长吃一辈子饭的说法是对的。但对于"技"的定位是关键,必须要几十年的训练和思考,这个技不是长一点点,而是要长很多,才能称得上一技之长,才能成为安身立命的本钱。否则,就是空有"技",没有"长"。[1]

---

[1] 一技之长有多长[EB/OL].(2022-06-27)[2024-01-03].https://www.z0312.com/jiaju/66432.html?share_token=0fab611b-b165-45c9-9b30-232eb75b1409&tt_force_outside=1&tt_from=copy_link&utm_campaign=client_share&utm_medium=toutiao_android&utm_source=copy_link?=一技之长有多长? -312爱保定-今日头条.

　　这里，"技"和"长"的关联讲得很直白，也很到位，这对我们教师促进专业发展确有可资借鉴之处，所以，我们一直主张教师要做到"专业精进""精益求精"。

　　北校的老师们在实践中达成了一种共识"优教之优，优在教学；强校之强，强在课堂"。互相观课、听课，便成为"优在教学""强在课堂"的一条"捷径"。

　　这里，我借"看花寻径远，听鸟入林深"两句古诗，谈一下我观课、听课的感受。诗中，远寻、深入，都是前往实地、腹地，可以更清楚地看花放，更清晰地听鸟鸣。这是我联系本职工作对诗句的解释，却也生动地反映了自己当时真实的内心世界。深入课堂，已经成为了我的一种生活习惯，成为我了解教师"教"与学生"学"的直达通道。我欣赏质朴、本色、自然、实在，喜欢听"不打招呼的课""家常课"，长此以往，大家也就习以为常了，我也了解了真情，有了实感。更重要的是，老师们都主动自觉地实现了专业提升，教学质量有了提高。三天不听课，那感觉，就好像一天中少吃了一顿饭。

　　这几年，在引领教师专业精进上，我们着重抓了三大工程。

　　(一)"青年教师智慧成长"工程

　　正常情况下，每一个年轻人都是有上进心的，这应该成为一个基本的判断。至于上进心能否维持，一定程度上与其所处境遇、氛围，以及生活与工作的状态等因素有关，尤其与领导者对他们的认知、态度有密切联系。因此，学校创造条件、搭建平台、提供机遇……

　　学校有序推进青年教师培养工作，重点开展教育管理实践能力培养、教学实践能力培养、教科研实践能力培养。每学期分别于学期初和学期末召开主题工作会议，各行政部门负责人加强过程性指导与帮助，学期末做好相关的评价与考核工作。将原来按照教龄划分为见习期、成长期、发展期的教师，根据学科特点分成三个小组，要求完成说课、自我观课评课、专项性研究、命题研究、针对课堂观察量表开展课堂研究等任务。特别强调青年教师自主学习，每学期要读一本自己喜欢的书、推荐三篇好文、完成学科专业知识的相关学习。

　　"青年教师智慧成长"工程，主要以"见习期""成长期""发展期"教师为培养对象。"青年教师智慧成长"工程的具体内容根据实践及反馈的问题及时调整。一是自主学习，以学科专业知识、教育教学类杂志和书籍为主，以读后感或成长反思为内容完成学习随笔。具体要求是：将读书摘抄和感言记录在"师言诗语"笔记本上，参加小组交流，并推荐部分于微讲坛、读书漂流活动等交流；推荐三篇好文微信群交流,并推荐部分于微讲坛或读书漂流活动等交流。二是教育管理实践能力培养,如举办"青荷班主任工作坊",参加"班主任沙龙"等,每位青年教师完成一篇管理案例分析,学期末上交,相关文章或管理案例分析电子稿在校刊交流;班主任或见习、助理班主任均要参加班主任会议、参与班级管理,按时完成班主任工作计划与小结;教学实践能力培养,包括按要求开展说课、教学设计等;自我观课评课,每学期每人一次按时完成自我观课评课报告。三是开展专项性研究,如考试命题研究、课堂教学导向性观察量表制定、体育"多样化"课程改革与教学实践,等等。

此外,对有培养前途的"好苗子",我们聘请区、市有关专家,从德育、教学、教研、科研、班主任工作、教育教学管理等方面,进行"一对一"或"一对多"等形式的带教和指导,青年教师中有三分之一在校内、区域实现了"出类拔萃"。体育学科的小熊老师,在教学工作中善于学习,长于思考、勇于实践,积极开展课题研究,近几年每年都有多篇论文发表,这在体育教师群体中并不多见,受到师生和专家们的一致好评。

(二)"骨干教师再提升"工程

"骨干教师再提升"工程,以"成熟期"教师为主要对象,定人、定目标、定时间分阶段开展培养。骨干教师在北校占60%多,整个团队的进步,将大大推动师资队伍整体水平的提升。我们将学校的培养计划和教师自身的三年规划相结合,充分发挥他们的骨干引领作用,推广先进的教学经验,适时提高知名度,形成辐射效应,让一些教师积极向"学科带头人"标准靠近。学校的做法:

一是发挥骨干教师引领作用。学校以"教师专业化发展项目"为推手,以教研组为单位,由骨干教师带领,开展本体知识、典型案例或教研热点研究,并通过分析讨论等方式完成"做—省—议—思—论"的校本一体化培训。学校加强对种子计划教师的管理、交流,提供展示的平台;积极发挥三位市德育基地学员的引领示范作用,及时将基地学习内容带回开展学习。学校将教研组主题教研活动向备课组下移,日常教研活动结合"强校工程"联合体备课资源,骨干教师先备课,中间层教师反思重构教学设计,青年教师展示研讨,推动学校教师梯队滚动发展。备课时达成"三满足":满足课程教学目标需求、满足不同学生差异需求、满足个性化教学需求。

二是提升骨干教师学科育人理念。骨干教师带领同组老师不仅关注学科的知识世界,更关注学生的生活世界、心灵世界和知识世界之间的关系,努力让学科教学服务于学生各类学习与发展。

三是提升骨干教师职业精神。职业倦怠感是影响教师发展的消极因素,尤其是有较长工作年限的教师,而这些老师往往上有老下有小。我们开展人文关怀,尽量帮他们解决孩子就学、就业,家属生病住院等困难,增进彼此间情感。我们畅通教师交流渠道。在党支部的带领下,学校开设了"微讲坛""党员分享时刻"等,利用数字故事积极宣传骨干教师的闪光点,增强教师的集体感和归属感;我们在了解每位教师的个人规划和发展需求的基础上制定个人培养方案,激发教师的价值感和成就感,提升职业幸福指数。

(三)"梯队整体建设"工程

我们坚持"队伍建设全局一盘棋"的策略,搭建各类平台,满足不同层次、不同需求教师的发展愿望,并在团队彼此合作的基础上,鼓励一批有思想,愿探索,敢于挑战,富有创造力的教师脱颖而出。

一是加强领导班子建设。学校领导班子全员参加市区级高层次培训。书记、校长、副校长都参加了市德育实训基地、市高峰计划、攻关计划培训班,在培训过程中获得了对学科教学、学校管理更高更深层次的理解和认识,用自己所学助力学校各项工作强有力地推进。

二是加速骨干教师提升。学校青年教师中,有的纳入"种子计划",参与区级层面培训;有的参加区"菁英计划"的学习;有的参加区德育实训基地的学习。学员们通过专家讲座、专题学习、考察调研活动,展示交流发言、公开课教学活动和各类听课评课活动,提升了业务能力和专业素养。大家非常珍惜高层次、高规格、高标准学习的机会,用谦虚好学的精神和对学科教学的执着,行进在教学改革的路上。

三是加速青年教师培养。面向职初教师、成长期教师,重点开展教育管理实践能力培养、教学实践能力培养、教科研实践能力培养,分别于学期初和学期末召开主题工作会议,各行政部门负责人加强过程性指导与帮助,学期末做好相关的评价与考核工作。将原来按照教龄划分为见习期、成长期、发展期的教师,根据学科特点分成三个小组,分类要求、分层递进、快出人才、多出人才,满足学校迅速发展对人才的需求。

四是发挥专家智囊作用。学校拥有多名市、区教育行政部门、教育业务部门等委派的教学、科研、管理等领域的专家。他们在学校发展决策、教师专业精进、学科教学、质量管理等方面给予了许多具体而精细的指导,并亲自带教了多名青年教师。利用强校契机,学校还聘请了语文、历史、道德与法治和体育学科的专家。这些学科专家定期或不定期来学校,以项目研修的形式,对教师的课堂教学、信息技术运用、课题研究等方面进行面对面的指导,促进教师理论修养和实践能力的双重提升。

## 四、教师评价,为职业发展输入不竭动力

教师评价,对于促进教师专业发展具有非常重要的实践意义。多年来,我们一直致力于构建教师评价体系的研究与实践。

### (一)教师评价体系构建的原则

这是观念层面的要求:任何评价都必须是有原则的评价,没有原则,各吹各号,各唱各调,就无法统一评价的标准,这样的评价是无法进行的,因而也是无效的。

#### 1. 发展性原则

评价体系应以教师专业化发展为核心,关注教师的层进式专业精进,激发教师的内在动力,促进教师的可持续发展。

#### 2. 多元性原则

评价主体和评价方式应多元化,综合考虑学校、教师、学生、家长等多方面的意见和建议,采用多种评价手段,全面客观地反映研修效果。

#### 3. 针对性原则

评价体系的设计应针对校本研修的特点和实际情况,特别是评价指标的建立和标准的制定应符合教师发展的需求,确保评价的有效性和实用性。

#### 4. 过程性原则

评价要关注教师的研修结果,更要关注其研修过程,注重事物间的因果联系,特别是研修过程对于研修结果的作用,能正确和准确归因。

#### 5. 可操作性原则

要聚焦校本研修建立并逐步完善评价体系:评价指标应明确具体,评价标准应科学可靠,评价流程应简便易行,评价结果应便于利用。

### (二)教师评价体系的构建

这是操作层面的要求:评价要有一个总体框架,使全部评价活动能有所遵循,最终实现评价意图。否则,评价将难以操作,不知从何处下手。

#### 1. 发展目标评价

即对教师发展目标的设置进行评价,包括目标是否明确、具体、可行,是否符合

学校发展和教师专业需求等。

教师发展需要引导，首要的是发展目标引导。校长自然要担负起目标引导的责任。按照马斯诺的"需要层次论"，自我实现是处于人的需要的最高层级。在职场，我们应该尊重每一个人自我实现的愿望和需求。然而，我们不能只是为了"自我实现"而"自我实现"。为什么有的人评上高级职称就"退居二线"了，因为他觉得自己已经"实现"了"自我"了，"功德圆满"了。在思维逻辑上，他是将手段当成了目的。作为职场人士，最起码的，你是要为社会提供职业服务，你的"自我实现"也是为社会"贡献价值"服务的，站在高一个台阶看，"自我实现"还只是手段，而不是目的。换言之，即便个人"自我实现"了，你的使命并没有结束。至于校长如何"引导"，其关键不在于说教，而在于信任、使用、激励，把他们放在与其职称、能力相应的岗位上，对其中特别优秀者甚至可以越级聘用，让他们真正体验到职称、能力的价值和自身的价值，这才是真正的、实实在在的"自我实现"，空有其名或名不副实，不但不能体现价值，而且可能导致名的贬值。

教师发展需要引导，评价本身就具有引导功能。评价之引导功能的发挥，首先体现在对教师发展目标的评价。主要包括：

目标取向评价：目标设定是否切合当前教育工作现状，是否具有教育发展的前瞻性；是否体现了主体发展的个性特点。要充分体现正视自己、正视环境的变化，了解自己的优势与不足，发挥优势，改正不足，不断完善自己，不断提升自己，有助于实现自身智慧与人格素质的融合。

目标实施评价：目标设置是否具有可行性，阶段性目标是否明确，过程中有无微调预案，有无具体的达标措施；要"以事为主"地确定目标，即目标是可以在"事"上落实的；目标的难度要适中，不能太低，基本不努力就能实现的目标是没有多少激励性的，也不能太高，付出巨大努力也很难实现的目标通常也是少有激励性的，因为这种目标，让人看不到希望，容易使人半途而废。最具激励性的目标往往是必须通过努力才能实现，但是努力程度又恰恰在自己极限附近。

目标达成评价：目标设置是否具有可靠性，能在多大程度上达到预定目标；目标应该是明晰、具体的和可检测、可评估的。一般来讲，目标既要具有整体性，又要能逐步地分解，当主体清楚地知道要做什么、如何做之后，将整体发展看作一个大目标，然后分解成现实中一个个唾手可得的小目标，目标达成便指日可待了。

2. 发展内容评价

即对发展内容的针对性和实用性进行评价，包括内容是否符合教师实际需求，是否有助于解决教学中的实际问题等。主要关注点在以下几个方面：

首先，评价教师的专业知识水平。教师的专业知识是教师发展的基础，是教师进行教学和育人的重要保障。评价教师的专业知识水平，可以通过课堂观察、考试、论文等方式进行，同时还需要关注教师是否能够及时更新自己的知识结构，不断提高自己的专业素养。

其次，评价教师的教学技能。教学技能是教师发展的关键，是教师进行有效教学的重要保障。评价教师的教学技能，可以通过课堂观察、学生反馈、教学比赛等方式进行，同时还需要关注教师是否能够运用现代化的教学手段，提高教学效果。

再次，评价教师的教育理念。教师的教育理念是教师发展的灵魂，是教师进行教育工作的指导思想。评价教师的教育理念，可以通过教师论文、课堂观察、学生反馈等方式进行，同时还需要关注教师是否能够关注学生的个性化需求，注重培养学生的创新精神和实践能力。

最后，评价教师的职业素养。教师的职业素养是教师发展的核心，是教师职业道德的重要体现。评价教师的职业素养，可以通过教师行为观察、学生反馈、家长评价等方式进行，同时还需要关注教师是否能够做到敬业奉献、关爱学生、为人师表。

以分数作为教师评价的主要内容是目前存在的普遍现象，人们戏称作"看分数，论英雄"。有的直接以考进名校的学生人数作为评价一个班、一个教师群体、一个任课教师工作绩效的依据，导致大家都围绕"尖子生"使出浑身解数，加剧了教育的不公平现象，这是评价导向的严重失误。

有人在分析基础教育内卷严重的原因时提道：当局评优奖励学校、老师的主要依据甚至是唯一标准就是考试分数（以及由此决定的上线人数）；当局和学校领导盲目攀比，不顾当地的教育资源（包括师资、生源、设备等），盲目设定考试或升学目标；学校评优奖励的最主要依据也是考试分数；教师不顾所教学生的实际情况，盲目加码，以追赶别人。这些都指出了评价不当导向的负面影响。本来，作为学校、教师和学生，教与学是本分，肯定是要重视的，考试作为对教与学情况比较客观的检测，也是应该重视的，但做任何事情都有一定的"度"，超越了适当的"度"而趋于极端，结果可能走向反面。所谓"真理向前多走一步则变成谬误"，说的正是这个道理。对考试、分数过于关注到"唯此为大"的地步，对"人"的发展并无益处，只会导致其片面的甚至畸形的发展。为什么？因为考试仅仅只是教学的一部分，教学又只是教育的一部分，教育又只是孩子健康成长的一部分。甚至可以说，孩子发现、分析、解决实际问题的能力，优秀的品质，优良的习惯，健康的身心等，对其未来发展甚至一生来说,比分数不知重要多少倍。而且,孩子方方面面都做到位了、达标了,其学习、考试的效果也一定是更好的。

所以,以分数评价教师虽然最简单、最方便、最省事,特别是所花费的成本最低,对于教育的领导管理来说也最省力,然而这样的"优势"恰恰也最不靠谱。实践表明,单纯的分数评价并不能客观反映教师的全部工作,教师工作的核心意义,在于使学生获得可持续发展的动力和能力。

3. 发展方式评价

即对发展方式的有效性和创新性进行评价,包括方式是否符合教师专业发展规律,是否能激发教师的参与热情和创新精神等。

以教师参加校本研修为例,我们对教师在各类研修中所达到的水平和能力开展了评价实践,包括主题式(或专题式)研修水平的评价、问题式研修水平的评价、评论式研修水平的评价、质疑式(或创见式)研修水平的评价、反思式研修水平的评价、吸纳式研修水平的评价,等等。

4. 发展过程评价

即对教师发展的各环节进行评价,包括从发展方案的设计到实施的运作,也包括对教师在参与各类培训、研修过程中的行为进行表现性评价。

5. 发展成效评价

即对教师发展的成果和绩效进行综合评价,包括教师专业素养的提升、教学质量的提高、对学生发展的促进等方面。

6. 反馈与改进评价

即对教师发展过程中的反馈与改进机制进行评价,包括是否能及时收集和处理反馈意见,是否能针对问题进行有效的改进等。

(三)评价工作实施要点

这是保障层面的要求,包括组织保障、制度保障、技术保障、效果保障(激励、优化)。

1. 加强组织领导

学校建立健全教师评价体系的管理机制,明确各方职责,确保评价工作的顺利开展。

2. 完善制度建设

制定完善的教师评价管理制度和评价制度,明确评价标准和流程,保证评价工作的规范化和标准化。

3. 注重培训与指导

对参与教师评价的人员进行相关培训和指导，提高评价主体的科学评价意识和实践能力，使评价能准确地反映教师的工作状态，以及专业水平、能力和绩效。

4. 强化应用与反馈

将评价结果及时反馈给相关教师，以便进行针对性的改进和提高。同时，将评价结果应用于教师绩效考核、评优评先等方面，激发教师的积极性和创造性。

5. 持续改进与创新

根据实际情况和教师发展需求，不断优化评价体系，创新评价方式和方法，提高评价工作的针对性和有效性。

此外，在评价过程中，需要注重科学性和客观性，采用多种评价方式相结合的方式进行全面评价。同时，还需要注重教师的个体差异和个性化需求，为教师的专业发展提供有针对性的指导和支持。

讲到这里，关于"强校"之本在于"强师"，似乎仍觉意犹未尽，只得再啰唆几句。

教师是学校发展的核心"生产力"。正如有行家所指出的那样：走进学校，一群充满活力、积极向上的教师，映射的是阳光教师、幸福学生的共同图谱。因此，学校要持续稳步引导教师学会生活，校长要有意识地运用系列"组合拳"，帮助教师主动管理个人身心健康，平衡好工作和生活的关系，培养"既能干好工作，又能过好日子"的教师团队，打造有境界的教育生活。事实上，教师幸福生活的能力，决定着师生关系和伙伴关系的平稳与张力。一支"既能奋斗，又善生活"的教师团队，是对学生团队的良好示范，并将对学生产生潜移默化的影响。这就意味着，教师活力充沛，方能激活学生的持续动力。更进一步地说，教育事业是充满了活力、智慧和情感的事业，教师的活力值直接决定了校园的活力值，教师活力满满与激情常在是学生团队的动力引擎。

概而言之，激发教师的活力，帮助教师进入积极的工作状态，奠定了一所学校的昂扬之势，学校便有了主动作为、顺势而为的基础和根本，从而设计并创造师生共同的幸福生活。

第六章

# 突出重心致力教学

教学,是心灵的交响、思维的碰撞、智慧的交流、情感的沟通,人世间最动人的艺术孕育其中。

——题记

优教与强校,顶层设计至关重要,师资队伍建设也很关键,更进一步看,最根本的还是要通过学校教育教学这个重心来体现,而要准确把握好这个重心,最主要的是要解决好当前普遍存在的应试教育倾向问题。

基础教育中的应试教育,是一个长期存在的问题。为了追求高分,学校和教师往往过于强调死记硬背和应试技巧,忽视了学生的创造力和综合素养的培养。这种教育模式导致学生只追求成绩,缺乏独立思考和实践能力,难以适应未来社会的需求。可以说,我国的教学改革历经多年,经验很多,教训也不少。不管改什么、怎样改,有些思想和方法是必须坚持的:全面素质教育;在成人的基础上成才;学生为主体,教师为主导,训练为主线;培养自主学习能力,等等。

传统理念讲"学校的中心工作是教学工作""以教学为中心",这是完全可以理解的。中心,是指事物所处位置;重心,是物体各部分所受重力之合力的作用点。就学校工作而言,其实,教学是中心也是重心。因此,在日常教学工作中,要坚持抓好"一个核心"和"两个关键"。一个核心,即教学研合一的创新行动;两个关键,即课程和课堂。课程,主要解决"教什么、学什么"的问题;课堂,主要解决"怎样教、怎样学"的问题。

## 一、课程标准:教学工作的行动指南

教师开展教学工作的基本依据是"课程标准"。学科课程标准作为教育体系中的重要组成部分,它为学科教学提供了指导和规范。其意义和作用主要体现在:

### (一)课程标准是教学行为的依据

教学工作的行动指南究竟是什么?从学科教学的角度去考察,应该是学科课程标准。课程标准是教育部根据国家教育方针和课程计划制定的指导性文件,它规定了学科教学的目的、任务、内容、评价等方面的要求。学校和教师必须认真学习和贯彻学科课程标准,确保教育教学工作的科学性和规范性。

1. 课程标准是教师"教"的行为指针

某学科的课程标准就是从事该学科教学的教师的行动指南。作为教育教学的指导性文件,课程标准是教师进行教学设计和实施教学的依据,它帮助教师明确教学目标,选择合适的教学内容和方法,有效地组织教学,并对学生进行科学、公正的评价。

首先,课程标准引导教师进行教学设计。学科课程标准对学科教学内容进行了系统性的规划和安排,为教师提供了清晰的教学目标和要求,教师根据课程标准制定教学计划,选择合适的教学方法,组织有效的课堂活动,并进行教学评价,特别是评价学生的学习成果,这有助于提高教育教学质量。

其次,课程标准为教师提供了明确的教学目标。教师在进行教学设计时,需要依据课程标准,结合学生的实际情况,制定具体、可操作的教学目标。这些目标不仅包括知识技能方面的要求,还包括情感态度、价值观等方面的要求。通过明确教学目标,教师可以更有针对性地开展教学活动,提高教学效果。

再次,课程标准为教师提供了丰富的教学内容和方法。课程标准根据学生的发展需求,对教学内容进行了系统的规划和设计。教师在选择教学内容时,需要遵循课程标准的要求,确保教学内容的科学性和系统性。同时,课程标准还鼓励教师在教学方法上进行创新,提倡启发式教学、探究式教学等多样化的教学方式,以激发学生的学习兴趣,培养他们的自主学习能力。

最后,课程标准还为教师提供了多元化的评价方式。课程标准强调评价方式的多样化,要求教师在教学过程中注重形成性评价和终结性评价的有机结合。通过评价学生的知识技能、学习态度、价值观等方面,教师可以及时了解学生的学习状况,发现教学中的问题,并调整教学策略,提高教学质量。

总之,课程标准是教师"教"的行动指南。它不仅为教师提供了明确的教学目标和内容,还为教师提供了多样化的教学方法和评价方式。教师在教学过程中应遵循课程标准的要求,科学、系统地组织教学,提高教学效果,为学生的全面发展奠定坚实基础。

2. 课程标准是学生"学"的根本导向

课程标准也是学生学习过程中的行为准则,为学生的学习行为提供了根本导向,只是学生在行动过程中需要有老师关于执行课程标准的指导。

首先,课程标准为学生提供了明确的学习目标。它详细规定了学生在不同阶段应该学习的内容和需要达到的能力水平,不仅告诉学生需要掌握的知识点和技能,还指明了学习的深度和广度。学生可以根据课程标准了解每个学科的学习要求,从而有针对性地进行学习,提高学习效果。

其次,课程标准反映了学生学习的个性化需求。课程标准是学生学习的重要指导文件。在课程标准中,学生的学习目标是根据学生的实际情况和个性差异来设定的,旨在满足学生的个性化需求。

再次,课程标准的内容和要求也是个性化的。在课程内容的选择上,充分考虑了学生的兴趣、爱好和特长,注重学生的全面发展。同时,课程要求也是根据学生的实际情况和个性差异来设定的,旨在提高学生的综合素质和能力。

此外,课程标准还促进了教育公平。它为不同地区、不同学校的学生提供相同的学习机会,确保教育资源的合理分配。课程标准的一致性使得学生在升学、就业等方面拥有公平的竞争环境。

然而,在实践中,我们应认识到课程标准并非一成不变。随着社会的发展和教育的改革,课程标准也需要不断更新和完善。教育工作者应关注课程标准的修订动态,及时调整教学策略,以适应时代发展的需要。

总之,课程标准作为"教"与"学"的行为依据,具有重要的指导意义。我们应充分认识课程标准的价值,共同维护课程标准的权威性,充分发挥其引领、指导、规范、评估学校教学活动的功能。只有这样,我们才能真正实现教育的目标,培养出符合时代需求的人才。

（二）课程标准是教学质量的保障

教学质量是学校的生命线,是教育工作的重中之重。保障和提高教学质量是学校永恒的主题,也是教育工作者共同的责任。

学校教育中,教学质量的保障必须服从一定的标准,离开"标准"谈质量保障,那只能是一句空话。

1.课程标准也是检验教学质量的标准

学科教学应依照课程标准明确本学科的教学质量标准,就课程设计、教学方法、课堂管理、学生评估等方面构建指标体系。教师需要深入理解课程标准的内容和精神,并据以开展教学活动。同时,学校也需要加强对课程标准的宣传和培训,增强教师的课程标准意识,提高贯彻实施课程标准的能力。

2.课程标准还注重学生的个性化评价

评价方式多样化,不仅关注学生的知识掌握情况,还关注学生的能力、情感、态度等方面的表现。通过个性化的评价方式,可以更好地了解学生的学习情况,为后续的教学提供参考和依据。

教学质量标准应符合教育部门的要求,同时也要考虑到学生的实际需求。每个学生都是独特的个体,教育应充分尊重学生的差异性和特长,提供多样化的学习和发展机会。课程标准是共性与个性的有机融合,既有统一要求,又充分考虑个体的不同特点和需要,提出相应的评价思路。

3. 课程标准也是教学管理的参照

首先,学校需要引导教师根据课程标准制定教学计划,确定每个学期、每个单元的教学目标,以把握教学的整体方向,确保教学内容的完整性和准确性。同时,课程标准还强调了不同学科之间的联系,促进跨学科的学习,培养学生的综合素质。

其次,学校可以通过定期评估教师的教学情况,检查是否与课程标准保持一致;通过比较学生的学习成果与课程标准的要求,教师可以评估学生是否达到了预期的学习目标。

总之,学校应参照课程标准建立健全教学管理体系,包括教学计划管理、教学过程管理和教学评估管理等。通过有效的管理,确保教学质量的持续提高。

4. 课程标准也是考试检测的依据

课程标准规定了学生在某个学科领域应达到的水平,为教学提供了指导,同时也为考试检测提供了标准和依据。在学校,无论何种性质、何种目的、何种方式的学科考试,都需要根据学科课程标准来确定考试内容和标准。

因此,课程标准在教育教学中扮演着非常重要的角色,它不仅是教学的指南,也是考试检测的依据。只有符合课程标准的考试检测,才能对教与学的状况做出公平、公正、合理、合规的评判。也只有如此,才能正确发挥考试对教学工作的导向功能。

5. 课程标准也是教学评价的尺度

开展教学评价,最主要、最根本的依据还是课程标准。课程标准对各个学科的知识、技能、素养等方面进行了明确的规定和要求,为教学评价提供了明确的评价标准和依据,避免了评价的主观性和随意性。

在教学评价中,教师需要根据课程标准,对学生的知识掌握情况、技能运用能力、学习态度和价值观等方面进行评价。评价的方法可以多样化,包括考试、作品评定、口头表达、自我评价等。通过这些评价方式,教师可以了解学生的学习情况,发现学生的优点和不足,并据此进行教学调整和个性化指导。

### (三)课程标准助力教师专业精进

当今的学校教育,对教师的专业素养提出了更高的要求。教师需要不断学习和研究,提高自己的教育教学水平,以适应教学改革深层推进的需要。而各学科课程标准的制定和实施,对教师的教育教学发挥了重要的引领、指导、规范作用。换言之,课程标准有助于教师把握本学科教学的方向,驾驭教学的全过程,掌控教学的深度和广度,从而更好地满足学生的学习需求。与此同时,课程标准还有助于教师进行教学反思和改进,提高教学质量和效果,有效地促进了教师实现专业精进。

## 二、从"育分"到"育人":课堂教学的转型发展

长期以来,人的本能性的惰性及安于现状的求稳心理,导致一定程度上的进取意识不强,缺乏改革创新精神。有的借口"稳大盘",甘当"别动队",满足于"应试教育"的"轻车熟路",只重"育分"忽视"育人"。要想从根本上扭转这一偏向,最基本的对策,是在教学过程中落实学生核心素养的培育。

### (一)坚持"核心素养为本"的教学

学生的核心素养是适应个人终身发展和社会发展的必备品德和关键能力。这是学生面对未来世界发展和自身发展的挑战,如何把核心素养落实到学校的教学中去,这是当前教学改革的最重要的核心任务。

目前满堂灌的教学方式,既违背了知识内在的逻辑规律,又违背了学生的认知规律,不可能真正培养学生的核心素养,因此必须改变目前的学习方式和教学模式。

核心素养必须在课程建设和教学模式两个方面去落实。两者相辅相成,相互联系,对立统一,缺一不可。在某种程度上说,当前创新学习方式和教学模式来实现课程建设提出的目标更为重要。

核心素养的落实如果仅仅局限在课程建设方面,我们编个有关于核心素养内容的教材,让孩子去记去背,去对付考试,那么核心素养不可能落实,因此落实核心素养必须以学习方式和教学模式的变革为保证。依据多年来的教改实践,以下五种模式是值得参考借鉴的。[①]

---

① 以"核心素养"为本的课堂教学 5 个特征[EB/OL].好教师微信公众号,(2023 - 10 - 27)[2023 - 12 - 28].https://mp.weixin.qq.com/s/aqxPWajBUUqbQc2-mnQErQ.

1. 层次化教学，满足学生差异化需求

学习就是自我建构，学习者利用已有的知识水平和认知能力，接收新信息，学习新知识，用新的知识构建自己的知识体系，能力体系，道德体系。因为学生已有的知识水平和认知能力有一定的差异，如果面对所有的学习者，用同样的方式提供同样的知识和信息，就不可能满足所有学生自我建构的需要。分层次教学的实质就是满足不同学生的差异化需求，这是一切从学生出发的具体体现，是对学生的最大尊重，也是实现有效教学和高效学习的最基本策略。在实际操作上，主要是教师用不同的方法去教不同的学生，在备课、上课、辅导各个方面根据学生的不同基础给予不同的教学服务。

2. 整体化教学，实现知识的横向联系

学习的最基本规律就是由整体到部分，再由部分回归到整体。对一个事物先有一个整体上的构架结构认识，再认识事物各个具体的部分，然后再找到部分与部分之间的关系，形成对事物的完整认识。现实中的教学往往是碎片化的教学方式，让学习者学习许多碎片化的知识，反复进行一些碎片化的训练，也就是强化知识点的学习，而不是让学生先把握事物的整体构架，再进行部分学习和研究，这样学生很难建立知识之间的横向联系，学生只见树木不见森林，不可能形成综合素质和核心素养，这就要求教师要对教材进行系统的整合，注重知识的横向联系，让学生既见树木，又见森林。实行大单元教学，就是为了扭转碎片化教学的做法。

3. 主题化教学，实现知识的纵向联系

学习者掌握了知识与知识之间的横向联系还不够，还要找到知识与知识之间的纵向联系。这就需要有一个整体的大知识观，由这个大知识观产生大教学观，这就诞生了主题化教学。

主题化教学要求教师根据学生的认知能力和知识自身的逻辑规律，不断挖掘和整合教材，按照一系列的主题进行教学。一些有经验的、教学水平高的教师往往在每一个学习阶段，就要进行一次主题式或专题式教学，让学生认识到知识模块与模块之间的内在关系，让知识形成大的模块。

4. 问题化教学，实现知识的横纵联系

学习都是从问题开始的，通过解决问题不断深化学习，在不断发现新问题中解决问题，又在解决新问题中发现新问题。通过解决外部世界问题建构自己的精神世界。通过解决问题实现学习与现实生活的联系，问题化学习既能体现知识系统化，又是一个在探索外边世界中自己个人精神家园建立的过程。我们从讲授中心的课堂转变为学习中心的课堂,中间有一个桥梁,这个桥梁就是问题化学习。因为问题化学习让我们所有的教学必须以学生为主线去设计,必须以学生的问题展开,必须让学生真实的学习过程能够发生。

知识要从碎片化、断点化的知识转变为结构化的知识,而结构化的知识其实就是问题化的学习,把真实的问题形成问题链,让学生在对问题的追寻中找到知识之间的横纵联系。

5. 情景化教学,实现由学习走向生活

真实的生活情景在以核心素养为本的教学中有非常重要的价值,学生在学校学过的知识和现实生活建立不起联系,原因就是我们的教学过程缺少真实的情景,只是把知识符号化。须知,知识符号是表达知识体系的,知识体系如果不同生活建立联系,只是把知识符号背熟、认知、复述,去对付考试,就很难让学生形成核心素养。因此,我们要设置大量的情景化的教学过程,让学生真实的学习能够发生。

要通过实验教学、学科活动、社团活动、社会实践等一系列真实的情景,让学生的亲身经历与学科知识建立联系。让学生真正体验到知识的应用价值和隐含着的文化精神。让学习者的价值观、情感、人生态度建立起来。

总的说来,把核心素养贯彻到教育教学中,就是把以人为本、以生为本、以学为本的思想体现到教学中去,真正实现课堂的育人功能。落实核心素养,一方面,要遵循知识内在的逻辑规律进行有效学习,真正实现构建知识体系和能力体系;另一方面,要遵循学习者的认知规律把学习同现实生活结合起来,在学习和实践中形成良好的品质和健全人格,让学习者真正形成适应终身发展和社会发展的必备品德和关键能力。

市北初北校始终坚持"把课堂交给学生,将素养落到实处"的教学理念,倡导在教学中注重激发学生的求知欲,让他们对每节课进行的学习任务产生兴趣,通过问题,启发学生举一反三,思考、交流。教师勇于突破既有教学经验,落实课改理念,尝试新型教学手段,把课堂时间交给学生,充分激活课堂氛围,使学科核心素养的培育在潜移默化、潜滋暗长中得到落实。

(二)拓展学生立体化的学习时空

立体化学习时空是一个多元化的学习环境,它整合了各种学习资源、工具和平台,形成一个立体的、全方位的学习空间。在这个时空里,学习者可以根据自己的需求和兴趣,灵活地选择适合自己的学习方式、学习内容和学习时间。

1. 立体化学习时空的主要特点

立体化学习时空的特点主要体现在以下几个方面：

一是资源整合。立体化学习时空将各种学习资源进行整合，包括传统的教科书、图书馆资源，也包括数字资源、网络资源等，使得学习者可以根据自己的需求快速获取相关资源。

二是形式多样。立体化学习时空中的学习形式多样，包括传统的课堂教学、自主学习、在线学习、移动学习等。学习者可以根据自己的学习习惯和喜好选择适合自己的学习形式。

三是时间灵活。立体化学习时空突破了传统学习的时间限制，学习者可以根据自己的时间安排和学习进度，随时随地进行学习。

四是空间多元。立体化学习时空突破了传统学习的空间限制，学习者可以在家庭、学校、公共场所等不同空间进行学习，使得学习更加方便灵活。

五是互动性强。立体化学习时空强调学习者之间的互动与合作，通过线上线下的交流与讨论，促进知识的共享与传递。

立体化学习时空的意义在于，它为学习者提供了一个更加开放、多元、互动的学习环境，有利于提高学习者的学习兴趣和学习效果，促进教育的公平和优质发展。同时，立体化学习时空也要求教育者转变教育观念，掌握现代教育技术，为学习者提供更加优质的教育服务。

2. 拓展立体化学习时空的探索

立体化学习时空的拓展，建立在师生共识、共建、共享的基础上。在这方面，结合新优质建设和强校工程，我们主要做了三件事：场馆教学，拓展"强校"时空，优化校外延伸；项目学习，深化"强校"内涵，赋能学生发展；活动育人，坚持"强校"初心，提升学生素养。

(1) 校馆结合——"场馆教学"

我们知道，经济全球化时代，许多高、精、尖产品是跨区域、跨领域、跨行业协作完成的，唯有如此，才能最大限度地释放生产力。教育作为人才生产，也是同样的道理。

今天的教育，单靠学校单打独斗显然已经跟不上时代的步伐。近几年，我们与有关科技馆、博物馆等签署协议，展开全方位合作，大力开展场馆教学。我是把场馆教学提到有效利用社会资源、壮大教育生产力的高度来认识和实施的，通过校馆合作，力求达到 1+1>2 的育人效果。

关于教育生产力(Educational Productivity)，人们倾向的看法是指"构建和维护教育系统的能力,它不是一种物质生产力,而是一种知识生产力"。① 从教学层面考察,有研究认为,"我们可以把教育系统看作是教学系统、课程系统以及评价管理系统的整合。教育生产力则具体表现为作用于微观教学系统的教学设计能力和教学实施管理的能力、作用于宏观课程系统的课程开发能力和课程实施与管理的能力"。②

按照上述定义,教育生产力必然是一种知识技术的生产力。无论我们具有多么先进的计算机网络和配置优良的教室,我们的教育水平也不会自动得到提高。这就意味着,教育生产力的生命力在于:教育运行过程中的实践力和创新力。以下是我们在实践中的认识和举措。

第一,场馆——教育生产力生产的独特资源。

教育生产力在一定程度上表现为通过教学活动激发学生的创生能力,它主要是借助于课程来实现的。因此,如何提升各门课程的教育生产力,这是我们必须高度关注的问题。

中国历史波澜壮阔,中华文化源远流长,留下了难计其数的文明财富。根据2012年底的数据,全国建有3 589所博物馆。上海这样的大城市,博物馆、纪念馆的数量达到120所,其中行业博物馆达43所,科普教育基地达到270多家。场馆资源可谓丰富多彩,是城市教育的优质资源。③

从教育的视角来看,场馆是有意识地为达至一定的教育目的而设计的物理空间,它是学生认知、联想、实践、创造和延伸学习的空间。可以说,场馆是教育生产力生产的一种独特资源,一所场馆就是一部物化的百科全书。

教育部《义务教育思想品德课程标准(2011版)》第四部分在"课程资源开发与利用建议"中明确提出:"课程资源既包括学校内的教育资源,也包括学校外的各类社会机构和各种教育渠道所蕴含的多种教育资源。教师应树立融合、开放、发展的课程资源观,整合并优化课程资源,充分发挥各种课程资源的人文教育功能,使之为课程实施和教学服务。"依据这一关于课程资源的定位与开发利用建议,我校多年来进行了多项教改实践,以切实提高学校的教育生产力水平,其中,场馆教学就

① MBA智库百科.教育生产力[EB/OL].(2017-03-01)[2019-06-10].https://wiki.mbalib.com/wiki/%E6%95%99%E8%82%B2%E7%94%9F%E4%BA%A7%E5%8A%9Bl.

② MBA智库百科.教育生产力[EB/OL].(2017-03-01)[2019-06-10].https://wiki.mbalib.com/wiki/%E6%95%99%E8%82%B2%E7%94%9F%E4%BA%A7%E5%8A%9Bl.

③ 一米微秀.场馆教学——一个未曾被重视的教学秘方[EB/OL].(2018-05-02)[2019-06-22].http://blog.sina.com.cn/s/blog_548c7a6f0102xox9.html.

是一项有益的探索。

第二,场馆教学——教育生产力生产的新兴载体。

场馆除了对学生的学习具有现场性、开放性、直观性等一般特征以外,它所提供的教学形态有其特殊性:场馆中的教学不像学校教室里的教学那样结构化,也不像家庭中父母子女间的交流那样比较"随意",场馆教学须通过场馆中实物、模型的布置,配合图片、文字说明等,让学生经历自主的、相对自由的、构建式的学习过程。换言之,场馆教学没有固定的学习流程,教学方式通常是非结构化的,是主体可以根据各自的经验、兴趣自由选择的。

就学生而言,场馆学习对其早期学习经验的形成具有独特的作用。研究表明,儿童的早期学习兴趣是通过与他人的互动、观看电视、参观博物馆、去图书馆借阅等活动形成的,进而产生深度学习,积累大量专题知识,逐渐形成类似学科专家的知识领域。

场馆学习与常规学校学习存在一定的差异,了解场馆学习的特点,有助于我们了解并思考如何将这种学习整合到课堂教学中去。有学者研究认为,场馆中的学习具有三大特点:

一是场馆学习是兴趣和内在动机驱动的学习。博物馆被称为"好奇心的陈列柜"。在场馆中,令人惊叹、大体量的展项或可以动手操作的展品往往能激发起学生的兴趣。从学习动机上看,学校中的学习会受成绩、他人表扬等外在动机影响;而在场馆中,学习的发生和维持主要依靠好奇心和个体兴趣的驱使。

二是场馆学习是情境化的学习。学校教育常常被指责为抽象的、去情境化的,因而常常受到质疑。情境学习理论的研究者们认为,知识是情境性的,学习应该是处于某种情境中的学习,它是活动、情境和文化相互作用的结果。该如何将教学与情境相结合,如何将场馆融会于学科之中呢?场馆的主要功能就是构建学习情境。场馆利用其多样的展示手段、实物和实地,营造出教室无法提供的空间环境和学习中介。这对学校主要依靠纸质教材和网络资源的教学方式是很好的补充。

三是场馆学习是自由选择的学习。当下的学校仍带有明显的工业时代特征,对学习内容、学习方式和学习结果都有严格的限定和要求,学习者没有太多的自主空间。场馆中,学生通常可以自由地选择学什么、怎么学、学多久、和谁一起学。因此,美国学者福尔克(Falk)也把场馆学习称为自由选择的学习。①

① 一米微秀.场馆教学——一个未曾被重视的教学秘方[EB/OL].(2018 - 05 - 02)[2019 - 06 - 22].http://blog.sina.com.cn/s/blog_548c7a6f0102xox9.html.

需要进一步探讨的问题是：那么如何将场馆学习的经验整合到学校学习中去呢？作为学校，我们关注的是场馆学习能为课堂教学带来什么？如何进行场馆教学的操作？场馆和学校学习的整合并不是简单意义上的物理环境的叠加，单纯地带领学生去参观一次博物馆并不能带来多大的成效。学校作为设计者，可以通过参观和课程的设计，帮助学生把不同的情境中的经验联系起来。从学校的角度出发，目前最切实可行的方式是以下两种：

一是实地参观。参观场馆是很多学校都会进行的一项活动。但我们在实际研究中发现，不少参观还停留于一次性的春秋游模式，学生的参观行为和参观旅游景点类似。教师对学生也少有引导，全权交给讲解员负责。而从国外的研究和我们的本土实践中发现，参观前如何设计导引活动、参观时如何提供学习支架和参观后如何与课堂连接都是需要设计的。

相关的场馆学习研究表明，如果教师在参观前为学生预先准备必要的先前知识，学生在参观中注意力会更集中，且学习效果也更好。参观时，如果教师能引导性地提问或设计辅助学生参观的学习单，则能帮助学生在纷繁的展品中聚焦合适的学习内容。而参观后回到课堂的回顾活动能帮助学生巩固场馆学习的效果。

二是结合课程。另一种整合的方式是与学校的原本课程或常规课结合。如果对照上海的综合型、专题型和行业及高校博物馆，常能发现对口的场馆。在课程的设计和实施中可以反复参观同一个场馆，深入学习同一个专题；或围绕一个学习内容，参观多个场馆中的相关展项。目前上海也有部分以场馆学习为特色的学校，依托校外的专家资源，设计主题式的学习课程，将高校的研究所、博物馆、企业作为资源，围绕探究内容设计成系列的参观课程。[①]

这两种设计方式点面结合，都能让学生认识到书本上的学科知识在生活、行业领域的实际应用，体验从接受者到发现者的学习身份转变。

多年来，我们的主要实践，就是坚持各类馆资源的合理利用，开发场馆教学的校本课程，每学期至少两次将学生带入上海市各大场馆进行拓展和探究性学习。通过整合三类课程，将教学内容与具体场馆挂钩，增加教师教学的互动性和情境性，以此丰富学生课程、拓宽学生眼界、提升学习效能，力求适合学生个性化学习的需求，并在此过程中渗透核心素养的培育。

基于学习效能提升，学校开展了"3W浸润式场馆教学"的研究和实践，旨在全

① 一米微秀.场馆教学——一个未曾被重视的教学秘方[EB/OL].(2018-05-02)[2019-06-22].http://blog.sina.com.cn/s/blog_548c7a6f0102xox9.html.

员(Whole students and teachers)、全学段(Whole process)、全学科(Whole subjects)开发利用各类场馆资源,使之成为向课堂外延伸的学科活动载体。我们先后开发了17个场馆学习项目,利用每个学期期中、期末考试后的半天时间开展全员、全学段、全学科的场馆学习,让孩子们走进场馆,利用场馆资源,巩固知识、拓宽眼界,培养能力,激发兴趣,潜意识地培养孩子的历史观、发展观、科学观,即培育学生适应社会发展的关键能力和必备品格。通过多年的努力,学校逐步构建起和田模式的"3W"场馆课程体系,让不同水平学生都能有所收获,使课程效能更大化,并对标中考改革综合素养评价,形成我校的评价标准和流程。

第三,浸润渗透——场馆教学的主要方式。

我们的场馆教学定性为"浸润式",意思是指老师将自己的教学意图渗透在特定的情境之中,借助活动过程的推进,通过师生间积极的交往与互动,帮助学生习得社会性知识,初步形成积极的社会性情感体验,这实际上也是一种以体验为主的教学方法。

其实,实施场馆教学,离不开场馆这一物质条件,但又不一定拘泥于具体的"场馆",或囿于实在的"现场",所以我们将"浸润"定位于"特定的情境",包括"虚拟场馆"(或"虚拟现场")。借助现代信息技术,通过录音、摄像、广播电视等技术运作,我校的场馆教学常常以"不在场馆的场馆教学""非现场的现场教学"的形式展开。如我校在上海市铁路博物馆进行的场馆教学,就是事先组织学生现场参观,师生共同做好摄影、录像、录音和纸笔记录,在掌握大量第一手资料的基础上,择机在学校实施课堂教学的。这是一次传统教学方式和经典场馆教学的无缝对接,是两者的有机统一,教学效果比较理想。

因此,我们需要确立"大课程"的教学理念,用"大课程"的眼光来认识和实践场馆教学。这就意味着,3W课程不仅只发生在教室与场馆之间,学校的其他活动,学校的环境也可以体现场馆学习,让学生全方位置身于场馆学习的氛围中,此即所谓"渗透"。比方说,结合升旗仪式、主题班会、中午广播、教室布置等德育阵地来让学生聊聊自己喜欢的场馆,展现精彩的参观学习体验;通过年底游园会,让每一个教室变身为一个个"博物馆",通过各种形式展示展品,吸引"游客";举办场馆教学嘉年华,各个场馆拿出自己的学习成果加以展示;在校园文化布置中体现场馆元素;校园里的 steam 都市植物园,也成了一个丰富多彩的学习展馆。

第四,综合提升——场馆教学的实施要点。

场馆教学寓教于"馆",使学生的学习走出传统的教室课堂,走进时空无限的社会大课堂,有利于拓宽学生的思维及视野,给予学生更多的实践机会。这样的教学与当下人们倡导的PBL学习模式(Problem-Based Learning,也称作问题式学习)有着高度相通、相融之处,我们目前正在做这方面的实践探讨,即实行场馆教学项目式学习。我们感到,实施过程中必须抓好六大环节:

一是任务驱动。实行场馆教学项目式学习,首先需要以明确的学习任务作驱动,让学生明确学习的目标和要求。如初一年级以上海铁路博物馆作为项目学习基地,教师为学生规定的学习任务是:为上海铁路博物馆设计一条适合初中科学学科学习的参观路线。学生通过初中科学课程相关内容学习以及参观上海铁路博物馆,利用多媒体软件等多种方式,设计反映铁路发展史和铁道运输科学知识的"上海铁路博物馆参观路线",从而应用科学知识,了解设计参观路线的一般规则。学生按照一定的设计原则,分若干小组进行自主设计,除完成了详细的设计方案外,最终还完成了探究学习报告。

二是问题导向。场馆教学应围绕核心问题有序推动"教"与"学"的进程。所谓核心问题,是指与场馆关联的学习、活动需要解决的主干问题,并依此建构问题链。其实,核心问题也即PBL模式中的"驱动问题"(driving question)。我们比较倾向于采用"核心问题"的提法,对"驱动问题"的提法持保留意见。这是因为:任何问题都有驱动思维的功能,它们可以有很多;而按照PBL模式的本意,"驱动问题"是"牵一发而动全身"的问题,是导向高阶思维的开放性问题。很显然,这样的问题一般就是一个,且处于"核心"地位,理所当然地成为"核心问题",其他问题则围绕其一一展开,形成"问题链",亦即PBL模式中的"内容问题"。所以,核心问题的设计,是PBL模式教学的关键环节,当然也是场馆教学的关键之所在。

问题明确后,须以问题为导向,利用场馆资源使学生在一个个真实的问题情境中对事物展开逐层深入的探究,解决问题的过程类似学科专家的研究过程,学生在探究过程中学习及应用学科思想、知识和方法。以上海博物馆青铜器馆项目学习为例,核心问题是:如果你是青铜器博物馆馆长,你将选择什么主题开设展览吸引游客? 你会用什么展品或形式来呈现你的展览主题? 由核心问题生发的问题链,如什么是青铜器—青铜器是用来做什么的—青铜器有哪些种类、花纹—青铜器是如何铸造的—青铜器上的铭文都在讲些什么—如何从博物馆里获取你要的信息—博物馆是如何展示展品的,等等。通过这些问题的探讨,学生看到的不只是青铜器展品的真容真身以及有关的文字、图片,而且了解了展品的许多知识及其背后的故事,是一次实实在在的文化熏陶。

　　三是自主体验。"浸润"即"体验",场馆教学的根本意义在于变学生的被动性"接受"式学习为主动性"体验"式学习,使学生在学习过程中自主地去发现、思考、感悟。比方说,为了提高学生对毒品的认知和抵御能力,增强自我保护意识,加大禁毒宣传力度,国际禁毒日前夕,我们组织学生前往上海市禁毒科普教育馆开展项目学习。在禁毒科普教育馆,全体学生跟随场馆讲解员观看和聆听了"青春有悔""毒品近在你我身边""毒品是罪恶之源""禁毒关乎民族存亡""戒毒是唯一出路""千万不要吸第一口"及"禁毒有我"等几个主题展区。馆内运用现代展示手段和传媒技术,结合实物陈列、影视播映、图片展示、漫画表现、互动参与等,寓严肃的禁毒教育主题于生动的展示体验之中。通过这次学习,同学们充分认识到了毒品对个人、家庭、社会乃至国家、民族的危害,并了解了毒品使人成瘾的机制,同时对于"青少年为什么会成为毒品的主要受害者""怎样远离和拒绝毒品"等社会普遍关注的问题有了清晰的认识。同学们认真完成学习单中的各项任务,"禁毒有我,珍爱生命"成为大家共同的心声。这样的自主体验,关键是要增强"自主"成分,处理好"身临"与"心入"的关系,让学生学会观察、学会思考。

　　四是学科关联。"3W"之一是"Whole subjects",即全学科。其要旨在于以场馆为媒介的项目学习须淡化学科界限,注重学科融合。因此,学科关联主要是学科间的联系、整合、融合。联系,是指建立学科间知识技能等的关联;整合,是指对这些知识、技能的理解;融合,是指同一主题下各学科相关知识的融会贯通,对原有认知体系的重组和新的认知体系的建构。如初一年级学生参观上海宇航科普中心,教师通过在参观过程中记录学生对飞机的机翼、动力、材料等要素的疑问,通过纸飞机试验及动力飞行器试验,指导学生结合数学、科学、物理学科的学习,学会使用Excel中的函数散点图,分析飞行器机翼的面积、弧度、材料的特点,运用行程问题公式解答飞机向上升力的原因,利用三角形的特点解释战斗机机翼的力学特征,等等。这种学科间的关联学习,对于培养学生的高阶思维、创新能力,其意义是不言而喻的。

　　五是多元转化。首先,将见闻转化为思想。这里的"思想",是指思考、求索后的感悟、心得。比如,徐光启纪念馆是为纪念明代著名科学家徐光启而建,是上海极具历史底蕴的科普教育基地之一。在讲解员的带领下,同学们了解了明末大家徐光启先生的个人事迹和他的发明创造,了解了几何原本是如何来到中国的,并明确了中西方文化沟通的重要性。正是因为传教士利玛窦和徐光启亦师亦友,带来了很多当时先进的思想和文献资料,并从几何原本中得知了古代勾股定理是如何得出和证明的。再如参观上海自然博物馆中的上海故事展馆,通过了解上海的历史发展和环境变迁,同学们认识到城市扩张对生态环境具有正负多方面的影响,知道了人们为改善环境所付出的巨大努力,增强了乡土情怀和人地协调观,确立了为把上海建成高标准宜居城市贡献一分力量的自觉意识。许多同学纷纷表示,这样的场馆项目学习使自己拓宽了思维、扩展了视野,收获很大。

其次,将知识转化为能力。知识形态的东西变为能力形态的东西,这是学习过程中的一种飞跃,场馆教学为这一飞跃提供了极好的条件。例如,通过音乐课程相关内容的学习以及参观上海东方乐器博物馆,了解东南亚乐器的基本知识,能联系展馆物品,找出与其相关联的乐器,用学过的音乐知识提升对音乐作品的赏析能力;通过初中科学课程相关内容的学习以及参观上海科技馆,了解重力、平衡力、太阳系的基本知识,联系展馆物品,找出相关的现象分析思考,用学过的科学知识解决实际生活中的问题;通过初中化学课程相关内容的学习以及参观梦清园,利用各种探究方法和多媒体手段,应用水样分析、净化水的原理等化学知识,设计一条净化苏州河的简易流程。

最后,将认识转化为实践。实践着的东西才具有生产力的属性,因此,项目学习特别强调其实践诉求,这也是我们一直着力探讨的问题。譬如,结合语文课开展参观鲁迅纪念馆的项目学习,通过课外的探索研究,以查找资料、实地体验等方式,学生了解了当时的时代背景,深刻感受到了鲁迅先生以爱国救民为己任的高尚情怀,以"我眼中的鲁迅先生"为主题,每人编辑一份小报介绍鲁迅先生,发表自己的认识和见解,并在班级或全校展示交流;通过初中艺术(美术)课程单元"有个性的艺术家"相关内容的学习以及参观中华艺术宫中"海上明月共潮生"展览,利用绘画、摄影、多媒体软件等多种方式记录学习过程,感悟林风眠的艺术个性,设计编辑学习成果集。

上述三个转化的过程,其实就是学生学、思、行的过程,三者密切联系,相辅相成。

六是学习评价。我们开发了"项目学习设计模板",从项目主题、项目目标、教学过程、资源利用、评价计划等方面进行多方位的考量,特别是依据场馆教学的特点和要求,在学习评价中将观察思考、完成任务、交流表述、思考诘问等作为重点指标,按照四个星级做出评判,并实行教师评价与学生评价相结合,学生评价实行自评和互评相结合。特别需要指出的是,对项目学习课的评价没有统一的标准,而主要是个性化的评价。

以上六大环节，当然也是场馆教学的实施要点，它们共同指向于促进学生综合素质的提升。这也是场馆教学项目式学习比之单一学科教学更显其优越性的特质所在。多学科融合，学思行联动，这样的学习才是生动活泼的、高效能的学习。

当我们以专题研究的眼光来审视"3W"课程时，我们看到了阶段进展，更看到了不足。"3W"课程的教学设计加强了展馆资源与基础型课程的知识点、能力点的对接与落实，加深了学生对学科知识的记忆和理解，但"从知识到知识"的痕迹依然存在，"转化"的力度有待进一步加强。问题主要表现在：

其一，场馆教学的时空有待优化。经典的场馆教学一般是在场馆中进行的，但在实践中会有许多限制或局限，如人数不能过多、现场难以进行公开教学、时间安排常有冲突，等等。

其二，课程开发和学习形式单一。现有学习单模式不足以达成学生的深度学习，依旧停留在"信息式"的学习层面，多在解决单一问题。这就是"Question"和"Problem"的区别。

其三，个性化需求未得到充分满足。通过访谈，我们发现学生对课程的兴趣度不一，除了刚提到的学习形式影响兴趣度外，个性化需求未得到满足也是重要原因。

其四，场馆资源还未充分使用。老师们利用的场馆资源主要是展品、说明、馆内互动装置、展馆网络资源、讲解员，与馆方的深度合作，对资源的整合力度还不够。

其五，课程管理和实施线条与规范还需完善。

其六，全面浸润的理念在校园文化上还未体现。

针对这些问题，学校层面的主要对策是：

一是灵活运用资源，扩展教学时空。

注重研究"不在场馆的场馆教学"问题，建立一种"场转移"机制，借助现代信息技术，充分利用录音、录像等手段，灵活运用场馆资源，尽可能扩展教学时空。我们在这方面的实践证明：只要对事前、事中、事后有一个科学的安排，通过提前介入、小组合作、情境再现、集中交流等方式，场馆教学的一些局限是不难克服的。我们还将探讨建立"在线的网络博物馆"，相信"非现场场馆教学"同样是可以大有作为的。

二是不同模式结合，广度深度兼顾。

之前提到现有的学习单模式有其利弊，PBL模式则提供了深度学习的可能，因而成为世界比较公认的学习法。通过之前的培训，老师们知道了PBL教学是基于问题或项目的教学,其模式是"以学习者为中心的一种教育模式,它强调把学习设置到复杂的、有意义的问题情境中,通过学习者合作解决真实性的问题,学习隐含于问题背后的科学知识,加深对知识的理解和应用,培养解决问题的技能,形成自主学习的能力"。①

对于学习单学习,我们并不是将其作为一种"模式",而是作为一座"桥梁",其间需要处理好一种关系——预设与生成,比之传统的课堂教学,PBL模式下的项目学习、场馆教学,应该更为注重"生成",这也是教师在设计学习单时必须认真思考和对待的。

PBL教学要求活动组织模式是以学生小组或更广泛的团队形式开展协作性的活动,一同寻找问题解决的方法。老师要在学习过程中给学生提供"脚手架",帮助学生在活动参与的过程中提升能力。PBL项目最终需要创制出一套能解决问题的可行产品,也就是场馆课程的可视化成果,予以公开分享。其间,要正确处理好学习单与"个性化"的关系,既有共性的要求,又有个性的关照,同时还要强调多学科协作、跨学科学习。必须明白,项目学习是一种多元学习,目标多元、内容多元、方法多元,当然也要力求收获多元,让学生感到项目学习一节课的收获大于某门学科学习一节课的收获。所以,项目学习要有"跨学科"意识,不能只从单一学科出发,所谓拓展、探究,旨在培养学生的综合素养。这就是它与传统观念里的学科课程教学不一样的地方。目前,我们正在深入探讨"一个主题,多门学科"的场馆教学项目式学习方式,使学科关联进入更高层次。

三是必修选修结合,对标综合评价。

新中考改革的综合素质评价,要求初中学生四年内必须完成一篇研究学习报告,或者科学实验报告,或者社会考察报告,或者创新作品说明。因此开展项目学习也是应对中考改革的需要。学校课程设计既要满足面上学生的需求,同时也要为学生提供个性化课程服务。以学习单模式的场馆学习可以使所有学生完成探究学习报告成为可能,学校依旧利用每学期期中、期末考试后的时间开展此模式的课程学习,并作为必修内容,也就是4年初中要去满14个场馆,完成14份学习单。但这是不够的,学校应该为有个性化需求的学生提供平台,PBL模式更适合整合拓展、探究型课程,我们可以通过两类课程以做小研究的形式让学生按照自己的兴趣在升入初三前选修部分场馆PBL项目,结合常规学习单模式完成初中综合素质评

---

① 刘柳.浅谈PBL中问题的设置[J/OL].高教论坛,2006.8(4):39(2016-03-23)[2019-06-28].https://wenku.baidu.com/view/62b645501a37f111f0855bc6.html? from=search.

价中社会实践的学分。这是我们将来把 3W 课程与综评结合起来的一种方式。因此,3W 课程如何对学生进行赋分评价,也是下一阶段我们要思考的问题。

四是加强馆校互动,提高合作效益。

注重促进馆校之间的相互了解、互动、联动。各相关场馆为我们的老师开发和实施课程提供最大的便利,老师们充分利用场馆的丰富资源,在广度和深度上加强整合。学校在获取场馆资源的同时,思考如何从课程层面与相关场馆开发共赢项目,使各类场馆建设得更加完善,作用发挥得更为充分。

五是管理条线清楚,明确任务要求。

3W 课程 PBL 项目的实施会使我们的课程更立体、更丰满。既突出面上的教学需要,也更体现满足学生的个性化需要,相信也会促进学生学习方式和教学方式的改变。为了使 3W 课程更有效地开展,在课程开发过程中,要发挥好教研组、青年教师、场馆学科年级相关老师的作用。

PBL 项目由学校教导处管理负责,具体由科研室和两类课程教研组实施,各教研组协同推进。教研组层面的主要工作为:

首先,教研组长组织学科组找问题,即 problem,找出若干个可以开展 PBL 项目的知识点。3W 课程始终坚持与国家基础课程相结合,与拓展型、研究型课程相结合,与中评改革相结合。因此,找出与学科结合的问题点是关键。具体实施尽可能与场馆结合。

其次,确定项目实施具体人员。在各学科推选和帮助更多青年教师参与 PBL 课程开发。学校将 3W 课程纳入青年教师智慧成长工程,对每学期任务做一定调整,突出重点工作,优化其他环节。

最后,在问题确定和人员确定的情况下,完成初步课程设计,再由教研组组织修改,然后进入 PBL 项目实施,同时组织安排好场馆学科年级相关老师做好活动前后准备、总结和评价工作。

在学习单模式课程开展过程中,要求学科年级相关老师们也一起参与到课程的管理工作中,在自己的班级做好活动准备、指导、总结和评价工作。

六是环境全面浸润,共育特色文化。

我们相信自己在课程变革中做的所有努力是有意义的。在未来,不管从事什么职业,擅长记忆多少信息并不重要,能够根据真实世界中的真实问题去获取信息、协同他人、解决问题,在这个过程中真正认识自己、了解社会,并掌握终身学习的能力,这些才是教育的重点。一言以蔽之,提升教育生产力不能囿于传统的学校课堂,而要将眼界拓展到社会这个大课堂中去,后者可能更具魅力、潜力和活力。我们将通过 3W 课程,借力新的课程形式,使我们的教育实行环境全面浸润,并努力形成学校的文化特色,从启程到再出发,我们将不断砥砺前行! 我们相信,"3W"浸润式场馆教学的课程实践,不仅能够促进我校的特色文化建设,也必将促进我校教育生产力的提升!

(2)多路径融合——"项目化学习"

市北初北校教学领域的改革,这几年主要是以项目化学习为引领,带动和促进各学科的教学观念的更新和教学行为的转变,大力促进跨学科、跨领域学习,全方位提升项目化学习的质量和效益。

第一,建立"跨界融合"思维,凸显项目化学习的前瞻性。

一是"跨界——互联"。"跨界"理念,体现了新课标的世界眼光。有专业人士指出:"解决复杂的问题,特别需要具备跨学科能力,这样才能在不确定性中增加成功的概率。"①跨界,在教育教学领域主要体现为"跨学科学习"。解决复杂的问题,特别需要具备跨学科能力。新课标提出"各门课程用不少于 10% 的课时设计跨学科主题学习",彰显了向外部世界学习、与世界趋势接轨的新思维。在这方面,我们已经做了一些有意义的探索,特别是我校馆校结合、场馆教学,成为跨学科学习的有效平台。如上海铁路博物馆、上海自然博物馆等,为我校学科教学及其发展"文理跨界""体艺跨界""科艺跨界"等提供了很好的学习和实践基地。

二是"融合——互动"。多学科融会贯通、交相辉映,收一举多得、事半功倍之效,一直是我们推进项目化学习的追求。项目学习一定要有"融合""互动"意识,不能只从单一学科出发。前瞻地看,多学科融合,学思行联动,这样的学习才是生动活泼的、高效能的学习。因此,进行项目化学习,一定要让学生感到项目学习一节课的收获大于某门学科学习一节课的收获,这才是融合、互动的实质所在。目前,我们正在深入探讨"一个主题,多门学科"的项目化学习方式,使学科关联进入更高层次。

第二,与学校课程结合,展现项目化学习的多元性。

项目学习是一种多元学习,目标多元、内容多元、方法多元,这也是项目化学习比之单一学科教学更显其优越性的特质所在。新课程方案中不仅提出了"坚持素养导向"奠基未来,而且在具体学科标准中,都提出了"学科核心素养"。新课标以

---

① 校长会 观察."新课标"你读透了吗? 若想教学不"翻车",校长需要搞懂这 3 点[EB/OL].微信公众号:校长会,(2022 - 05 - 05)[2022 - 05 - 05].https://mp.weixin.qq.com/s-59jH1-8AyPsX5dbN1bCpQ.

"正确价值观、必备品格和关键能力"界定素养的内核,既是对纷繁复杂"素养说"的科学梳理与归纳,同时也在期待着一线学校和教师围绕内核,调整教育教学内容和方法,真正对学生的未来负责。

首先,项目化学习融入基础型课程。

基础型课程在教学中占比最大,有效地将项目化学习融入基础型课程教学中,才能发挥其最大效用。学校在基础型课程"上好第一讲"的成功做法中融入项目化学习教学模式,让上好第一讲的"好"不只停留于学生的"掌握",而是注重对学生的"启发",在以满足学生好奇的基础上,经由项目让学生能"因材而启"与"因时而启",让学生达成理智兴趣的深度扩展,从而让个体理智兴趣向着时间与空间之维度不断地自我超越。

如语文学科,语文老师按照语文课程目标设定项目学习的目标,用驱动问题激发学生学习兴趣,在微报告、微论坛、故事编写、故事表演和分享等任务中进行言语实践活动,设计合理的评价维度对学生的学习过程和学习成果进行评价。在学生自主探究的过程中实现学科知识的学习和能力的提升。

再如历史学科,利用主题场馆,将历史叙事过程中被分割在不同的教学章节的相关内容串联起来,体现证史路径。以"国歌展示馆"为例,在《中国历史》第三册第26课讲到了20世纪初以后,中国文艺创作空前繁荣,涌现出一批优秀作品,其中就有聂耳的《义勇军进行曲》。在第18课"从九一八事变到西安事变"中就已经提及"义勇军",如何将相关教学内容有机整合?通过自行参观完成学习单以及教师讲解,学生将达成以下学习目标:艺术作品是如何证史的?难点在于中国共产党在《义勇军进行曲》从创作到国歌发展过程中的重要作用。由于不同于一般的课堂教学,在场馆的情境氛围里,学生们回答问题的积极性被更好地调动起来,在丰富史料的铺垫下,在老师步步深入的提问引领下,学生们最终得出在国歌诞生、流传、确立的过程中,一直有一股力量伴随着《义勇军进行曲》,那就是中国共产党的领导!中国共产党顺应历史潮流,顺应民心,在全民族抗战中发挥了中流砥柱的作用,指引前进方向。艺术作品不仅反映了创作者的思想认识,也折射了时代特征、社会风貌。

其次,项目化学习赋能拓展型、探究型课程。

学校整合拓展型、探究型课程,利用每学期期中、期末考试后的时间,组织全体学生开展学习单模式的活动,并结合学习单模式完成初中综合素质评价中社会实践的学分。同时,学校为有个性化需求的同学提供平台,以做小研究的形式,让学生按照自己的兴趣,选修项目化学习。通过项目化学习,指导学生完成一份探究学习报告。

此外,我们加强了学校课程的多学科融合。如信息技术课与 STEM 课程相结合,充分利用 STEM 培训中心的课程拓展学生的视野、促进学生思维能力的提升;结合劳动教育,学校贯穿于预备到初二的"智慧田园"课程,旨在培养学生的科学思维、探究方法、实践能力和创新精神。学校建立和完善了涵盖国家基础课程、信息技术课程拓展、信息技术与工程技术整合、科学探索与创新四个部分内容的长课程体系。

第三,开展各类活动,突出项目化学习的实践性。

新课标中提出了"学会交往,善于沟通,具有基本的合作能力、团队精神"。欲达此目的,在学校教育场景中,要设计丰富多彩的活动,教师也应该在学科内组织丰富的活动。北京师范大学教育学部郭华教授指出:"跨学科是一定要让学生自己活动起来,不仅是外显的活动,脑内的思维活动更重要。"①由此可知,在项目化学习中,活动显得极为重要。实践中,我们除了在三类课程中关注项目学习活动外,对少先队项目学习活动也给予了高度重视。我校少先队大队部的项目化学习活动是每年一直在做的,主要是聚焦德育,促进学科教育与道德教育的互融共进,使德育要求转化为学生层面的自我需求。大队部自身建设也是项目化实施,如通过提案收集问题,针对问题进行问卷、分析,寻找解决策略、路径,形成解决方案,并在少代会上进行项目活动展示,最后在学校支持下形成产品。我校组织开展的大队部项目化学习活动,如交通志愿者活动——"维护交通秩序,方便你我他";环保公益活动——"环保文明靠公益还是靠法治";少先队小调查——垃圾分类社区执行情况应对;少代会提案追踪——学校爱心伞的设计和管理;红领巾长期议事管理形式的设计——"领巾携手,校园共管共建"。此外,还有"辩而论道"辩论活动的设计和开展、传统文化活动开展的调查与设计、校园图书漂流活动的设计、中餐菜单优化的调查与红领巾套餐的设计、厕所卫生纸浪费情况的调查,等等。

项目化学习之所以为人们所普遍关注,是因为有其存在的特别意义,如富于个性的操作方式、优于常规的整体效益、利于师生综合素养的提升等。概言之,项目化学习能使学习活动"增值"。

首先,学生学有所获。项目化学习使学校课程更立体、更丰满,既突出面上的

---

① 郭华.为什么新课标要求每门课都开发跨学科主题[EB/OL].微信公众号:教育之窗,(2022 - 04 - 21)[2022 - 05 - 15].https://mp.weixin.qq.com/s/LXxdTYIt0aks8d4HfMn3gw.

教学需要,也更体现满足学生的个性化需要,促进了学生学习方式的改变。学生在真实的实践情境中开展各种知识、技能与道德情感的实践体验活动,学会手脑并用、学思结合、知行统一,获得最为直接的学习经验,锻炼了自主学习、终身学习的能力。项目化学习使学生拓宽了视野,他们可以开放地、能动地学习感兴趣、有意味的东西,使他们的文化基础、自主发展、社会参与等核心素养潜滋暗长,日积月累。项目化学习转变了学生的学习方式,培养了学生的综合素养,涌现出许多优秀作品与文章。实施强校工程以来,学生获奖人数与层次也大幅提高,有 150 多人获得各级各类奖项,其中国家级 2 人,市级 59 人,区级 94 人。

其次,教师教有所长。项目化学习为教师智慧之教、高效之教提供了用武之地,使大家得以实现从单科独进到多科偕行的转化,促进了教师的专业发展。在一个项目中,教师不仅是传统认识上的老师,还可能被赋予其他角色:项目经理、主持人、教练、检验员,等等。这就需要教师具有多方面的素养:学会授权、放手、辅导;引导项目推进,优化学习探究过程;为项目学习建立积极和谐的教学文化;正确处理常见问题或突发事件,确保项目顺利推进;指导学生进行学习回顾及开展自我或小组评价;收集和保存学生学习成果样本;开辟适当渠道,展示项目学习成果。这一系列操作,不仅转变了教师外在的教学形式,也深化了教师对教学方式的理解。最值得称道的是,在项目化学习中,一线教师直接参与研究,理清了本质问题与驱动问题的区别,明确了核心知识获取的途径。于是,留给学生思考的时间多了,师生互动的时间多了,教师的专业素养在潜移默化中得以提升。让学生在真实的实践情境中开展各种知识、技能与道德情感的实践体验活动,学会手脑并用、学思结合、知行统一,获得最为直接的学习经验,促进学生核心素养的提升,培养学生终身学习的能力。

最后,学校教育生产力增长。一是借助现代信息技术,灵活运用项目资源,尽可能扩展教学时空。我们在这方面的实践证明:只要对事前、事中、事后有一个科学的安排,通过提前介入、小组合作、情境再现、集中交流等方式,便可使项目学习切实可行、高效。二是不同模式结合,广度深度兼顾,教学效益倍增。以学习单为例,我们并不是将其作为一种"模式",而是作为一座"桥梁",注意处理好预设与生成的关系、学习单与"个性化"的关系,强调多学科协作、跨学科学习。三是学校管理改进,教学管理条线清晰,执行力明显增强。项目开发实施由学校教导处管理负责,具体由科研室和两类课程教研组实施,各教研组协同推进。四是人文环境全面浸润,共育、共享、共进,特色文化形成。在学习过程中真正认识自己、了解社会,并掌握终身学习的能力,这些才是教育的重点。借力项目化学习方式,学校办学的空间将会更为广阔,学生的发展将会更加多元、高远。

总之,项目化学习的实践,增强了教育运行过程中的实践力和创新力,从而提升了教育生产力;最重要的是,项目化学习使学生核心素养的培育找到了符合他们自身个性和特点的途径。

项目化学习风头强劲。它为什么能够得到那么多人的青睐,在于它具有普遍的适应性,无论哪一门学科,也无论什么领域,甚至是跨学科、跨领域的学习,它都可以用得上、吃得开,各种路径、各种形式的学习,它都大有用武之地,而且其效果常常令人刮目相看。这也是当前"大单元项目化学习""'馆/场校结合'项目化学习""'综合实践活动'项目化学习"等大行其道、方兴未艾的原因。

这里,我还想补充一下,北校的"3W"场馆教学,经过总结反思后在项目化学习中以更新的姿态显示出更大的魅力。

2020年,学校再次审视特色课程,希望能找到实践效果好、学生受益大、教师专业成长快的新途径。于是,学校对所有学生进行了调查问卷和访谈,发现学生对于场馆教学兴趣高涨,但很多学生意犹未尽,个性化兴趣需求未得到充分满足;以往教师在场馆教学利用的场馆资源主要是展品、馆内互动装置、网络资源、讲解员,与馆方的深度合作、对资源的整合力度还不够。学生的学习还停留在有趣信息获得的层面。针对问题,学校将项目化学习融入其中,并加入了市级JT项目化组,利用专家资源,对教师开展项目化学习设计的培训与指导。

于是,根据专家们的指导意见,结合我校的教学现状与新课标、新中考要求,在原有的"校馆学习"特色课程的基础上,以项目化学习为载体,将展馆资源与基础型课程的知识点、能力点对接,与各学科、各学段教学紧密结合,通过框架问题,加深对学科知识、素养的理解和运用,培养学生的历史观、发展观、科学观,寻找探索学科课程群的整体架构与实施路径,帮助学生综合运用在学校获得的知识和技能,让学生有创造性地投入,培育学生的核心素养。

一是基于现状调查,进行普适性培训。

学校首先开展了文献研究。在文献研究过程中,发现项目化学习采用建构主义教学法,强调探究与趣味性,强调"做中学,学中思",学生和教师在互动性实践、沉浸式体验中受到启发,释放创新的灵感。同时,我国也在尝试跨学科教学的校馆项目化学习。教师专业发展方面,在国外的校馆合作中,教师往往通过申请或选派,就可以学习特别设置的教育课程,获得专业发展,并在场馆教学中获得教学资料和教学策略。虽然我国也开展了许多关于场馆的教师培训,但是培训并没有详细的训练体系,主要是听讲座、现场参观等浅显的方式。

学校针对校馆结合项目学习落实学科育德开展的现状、需求、难点,编制调查问卷,对教师进行调查。调查显示,教师对于校馆结合项目化学习的认知程度高,接近半数的老师已进行过先期的尝试与实践;在实施校馆结合项目化学习中遇到困难时,寻求同伴帮助的比例达到62%,自研解决达到29%,显示教研组联合设计的氛围较好;教师在实施校馆结合项目化学习时对教育资源的使用情况:图书馆的场馆及图书资料达到73%,学校操场、体育设施与体育馆、智慧田园场馆达到32%,学校专用教室(各学科实验室、音乐教室、美术教室)达到44%,社会资源(校外体育场馆、图书馆、博物馆、名人纪念堂等各类场馆)达到86%,信息技术资源(学生学习或教学管理辅助平台)达到65%,还有少数使用到家长资源;在校馆结合项目化学习实践中,教师能注重发挥学生主体作用,以小组为单位,开展群体互助学习,并能指导学生根据学习进程设计过程性评价,取得初步效果,但由于新进教师这两年人数激增,所以新教师培训迫在眉睫。

于是,学校聘请了上海市探究课程教研员等相关专家,多角度、多层次地向相关教师进行了培训,如了解什么是PBL项目化学习,开展PBL项目化学习的实施路径、方法等,在理论与实践操作层面进行针对性培训。

二是基于专家引领,推进项目化完善。

学校成立PBL项目组,由学校教导处管理负责,具体由科研室规划,两类课程教研组实施,各教研组协同推进。学校聘请市、区相关专家对参与项目组教师的课程方案进行培训、梳理思路、指导书写,使相关课程得以顺利推进、完善。

资深专家进行项目化学习选题设计的专项培训。老师们按学科分组,在专家的指导下尝试项目化学习选题的设计。大家群策群力,开阔视野,智慧的火花随处可见。然后分批介绍自己的选题,专家及时进行点评,帮助老师们完成项目化学习选题及设计。

表6-1    2021年学校项目化学习课程

| 学  科 | 场  馆 | 项 目 化 学 习 课 程 |
|---|---|---|
| 科  学 | 上海铁路博物馆 | 为上海铁路博物馆设计一条适合初中学科学习的参观路线 |
|  | 上海禁毒科普教育馆 | 设计一张适合初一年级学习禁毒知识的学习单 |

（续表）

| 学 科 | 场 馆 | 项 目 化 学 习 课 程 |
|---|---|---|
| 历 史 | 上海博物馆 | 我的线上主题青铜器博物馆 |
| 跨学科 | 上海航宇科普中心 | 畅想机翼的发展 |
| | 上海自然博物馆 | 上海湿地危机 |
| 美 术 | 中华艺术宫 | 寻踪"有个性的艺术家" |
| 语 文 | 鲁迅博物馆 | 探访鲁迅足迹 |
| 英 语 | 上海城市规划馆 | Introducing Shanghai in English |
| 化 学 | 梦清馆 | 从梦清园到和田水 |
| 音 乐 | 东方乐器博物馆 | 东南亚传统音乐艺术之窗 |
| 物 理 | 上海市青少年科技探索馆 | 小小教具设计师 |

**表 6-2 2022 年学校项目化学习课程**

| 学 科 | 场 馆 | 校馆结合项目化学习 |
|---|---|---|
| 语 文 | 上海鲁迅纪念馆 | 使鲁迅"活起来"——行走的鲁迅 |
| | 上海民俗馆 | 我的民俗手账本 |
| | 上海海洋水族馆 | 重游百年前的海底两万里——为其设计简短解说词 |
| | 中国共产党一大会址 | 书写人物故事——平凡中的不平凡 |
| | | 人物报道培训手册 |
| 数 学 | 上海航宇科普中心 钱学森图书馆 | 畅想机翼的发展 |
| | 上海自然博物馆 | 在自然世界中体验数学之美 |
| | | 校园停车规划师 |
| | | 学校花坛设计师 |
| 英 语 | 上海城市规划馆 | 我眼中的上海 |
| | | 疫情期间游上海 |
| | | 如何有效记忆单词 |

（续表）

| 学　科 | 场　　馆 | 校馆结合项目化学习 |
|---|---|---|
| 物　理 | 上海科技馆 | 如何提高教室空调的有效利用率？ |
| 化　学 | 上海科技馆 | 生活废水的再利用 |
| 道　法 | 静安区人民法院 | 今天我来做法官 |
| 体　育 | | 橄榄球比赛规则 |
| | | 自创垫上组合动作 |
| | | 提高双手头上前掷实心球的远度——投掷器 |
| | | 体育多样化项目——啦啦操"美"的体现 |
| | | 趣味定向赛 |
| 美　术 | 中华艺术宫 | 寻踪"有个性的艺术家" |
| | | 废旧材料的创意新生 |
| 科　学 | 上海禁毒科普教育馆 | 为青少年学习禁毒知识设计一份宣传小手册 |
| 信　息 | 上海科技馆 | 自然语言处理技术与智能生活 |

三是基于课题内容，开展实证性研究。

学校通过区级和市级项目更加规范地探索。在 PBL 场馆教学的探索中，老师们用驱动问题激发学生兴趣，然后利用场馆资源使学生在一个真实的问题情境中对驱动问题展开探究，解决问题的过程类似学科专家的研究过程。PBL 教学要求活动组织模式是以学生小组或更广泛的团队形式开展协作性的活动，一同寻找问题解决的方法。老师在学习过程中给学生提供脚手架，帮助学生在活动参与的过程中提升能力。每个 PBL 项目最终都能创制出一套能解决问题的可行产品，也就是场馆课程的可视化成果，予以公开分享。这样结合既利用了前几年的课程开发成果做了学科基础知识铺垫，又挖掘了课程深度。同时，一个 PBL 场馆项目需要多门学科的协作，学生跨学科综合能力也在其中得以培养。

结合"强校工程"的实施，我校始终坚持以教学为中心，近几年在推进项目化学习上做了多方面的探索，特别对其"过程性"进行了总结，大致归纳为"六步法"。

第一步，选素材——熟悉各科教材中可用于项目化学习的素材或元素，据以确定项目取向。

第二步，定主题——在学科联动的基础上明确项目定位，提炼项目主题。

第三步，拟方案——集思广益，设计项目实施方案，明确目标、任务、过程用要求。

第四步，抓实施——分解任务，分步推进，群策群力，协调配合。

第五步，评得失——总结经验，反思不足，对项目所反映出来的教育教学现象上升到规律性认识。

第六步，扩成效——延伸学习时空，拓宽认知领域，加深项目理解，拓展新的项目。

其中，发掘"项目"和提炼"主题"是项目化学习的两大关键。

以上主要是从实践操作层面稍作展开，从表现形式层面看，我们的项目化学习，是一个多学科、多场景、多元素、多通道有机统一的整体，它强调结合、整合、融合、统合，讲究目标导向、主题引领，力求形散神聚、收放自如，特别是注重充分调动学生学习的开放性、自主性和创造性，使教学的质量和效益得到了显著提升。

可以说，我们是比较早地实行了项目化学习的，只是那时候我们没有使用"项目化学习"这个概念，而是称之为"主题式学习"。后来"项目化学习"渐成气候，我们也觉得它已具有比较系统的理论和实践体系，同时也是为了便于在更大范围与大家切磋交流，故将"主题式学习"纳入了"项目化学习"体系，并从中发挥自己的个性特点，明显提高了教学的实效性。在实践中我们感到，就增强学生的学习自主性和培养学习能力而言，项目化学习是切实可行的路径。

（3）提升综合素养——活动课程

随着教育的不断深化和进步，提高学生的综合素养已经成为现代教育的核心目标。学校工作应注重培养学生的综合素质，这已经成为人们的共识。除了传授知识，学校还需要提供多种课外活动和实践机会，帮助学生发展兴趣、拓宽视野。通过参与各类社团活动、社会实践和志愿服务等，学生不仅能学到课本上的知识，还能提高团队协作、沟通表达等多方面的能力。综合素质的提升将有助于学生在未来的生活和工作中更好地适应和发挥自己的能力。为了实现这一目标，我们需要对传统的教育方式进行创新和优化。其中，活动课程的优化是一个重要的方面。

首先，活动课程的设置应该更加多样化，以满足不同学生的兴趣和需求。学校可以开设各种形式的社团活动、社会实践、志愿服务等，让学生根据自己的兴趣和特长选择参加。这样不仅可以激发学生的学习兴趣，还可以帮助他们发展自己的特长和兴趣，增强自信心和责任感。

其次,活动课程的内容和形式应该具有创新性和时代性。随着社会的不断发展和进步,学生的需求和兴趣也在不断变化。因此,学校可以结合社会热点和学生关注的焦点,开展形式新颖、内容丰富的活动课程。例如,可以开设科技创意、文化传承、环保公益等方面的课程,引导学生关注社会现实问题,培养他们的创新思维和实践能力。这样可以帮助学生更好地适应社会发展的需要,提高自己的综合素质。

再次,活动课程的组织和管理需要更加规范和科学。学校应该制定详细的活动课程计划和实施方案,明确课程目标、内容、时间、场地等要素。同时,学校还需要建立完善的课程评价体系,对活动课程的效果进行科学的评估和反馈,及时调整和改进课程设置。这样可以确保活动课程的顺利实施和有效开展。

最后,优化活动课程还需要注重培养学生的团队合作和沟通能力。在当今社会,团队合作和沟通能力已经成为一个人成功的重要因素。因此,学校可以通过组织各种团队活动和交流活动,让学生在学习和实践中学会合作、沟通和协调。这样可以培养学生的团队合作精神和沟通能力,提高他们的人际交往能力。

优化活动课程是提高学生综合素养的重要途径,它可以为学生提供更加丰富、有益的学习和发展机会。这样可以帮助学生更好地适应社会发展的需要,为他们的未来发展奠定坚实的基础。

以下是市北初北校的实践。

新课标中提出了"学会交往,善于沟通,具有基本的合作能力、团队精神"。欲达此目的,在学校教育场景中,要设计丰富多彩的活动,教师也应该在学科内组织丰富的活动。项目化学习能够促进学科教育与道德教育的互融共进,使德育要求转化为学生层面的自我需求。实践中,我校除了在三类课程中关注项目学习活动外,对德育活动和少先队项目学习活动也给予了高度重视。

在德育方面,德育处将微课与正向教育显性化主题教育相结合,组织学生、导师制作微课来引导学生行为规范的养成,指导新进教师的班主任常规工作。"一班一品"活动,通过项目组织学生开展特色班级活动,培育班级品牌,丰富校园生活与文化,促进班集体良性发展。"一班一品"注重与时共进,随着学校的发展要求不断更新:1.0 版本的"一班一品",为学生的校园生活带来了很多乐趣,2.0 版本更注重"品牌"的根植性,让全体学生参与其中,从而加深了"班级品牌"对于每一位学生的影响,实现了心理健康教育、理想信念教育、中华优秀传统文化教育、社会主义核心价值观教育等教育的融会贯通。2023 年共计有 32 班次的展演。在"中学生一日常规"和"一班一品"一硬一软双通路的实践中,各班的集体凝聚力得到了提升,班级品牌和文化逐步显现。

我校的大队部工作中,少代会的开展是一大亮点。学校少代会的特色便是让队员们发挥小主人翁意识,以项目化的形式开展提案追踪,真正参与到学校的事务管理中来,助力学校发展。项目化的形式将德育目标具体化为一个个提案项目,明确了每个提案的主题和需要达成的效果,有助于少先队员们聚焦关键问题,针对性地提出解决方案,使得德育工作更具目的性和实效性。项目化提案不仅能让队员们在参与各个环节的过程中锻炼他们的组织协调、团队合作和解决问题的能力,也能在丰富的实践活动中深化他们对德育内容的理解,还能增强他们的实践操作能力和创新精神。

如少队会提案"学校爱心伞的设计和管理",项目负责学生通过问卷收集学生的需求,将问题进行分类、整理,提炼出大队部提案,然后在老师的指导下完成项目化学习方案的设计和实施,最终将队员中征集到的最认可的作品制作成实用产品,解决了下雨天学生没带伞的实际需求。最后项目组还制定了"爱心伞"用伞的管理制度。这种基于真实的情景,运用调查、数据分析等科学的研究方法解决实际问题的过程,大大提高了学生综合分析问题和解决实际问题的能力,并获取研究问题的科学素养。又如少代会提案"红色场馆探访方案"为例,项目负责队员对德育老师进行访谈后,在队员中进行了大量的问卷调查,从队员们探访红色场馆的需求、喜好、探访情况等不同层面,分析、思考、讨论如何解决队员们在场馆学习中未能真正理解其精神内涵的问题,随后向相关教师请教完善方案,最终制定出了二进馆的学习方案。在后期的实践活动中,督促队员们以小组为单位,明确团队成员分工,提前了解红色基地的历史背景和相关知识;与基地工作人员、志愿者进行交流,了解他们的工作经历和对红色基地的理解;结合基地特色,开展创意活动,如红色故事演讲、革命歌曲演唱、红色画作展示等,培养队员的创新能力和艺术表达能力。

表6-3 少代会项目化提案

| 1 | 学校"爱心伞"的设计和管理 |
|---|---|
| 2 | 校园图书漂流活动的设计 |
| 3 | "辩而论道"辩论活动的设计和开展 |
| 4 | "领巾携手校园共管共建"红领巾长期议事管理形式的设计 |

（续表）

| 5 | 传统文化活动开展的调查与设计 |
|---|---|
| 6 | 黑板擦的改进 |
| 7 | 中餐菜单优化的调查与红领巾套餐的设计 |
| 8 | 光盘行动的宣传和实施 |
| 9 | 线上红领巾信箱的设计与实施 |
| 10 | 红色文化宣传活动 |
| 11 | 校园文化建设 |
| 12 | 小花园蚊虫多？别怕，我们来解决！ |
| 13 | 放学时段校门口拥堵？我们来支招！ |
| 14 | 图书馆与图书角的优化 |
| 15 | 校服整改建议 |
| 16 | 学校饮水机的使用问题及相关建议 |
| 17 | 红领巾广播的改进 |
| 18 | 青春校园新改造 |
| 19 | 红色场馆探访方案 |
| 20 | 亲近校园植物 |
| 21 | 历史人物走进校园 |

（4）品味现实生活——休闲课程

先从休闲教育说起。

休闲教育（Education of Leisure）是指培养受教者之兴趣，及娱乐上所必须之知识技能，使其于休闲时间内，从事于各种高尚活动，以调剂身心。也有说法认为，休闲教育就是教人从小学时就会欣赏生活，学会各种形式的创造，学会对价值的判断，学会选择和规避问题的方法，学会能促进身心健康的各种技能，促进人在"成为人"的过程中获得自由而全面的发展，使整个人生充实、快乐且富有意义。从理论与实践相结合的角度，我倾向于这样的理解：休闲教育是一种传授休闲知识、技能和技巧，引导受教育者树立科学的休闲价值观，明智地利用闲暇时间，增强生活的丰富性、满意度、幸福感，提高生命质量，实现人的自由、全面发展的终身教育活动。

目前，我国每年的法定节假日是 115 天，意味着我国国民一年中至少有三分之一的时间在闲暇中度过。据统计，我国中小学生每年也有 170 天左右的假期，即一年中有近二分之一的时间可以用于休闲。这个数字已经接近世界发达国家节假日天数。美国著名休闲学专家布赖特比尔早就指出："如果我们想要休闲，应当先接受休闲教育。"可以说，全民休闲的时代悄然来临，休闲已成为人们生活中不可或缺的一部分，休闲教育已成为我国教育界必须面对的重大课题。

一般认为，休闲教育具有以下五个方面的基本特质。

自主性。休闲是一种依个人意愿而自由自在从事的活动。休闲教育中的个体对休闲内容的选择拥有自主权，选择何种活动或者不选择何种活动都是自主决定的。因此，休闲教育尊重学生个体的心理特征、兴趣能力、动机要求和发展水平，力求最大限度满足学生个性化发展的需要，是一种体现学生自主性发展的教育。

生活性。休闲教育是立足学生的生活和为优化、完满学生的生活而进行的教育。休闲教育不是谋生教育或职业教育，而是为生命成长进行的教育。这个特质决定了休闲教育以生活为根基，以自然界和广阔社会为空间，自然风貌、名胜古迹、人文景观、科教场馆、农场企业都是进行休闲教育的重要场所。从这个意义上来讲，休闲教育就是陶行知先生所讲的"生活教育"。

愉悦性。休闲本身是一种精神体验，是人与休闲环境互动融合的过程，是一种积极的情绪体验。从词源来看，"休"在《康熙字典》和《辞海》中被解释为"吉庆、欢乐、美善"之意。从字面上看，"休"为人倚木，姿态安详。"闲"通"娴"，具有娴静、思想纯洁与安宁之意。"休闲"在希腊语中为"Skole"，拉丁语为"Scola"，意为休闲和教育，可解释为"在文化知识学习中发展娱乐"。可见，休闲从本源上就与人内心的愉悦状态紧密相关。以此为指导展开的休闲教育，会使学生如沐春风、心旷神怡、悠然自得，在放松身心的同时感受和欣赏生活之美。这种内在愉悦性是休闲教育的根本特质。

创造性。人类社会发展的历史表明，许多科学家、思想家、艺术家的创造才华及其灵感，往往都是在轻松休闲状态下闪现的。过多的管制或制度化安排会限制学生的视野和思维，扼杀他们的创造力。休闲教育能解放儿童的时间，"让他们去接触大自然中的花草、树木、青山、绿水、日月、星辰以及大社会中之士农工商、三教九流,自由地对宇宙发问,与万物为友,并且向中外古今三百六十行学习",从而达到激发学生创造力的目的。

终身性。学会休闲是未来社会人们需要具备的一项重要能力,休闲教育应贯穿每个人的一生。休闲教育不局限于正规的学校教育,它把教育视为个人一生中连续不断的学习过程,是人们在一生中不同年龄段应该学习的内容,涵盖了从学前期到老年期的整个阶段。①

再来谈谈休闲课程。

在许多发达国家,休闲教育已成为人们生活的必修课。近几十年来,美国、日本、以色列等国越来越重视休闲教育,纷纷将其纳入国民教育体系。可以说,休闲教育已成为提高国民素养的重要方式和提升民众生活质量的重要途径。

在我国,休闲教育处于起步阶段,各界对于如何开展休闲教育还存在诸多误区。而且,我国教育长期依赖学校系统,休闲教育不可能脱离学校教育而存在。因此,如何以学校为主体,围绕学校教育构建一套多元休闲教育模式,就成了必经之路。具体来说,可以从以下几个角度入手。

第一,抓好课程整合。以学校为主体,构建多元休闲教育模式。学校可以在不增加新的教学科目和不增添额外学业负担的前提下,对现有课程进行整合和优化,将休闲教育融入新课程体系,促进学生愉快、生动和活泼的发展。尤其是应该重视校本课程、地方课程、综合实践活动课程在实施休闲教育中的作用。

第二,搞好课程设计。休闲课程的实施,课程设计是基础。设计休闲课程时,需要充分考虑学生的年龄、兴趣、需求等特点,以及学校的教学资源和教师的专业能力。课程设计者需要深入研究学生的需求,根据他们的兴趣和特点,设计出具有吸引力和实用性的课程。同时,还要遵循教育的基本原则和休闲教育的特点,不仅关注学生文化科学知识的学习,更注重培养学生的休闲技能和休闲智慧,以促进他们的身心健康和全面发展。

第三,独立开设休闲教育课程。当前,我国中小学课程体系中包含诸多休闲性学科,如音乐、体育、美术等。积极开发和利用这些课程资源,规范课程的开设,培育学生的审美情趣、艺术修养和体育爱好,激发学生的学习兴趣,是培养学生休闲素养的重要途径。

第四,改进休闲课程教学方法。与传统的教学方法不同,休闲课程的教学方法

---

① 休闲教育的基本特质及实践要义[EB/OL].山东教育新闻网,今日头条.[2020 - 12 - 28](2023 - 07 - 27). https://m.toutiao.com/is/iNh9BkBm/? =.

更加注重学生的参与和实践。可以采用多种形式的教学方法，如小组讨论、角色扮演、实地考察等，以激发学生的学习兴趣和主动性。要积极探索研学旅行模式。当前，中小学生研学旅行是校外休闲教育的重要方式，日益受到人们关注，但是还缺乏有效、系统的管理。

第五，充分利用休闲课程资源。休闲教育的资源开发和利用也是休闲课程实施的重要保障。学校需要充分利用校内外资源，为学生提供多样化的休闲活动和课程。例如，可以利用学校的体育设施开展体育活动，利用校外的博物馆、科技馆等资源开展文化活动。同时，还可以通过与社区、企业等合作，为学生提供更多的实践机会和资源。这些资源不仅可以丰富课程内容，还可以帮助学生更好地了解社会和现实生活。

此外，指导学生度假也是休闲课程的一个重要内容。中小学生每年的节假日、双休日占全年总天数的比例很高，这是休闲教育的一个重要资源，学校和老师应该通过休闲课程向学生讲授休闲的有关知识，培养他们合理休闲、积极休闲的能力，教育引导学生过有意义的假日，把他们从无休无止的校外补课中解放出来，促进每一个学生健康、快乐成长。

总之，休闲课程的实施需要注重课程设计、教学方法和教学资源的有机结合。只有通过科学合理的设计和实施，才能真正发挥休闲课程的作用，促进学生的全面发展。休闲课程不仅可以提供学生更多的学习和发展的机会，还可以帮助他们更好地应对生活中的挑战和压力。因此，我们应该更加重视休闲课程的发展和实施，为学生提供更加全面和多样化的教育体验。

（三）推进以数字技术为标志的课堂变革

课堂改革，守好"强校"主阵地，抓好质量攻坚，这是我们推进以数字技术为标志的课堂变革的初衷。我们的主要做法是全力以赴打造智慧课堂、和谐课堂、高效课堂。

1. 因势利导，激发现代教学智慧

教育的基本方略和艺术，我觉得可以集中概括为四个字：因势利导。所谓因势利导，即顺着事情发展的趋势，加以引导。它有几个要点：

一是要认清因导关系。首先是"因"。这里的所谓"因"，有因循、遵循、顺着的意思……然后才是"导"。坚持先"因"后"导"，才能取得实效。

二是要把握好"势"。"势"即趋势。"势"是"因"的对象、条件、基础，也是"导"的前提、依据……

三是要善于用"利"。利即促进,此处可视作动词。利导意在促进式地加以引导。"利"是"导"的策略、方法,也是教育教学策略、方法、艺术的体现。

世界上有太多的事情都是利弊集于一身的,关键在于人们如何智慧地应对。以语文学科为例,大单元教学,利于引导学生整体把握,发展思维,培养学习的灵活性,但也有可能失之粗糙;单篇教学有助于深刻、细致理解,但也可能失之琐碎,不得要领。两相比较,大单元教学优于单篇教学。只要是有利于提高学生自学能力、促进学生长远发展的改革、创新,我们就要积极支持。

因此,教师对教学中的每一项举措都要认真分析其利弊,趋利避害,扬长避短。尤其是教师要随时指导学生掌握并运用正确的学习方式和方法,提高学习的效率和效益,防止误入"低水平勤奋陷阱"。

何为"低水平勤奋陷阱"?这里先举一个例子。

某小女孩学弹钢琴,有首曲子弹了很长时间,总有几处过不了关。于是,她每天坚持练习,从头到尾,循环往复,然而效果依然不甚理想。其实,她只要集中精力反复练习那几处难弹的地方,对症下药,各个击破,问题即可迎刃而解。

由此看来,所谓"低水平勤奋陷阱",就是表面看起来我们很努力,实则根本没有深入了解知识的内在意义,没有挖掘知识的价值为自己所用,所以这种学习方法,无论你如何努力也是徒劳。可以说,在原始方法的基础上进行努力,就是低水平勤奋。什么是原始方法?比方说,阅读时一字不漏地看完,遇到有感触的句子或是名言警句,就用画线的方式或摘抄下来,然后继续阅读。其实这种阅读—画线—摘抄的阅读方法,只是不断地记录书中一个个孤立的知识点,没有经过自己思考理解,无法去关联更多知识,形成自己的知识体系,我们的大脑是记不住的,对自己的成长也就没有任何帮助,因为我们摘抄或画线的知识,要不了多久就会石沉大海,全部遗忘的。想办法跳出"低水平勤奋陷阱",才是学习的方向,只有多思考,多练习,多积累,丰富自己的知识储备,进而转化成自己进步的养料,才能帮助自己早日走出迷茫,让自己成长起来。

传统教学主张并鼓励刻苦勤奋,那是在知识不够丰富、技术不够先进的历史背景下,有了"勤奋"二字,大体上能够解决"进学"的问题。然而,如今处于知识爆炸性持续增长、科学技术突飞猛进、社会发展日新月异的时代,许多问题就不是单靠勤奋所能解决的了。现代教学是讲究科学教法和先进学法的智慧化教学,克服"低水平勤奋"现象,必须在教法改革、学法改革上多思考、多研究、多实践。

智慧化教学在很大程度上表现为现代信息技术的应用。通过信息技术与教育教学的深度融合，为学生提供更加丰富、多样化的学习资源和智能化、个性化的学习支持，从而提升学生的学习效果和综合素质。

在智慧化教学中，信息技术手段的应用主要是在以下几个方面：

一是数字化教学资源的建设。通过信息技术手段，教师可以快速获取和整理各种教学资源，并将其数字化，以便在课堂上进行展示和分享。数字化教学资源不仅包括文字、图片、音频、视频等多媒体内容，还包括在线课程、教学软件等学习平台。这些资源的应用，使得课堂教学更加生动、形象，激发了学生的学习兴趣和主动性。

二是在线学习平台的运用。在线学习平台是智慧课堂的重要组成部分，它能够为学生提供自主学习、协作学习和个性化学习的环境和工具。学生可以通过在线学习平台进行预习、复习、作业提交、在线测试等学习活动，同时还可以与教师和其他学生进行交流和讨论。在线学习平台的应用，使得学生的学习更加灵活、高效，同时也促进了师生之间的互动和合作。

三是智能化教学管理的实现。通过信息技术手段，教师可以全面了解学生的学习情况，包括学习进度、掌握程度、兴趣爱好等，从而对教学内容和方法进行针对性的调整和优化。同时，教师还可以借助智能化教学管理工具，对学生的学习过程进行跟踪和管理，及时发现和解决学生的学习问题。

四是数据分析与反馈的应用。智慧课堂中的信息技术手段可以收集和分析大量的教学数据和学习信息，从而为教师和学生提供全面的反馈和指导。通过对数据的分析，教师可以了解学生的学习需求和困难，以便更好地指导学生的学习；学生则可以根据反馈数据调整自己的学习方法和进度。

总之，通过信息技术与教育教学的深度融合，智慧课堂为个性化、高效的教学方式提供了有力支持。它不仅提升了教学质量和效果，还促进了学生的全面发展。随着信息技术的不断进步和应用领域的拓展，相信智慧课堂将会在未来的教育教学中发挥更加重要的作用。

2. 师生互动，共建课堂和谐生态

和谐课堂是指在教育教学过程中，教师与学生之间、学生与学生之间相互尊重、相互理解、愉快合作，形成一种民主、平等、开放、互动的教学氛围。和谐课堂的打造对于提高教学质量、培养创新人才具有重要意义。

首先，和谐课堂需要建立良好的师生关系。教师和学生是课堂中的两大主体，他们的关系直接影响到课堂氛围。教师要尊重学生的个性差异,关注学生的情感需求,积极与学生沟通交流,建立互信互助的师生关系。学生也要尊重教师,认真听讲,积极参与课堂活动。

其次,和谐课堂需要营造积极的学习氛围。教师在课堂上要注重激发学生的学习兴趣,调动学生的学习积极性,让学生主动参与到课堂中来。同时,教师还要关注学生的学习状态,及时给予指导和帮助,让学生感受到学习的乐趣和成就感。

再次,和谐课堂需要加强课堂管理。课堂管理是保障课堂秩序的重要手段,也是打造和谐课堂的关键环节。教师要制定明确的课堂纪律和规则,让学生明确自己的行为规范和责任。同时,教师还要注意课堂节奏的把握,合理安排教学时间和任务,保证课堂的连贯性和有效性。

最后,和谐课堂需要注重培养学生的合作精神。合作是现代社会必备的素质,也是和谐课堂的重要特征。教师在课堂上要注重引导学生进行合作学习,让学生通过合作完成任务、解决问题,培养学生的团队协作意识和沟通能力。

所以,和谐课堂的打造需要教师和学生的共同努力。只有建立起良好的师生关系、营造积极的学习氛围、加强课堂管理并注重培养学生的合作精神,才能真正实现和谐课堂的目标。

3. 综合施策,打造低耗高效课堂

高效课堂主要是指在有限的课堂时间内,通过有效的教学手段和策略,使学生获得最大的学习收益。如何打造高效课堂,是每位教师和教育工作者需要深入思考和探索的问题。

首先,明确教学目标是实现课堂高效的前提。教学目标是教学的灵魂,它指导着整个教学过程。教师需要深入理解课程大纲,根据学生的实际情况制定明确、具体、可操作的教学目标。这样,在教学过程中就能始终围绕目标展开,避免无效的讲解和讨论。

其次,优化教学内容是确保课堂高效的关键。高效课堂要求教师在有限的时间内传授最有价值的知识。因此,教师需要对教学内容进行精心筛选和组织,突出重点、难点和关键点。同时,根据学生的实际情况和认知规律,采用多样化的教学方法,如案例分析、小组讨论、角色扮演等,以激发学生的学习兴趣和主动性。

再次,良好的课堂氛围是课堂高效的必要条件。一个积极、互动、和谐的课堂氛围有助于调动学生的学习热情,促进师生之间的交流与合作。因此,教师需要注重情感教育,尊重学生的个性差异,鼓励学生发表见解,营造一个宽容、开放的学习环境。

此外,科学的教学评价与积极的教学反思是打造高效课堂的保障。通过有效的评价机制,教师可以及时了解学生的学习状况和存在问题,从而调整教学策略。同时,教师还需要对自己的教学过程进行反思,总结经验教训,不断完善和提高自己的教学水平。

如此看来,高效课堂是高效率、高效能、高效益的课堂。然而,实践中低效甚至无效的课堂教学还是不同程度地存在着,比如,课堂教学中种种不应有的"节外生枝",基本无效的习惯性的"拖堂",等等。再比如,"堤内损失堤外补"的现象,个别学校甚至牺牲节假日,不惜蚕食学生的休息时间,去换取学校所要实现的高分、高升学率。这样的学校教育不是在培养人,至少不是在遵循人的身心发展规律培育人。我始终认为,那些不依赖补课而质量优异的学校才是真正的名副其实的"强校"。这,也正是我的追求。的确,教学改革知易行难,我们需要的是立足当下的行动,立足自身的改变。用智慧和勇气,用良知与担当,用教育内在的规律去办学,以促进人的成长的思维去育人。

## 三、学情分析:助力教学质量提升

学情分析通常称之为"教学对象分析"或"学生分析",是伴随现代教学设计理论产生的,是教学设计系统中"影响学习系统最终设计"的重要因素之一。

学情分析是为研究学生的实际需要、能力水平和认知倾向,为学习者设计教学,优化教学过程,更有效地达成教学目标,提高教学效率。因此,学情分析是教与学目标设定的基础,是确定教与学的内容、重点、难点的依据,也是教学策略选择和教学活动设计的依循。

### (一)学情分析的基本内容

学生各方面情况都有可能影响学生的学习,因而学情分析涉及的范围非常广泛,如学生现有的知识结构、认知状态、思维状况,他们的兴趣取向、动力状态、个性特点,以及学习内容、学习方式、学习时间、学习效果,同时还包括学习的最近发展区、学习感受乃至生活环境,等等。这里,仅就其主要方面,借鉴既有研究成果,做一点探讨。[1]

---

[1]　教师必备:如何做学情分析? 好教师微信公众号(2023-10-25)[2024-01-05].https://mp.weixin.qq.com/s/gifXaC10IJP_gi_dBCjHSg.

1. 学生生理和心理特点分析

成长过程中的学生,其情绪、情感、思维、意志、能力及性格还不太稳定和成熟,具有易变性和可塑性。通过分析了解他们当时的生理心理与学习该内容是否相匹配,以及可能产生的认知误区和潜在问题,可使教学工作具有较强的预见性、针对性和实效性。

2. 学生认知基础和经验分析

即学生学习该内容时所具备的与该内容相联系的已有的知识、技能、方法、能力等,以确定新课的起点,做好承上启下、新旧知识有机衔接工作。如果发现学生知识经验不足,一方面可以采取必要的补救措施,另一方面可以适当调整教学难度和教学方法。

3. 学生个体差异的分析

学生的智力因素和非智力因素,如知识基础、学习习惯、学习兴趣、学习能力、学习风格等都具有个体差异。教师应结合教学经验和课堂观察,敏锐捕捉相关信息,并据以设计教学任务的深度、难度和广度,才能真正体现因材施教。

4. 学生学习方法情况分析

教学过程不仅需要教师的活动,而且更需要学生的活动,只有"教"之优与"学"之优相互融合,才能保证教学效果的最优化。因此,在课堂教学中对学生进行学法指导是非常必要的。不同年级段的学生都有自己的一套学习方法,不同的教学内容需要不同的学习方法,教师只有事先了解学生对本学科学习方法的掌握情况,才能根据不同的教学内容进行相应的学法指导,才能创造出高效、优质的教学。

5. 学生学习困难现状分析

学生在学习中可能遇到的问题和阻力往往会成为他们进一步学习的困难与发展的障碍,教师如果能及时发现这些困难与障碍,并且能够及时地帮助学生克服这些困难和障碍,学生就能获得真实的发展。因此,在备课中要努力去关注和发现学生在学习中可能存在的困难和障碍,具体分析这些困难和障碍产生的原因,思考相应的具体针对性的教学策略。

（二）学情分析的主要方法

学情分析既要分析学生的整体具有的特点,同时更要分析学生间的个体差异,采用不同的学情分析方法。考虑到"分析"本身具有"研究"的属性,因而我们可以借鉴科学研究的方法,特别是教育科学研究的常规方法。

1. 自然观察法

研究者在自然条件下对个体的言谈、举止行动和表情等进行有目的、有计划的观察，以了解其心理活动的方法。

它的种类很多，如从观察形式来分，可分直接观察和间接观察；从观察时间来分，可分长期观察和定期观察；从观察内容来分，可分全面观察和重点观察。

观察法较方便易行，所得结果较真实。

2. 书面材料法

书面材料主要有两类。一类是现有资料，一类是诊断性资料。现有资料包括：学生填写的各种档案资料，如学生的学习成果、作品等，能客观反映学生个体和集体的资料，如成绩单、操行评语等。

诊断性资料指教育者根据某一教育目的，适时地提出某些专题性作业，如命题作文、读书笔记等。通过书面材料间接了解学生，要特别注意材料的真实性与可信度。

3. 谈话法

谈话法是通过教师和学生相互交谈的活动来进行了解学生情况的方法。这种方法具有直接交流的特点，方便掌握第一手资料，在操作时应注意拓展范围，以便能够全面和客观，同时还要注重过程中的心理位置互换，设身处地、将心比心、思想互通、情感共融。

4. 调查法

调查法是深入了解学生的重要方法。如学生在家庭中的日常表现、假日生活状况、社交圈等。

调查前要根据调查的内容和问题列出调查提纲，考虑好调查的具体步骤和方法，确定调查的重点对象。

调查时要热情、周到，边听边记下某些重要的内容，调查后要对了解到的第一手资料进行适当整理，以便对学生做横向或纵向的比较分析。

5. 测验法

测验法适合于收集学生的知识水平、能力情况等学习信息。根据教学需要，设计相应的练习题或试卷，规定在特定的时间内作答，教师根据学生的答题情况，收集相关信息，为评价学生的学习水平提供依据。

有专家指出，学情分析可繁可简。成熟教师，之所以能简中见繁，皆因曾于繁中历练，正如无数次山重水复后的柳暗花明；年轻教师，必思于繁、行于简，才能逐步在繁杂纷乱中寻出属于自己的规律，逐步螺旋式上升、积淀经验。真可谓一语中的，字字珠玑。

根据一线教师的实践,了解和掌握学情,功夫还在平时:课堂内,多注意观察学生的神情举动,通过肢体语言无声交流;课堂外,多与学生就共同话题推心置腹交谈,适时互动。当然,在针对具体教学内容时,进行一定的针对性调查和了解,也是比较可行的。

走近学生、留心我们的学生,思于繁、行于简,才能逐步在繁杂纷乱中寻出属于自己的规律,逐步螺旋式上升、积淀经验。

(三)集中精力扩大知识增量

学情分析的诉求,主要是要帮助学生在学习活动中首先能够学到、学会、学好,然后做到会学、善学、优学。就文化知识课的学习而言,必须引导学生将主要精力集中在扩大知识增量上,唯有如此,学习成绩才有可能提高。

1. 提高学生的学习力

什么是学习力?比较一致的认识是:学习力即将知识资源转化为知识资本的能力。它由三个要素构成:学习动力、学习毅力、学习能力。

学习动力来源于学习目标、兴趣、动机,目标越大、兴趣越浓、动机越强,动力就愈大,这是学习的动力源。

学习毅力来源于学习意志、心理素质和价值观等,认识有多深,毅力有多强,学习就会有多持久,这是学习力的核心。

学习能力来源于学习方法,主要包括记忆力、理解力、注意力、观察力、判断力、学习效率等,是学习是否具有成效的关键。

这是以"力"作为核心元素的关于学习力的阐述。三个要素并不是孤立存在的,是相互叠加,互相促进,有机联系的整体,是人们自我学习、自我变革、自我超越的螺旋式上升的过程。简言之,提高学习力,就是提高掌握新知识的速度和能力,也就提高了竞争力,因此未来的竞争在于学习力!

有学者在谈到学习力问题时认为:学习力,是指把知识资源转化为知识资本的能力,它有四个维度。一是知识总量,即个人学习内容的宽广程度,和组织与个人的开放程度(输入);二是知识质量,即学习者的综合素质、学习效率和学习品质(选择鉴别判断);三是学习流量,即学习的速度及吸纳和扩充知识的能力(方法);四是知识增量,即学习成果的创新程度以及学习者把知识转化为价值的程度。[①]

这是以"知识"作为核心元素的关于学习力的解释。强大的学习力,不仅体现

---

① 云知讲堂.什么是学习力[EB/OL].(2022-8-8)[2024-01-05].https://m.toutiao.com/is/iNMqmrq2/? =.

为拥有相关知识的总量，也意味着保证所学知识的质量，同时还要能灵活运用科学的学习方法，并从中实现知识成果的价值增值。只有这四个维度共同作用，学习力才能得到更大程度的发挥。

2. 以知识增量为转移

从上面的论述中，知识增量的重要性，于此可见一斑。

在实践中我们看到，作业常常占据了学生大部分的课后时间，他们根本就没有时间和精力去查漏补缺，导致很多知识点学不透。特别是作业当中的很多题型和知识点覆盖得并不精准，很多题型是重复的，是简单、低质的。

学习的关键是知识增量，所谓知识增量，说白了就是把不懂的东西弄懂，弄懂了，知识的量就增加了。一些教师习惯于或者满足于题海战术，以多取胜，学生的作业大部分都是自己会的，不懂的东西并没有减少，所以每天忙于作业的学生就很难获得知识增量，成绩也就上不去，结果免不了广种薄收。须知，反复做会的题其实不会有增量，只会浪费时间，顶多熟练程度好一点，但是效率很低。

时间是学生最宝贵的资源，你把时间花在什么地方就决定了你是什么样的人。那些忙于作业的学生看似忙碌，但时间花在了不值得的地方，所以成绩一直上不去；那些有自己的主见，把时间花在知识增量上面的学生，成绩反而提高得很快。所以，没有增量的学习其实是在浪费学生宝贵的时间和精力，关键还是学生要有自主性意识的觉醒，有对自身学习力的判断。必须明白，已经掌握了的东西不属于知识增量，之所以你每天熬夜做作业成绩还是上不去，是因为你的作业中知识增量极低。

知识增长的现象包括但不限于：对特定领域的理解和掌握提升、思维方式变得更加开阔和灵活、解决问题的能力持续增强、在交流中使用更准确和丰富的词汇、在实践中展现更高的技能水平。总之，增长知识是通过个人的学习和实践过程中所表现出来的各种积极的变化和进步。

（四）倡导"评价导向的课堂教学"

评价是检验教学效果的重要方式，可以引导课堂教学改革的方向，对课堂教学发挥着"指挥棒"的作用。作为教学工作重要环节的评价，既可以针对教学效果，也可以针对学生的学习状况，两者本质上是有机统一的。首先对教学效果进行评价，可以了解教学行为是否达成了教学目标，从而判断教学的质量和水平、成效和缺陷，有利于调整教学行为和方向，进而改进教学；其次对学生的学业进行评价，可以反映教学在多大程度上实现了教学目标，同时还能对成绩的形成进行部分归因，找出成绩不良的教学和学习原因。可见评价是对教学进行严谨的科学诊断,也是对学生学习状况的科学诊断。

怎样评价教师的课堂教学,如何发挥评价对教学的导向作用,这是我们极为关注、一直探讨的问题。一方面,我们在认真学习和借鉴别人的经验;另一方面,我们也在总结反思的基础上探索成功之路。为了提高教学质量,我们倡导一种新的教学方式——"评价导向的课堂教学"。

传统的课堂教学,对程式、方法讲得比较多,而对以评价为导向改进课堂教学的探索相对比较欠缺。评价导向的课堂教学是一种以评价为核心的教学方式。在这种教学方式中,评价不仅是对学生学习成果的检验,更是对教学过程的持续反馈和改进。通过对学生的学习情况进行评价,教师可以及时了解学生的学习状况,发现存在的问题,并针对性地调整教学策略,从而提高教学效果。

1. 评价导向的课堂教学强调评价的及时性和准确性

通过设计合理的教学评价方式,教师可以及时获取学生的学习信息,从而准确判断学生的学习状况。这种及时的反馈可以帮助教师及时调整教学进度和方法,确保学生能够跟上教学节奏,提高学习效果。

2. 评价导向的课堂教学注重评价的多元化

传统的评价方式往往只关注学生的考试成绩,而忽视了学生的其他方面。而评价导向的教学方式则关注学生的多个方面,如课堂表现、作业完成情况、小组讨论、实验操作等。这种多元化的评价方式可以更全面地反映学生的学习状况,帮助学生发现自己的优势和不足,激发学生的学习动力。

3. 评价导向的课堂教学重视评价的导向作用

通过合理的评价方式和标准,教师可以引导学生明确学习目标,提高学习效率。同时,教师也可以利用评价结果来反思自己的教学方式和效果,不断改进和优化教学过程。

总之,倡导"评价导向的课堂教学"有助于提高教学质量和学生的学习效果。通过及时的、准确的、多元化的和导向性的评价方式,我们可以更好地了解学生的学习状况,针对性地调整教学策略,从而实现教学的持续改进和创新。

我们感到,无论是诊断性评价,还是过程性评价、终结性评价,都可以发挥对课堂教学的导向作用,而且针对性、适用性、指导性都很强,特别是对解决教学实践中的策略、方法问题非常及时、有效。关于课堂教学的评价导向具体如何实施,我们将在下一章有关内容中展开讨论。

第七章

# 系列研究深化教改

行而知之，知行合一；

深耕厚植，笃行致远！

——题记

优教、强校都需要教育科研的加持，特别是作为优教、强校支柱的教学质量，在很大程度上得益于卓有成效的教学研究。我们关于新优质建设和强校工程的重大举措，都是建立在课题研究的基础上的。

学校应该怎样做研究，我们的体会是：将每一个课题都做成有效的真实研究，让每一项研究都能有效解决教育教学的真实问题。有效，主要体现在：以校为本，本土化，接地气；问题导向，找原因，探路径；团队合作，开视野，拓思维。随着新优质建设和强校工程的实施，我们以课题或项目研究作为推进教改的引擎，力图全方位提高学校办学的质量和效益。

## 一、课题研究，激发内生动力

在"新优质建设"和"强校工程"推进过程中，我们借力各级平台，鼓励和支持老师们积极参与教育科研，在德育、教学、体育、信息技术、劳动教育、师资队伍建设、学校文化建设、学校特色建设等方面开展过多领域、系列化的课题研究。

市、区层面搭设的双名工程、种子计划、菁英计划等平台，学校层面搭设的教研组的主题研修、学校青年教师智慧培养工程、集团内部联合教研，以及参与市、区级教研活动等，让老师们不仅拥有了进步的愿望和信心，更落实了积极参与教研、反思的行动，在成长路上迈开了坚实的步伐。

以下是市北初北校 2018 年以来获得市、区级立项并按计划完成的主要科研课题：

正向德育显性化研究；

思想品德课体验式教学培养学生社会参与能力的探究与实践；

关于时政热点在初中道德与法治教学中的应用的实践性研究；

校园文化建设中诗教丰富德育方式的实践研究；

项目化辩论提升初中道德与法治课教育质效的策略研究；

学科育德视域下初中校馆结合项目化学习实践研究；

核心素养导向下初中语文单元教学的项目化学习实践探究；

初中语文阅读教学中关注学生学习经历的探索与实践；

项目化学习推动下的语文教学综合实践活动教学设计和实践探索；

项目化学习在初中语文活动探究单元中运用的实践研究；

旨在培养学生创造力的初中语文整本书阅读项目学习的设计与实施；

基于 OPVL 思维工具的整本书阅读教学设计与实践应用；

初中数学合作型作业的研究与实践；

初中数学项目学习课程资源开发和实践研究；

初中小班化数学教学中应用题审题教学与案例分析；

自然拼读在初中低年级后进生单词教学中作用以及教学方法之研究；

课堂之外利用微视频提升初中物理教学效果的探索与实践；

初中科学实践性作业设计的研究和探索；

初中科学实践性作业创新设计的实践研究；

体育课中不同身体素质练习缓解初中生焦虑水平的实证研究；

初中艺术学科与本土非物质文化遗产的融合与实践；

基于项目化学习的初中艺术学科单元作业设计的开发与实践；

初中美术学科与中华优秀传统文化融合的创新与实践；

初中"3W"校馆结合项目化学习的实践研究；

博物馆课程资源在培育史料实证素养中的应用研究；

……

教师参加课题研究，坚持"以问题为导向"，为"用"而"研"，"研"以致"用"。越来越多的老师通过参与课题研究不断反思、改进教学方法与手段，让学生在灵动的课堂中习得知识，提升能力，取得进步，尝到了教改的甜头。"强校工程"实施以来，2018—2022 年，教师获得市、区教育科研成果奖的达 60 多人次，在各级教育刊物公开发表教育教学论文 40 余篇。

## 二、项目实施，提升科研实力

自加入"上海市新优质学校"集群以来，学校积极探索建设能促进教学融合的精致课程，逐步形成了"一体两翼"的课程结构框架。一体：培养学生的核心素养。核心素养是学生适应未来自身发展和社会发展应具备的主要品质和关键能力。学生核心素养框架的提出,是在多年实践基础上,对素质教育理论的进一步发展,是三维目标的发展和深化,是学校进一步明确培养什么样的人的根本问题。两翼:一是建设特色课程,二是打造智慧课堂。课程、课堂的不断变革,记录了广大师生在教改之路上不断探索的脚步,也留下了学校借力"新优质"工程不断成长、持续发展的轨迹。

(一)建设特色课程,促进每一个学生综合素质提升

建设特色课程的目的,就是要"让每一个孩子每一天都有进步",从而努力实现优质教育。这不仅充分体现了"以人为本"的教育理念,也表达了学校对学生核心素养培养的重视。学校一直以来不再把学业成绩、分数排名作为衡量孩子优质与否的唯一标准,取而代之的是回归教育的原点——真正关注到人的发展,整体打造具有学校特色的课程体系。学校特色课程经历了从 1.0 版本"馆教结合"—2.0 版本 3W 浸润式场馆教学—3.0 版本 PBL 项目螺旋式上升的变化,有效地促进了每个学生综合素质的提高。

1."校馆结合"——特色课程 1.0

学校发现,中小学在推进社会实践教育过程中,存在着三个突出的问题:第一,校内社会实践教育实践经验的缺失与资源积累的相对不足,限制了社会实践教育的质量提升与价值实现,间接地影响了学生相关能力的培养;第二,社会实践教育指导教师专项知能的不足,制约了教师把握教学设计、控制教育内容、完成教育目标的效果,最终降低了社会实践教育的效能;第三,教师专项研修资源的稀缺,阻碍了教师的专业成长,同样也影响了社会实践教育的实效。如何充分利用好场馆教育资源,使之更好地与学校教育教学内容相整合呢?"馆教结合"就是一种很好的途径。"校馆结合"是指对博物馆、图书馆、科技馆等文教场馆及其衍生平台的开发利用,使之服务于教育教学。其目的是为了拓宽学生的眼界,丰富学生课程,加大选择性。2010 年,学校在各年级开展了"馆教结合学科实践活动"。教研组从各学科中梳理出与相关博物馆展览初步匹配的教学内容,建立目录;然后利用考试空当期、节假日或拓展课时间,由老师带领学生参观相关场馆,探索"馆教结合"的有效方法。为了给学生全面的体验,项目实施过程中所有学科均有参与,老师们不断调查、挖掘本学科的展馆资源。像历史、物理、化学、地理、美术这些自不必说,历史博物馆、科技馆、地质馆、天文馆、美术馆等大量展馆资源随处可见,就连政治学科也找到了城市规划馆结合教学,体育学科则找到了一些体院的校博物馆或者与武术

有关的行业博物馆来开展学科渗透。学校的"校馆结合"课程经过 6 年的实践,编制了近 20 份与学科知识紧密结合的学习单和相关教案,涵盖语、数、外、理化、政治、历史、地理、美术、体育、音乐、科学、德育、民防、综合等学科,开阔了学生的眼界,提升了他们对教材内容的形象认识力。

2. 3W 浸润式场馆教学——特色课程 2.0

在"校馆结合"课程开展过程中,学校也发现了一些问题:有些学科的场馆活动形式较为僵化,并没有充分挖掘场馆所有可用资源;场馆本身的参观条件与学生的不同兴趣使活动效果不一;场馆课程未形成培养序列,处于各自为政毫无关联的状态。而这些使得学生的学习兴趣、能力培养,老师的课程开发能力无法得到提升。2016 年,学校围绕学生参观场馆的次数、原因、收获等进行了问卷调查。调查显示,学生参观场馆的频率一般一年一次,主要集中在双休日前往,参观的主要原因是老师在课堂上提到该教学内容可以参观场馆(49.1%),其次是对展品本身感兴趣(33.6%)。参观后,53.2%的学生反映收获是拓展了视野,37.7%的人认为对课上讲的知识有所帮助。场馆令学生影响最深刻是展品,但也有 39.3%的学生对场馆的环境、展示手段感兴趣。在参观过程中,超过九成的学生希望参观时有讲解,并有80.7%的同学听过讲解。69.2%的学生没有参加过场馆组织的活动,希望场馆能够多组织如考察等实践活动。89.5%的学生希望到场馆上课,并且希望通过布置题目,在场馆中寻找答案的方式进行学习的最多,占 36.4%。由此可见,学生对场馆有较高的兴趣,也有一定了解,这就为"馆教结合"升级 2.0 版本 3W 浸润式场馆教学提供了参照值。3W 浸润式场馆教学突出"全员全学科全学段",每位学生每学年有四次场馆教学课程安排,学校通过整合三类课程,将教学内容与具体场馆挂钩,对教学目标进行了重新设置,增加教学的互动性和情境性,以此丰富学生课程、拓宽学生眼界、提升学习效能,来适应学生个性化的学习需求,并在此过程中渗透核心素养的培育,寻找提升学习效能和培育核心素养的有效教学和评价方式。在研究过程中,教师的教案不断细化,不仅限于某节课或某门学科的单打独斗,使各学科各学段经纬交织,不止提供一种学习任务和评价形式,使不同水平学生都能有所收获,令课程效能更大化,形成适合不同学生发展的系统化活动序列,逐步构建起和田模式的 3W 场馆课程体系,并为中考改革综合素养评价作参考。3W 浸润式场馆教学强调"浸润式",不仅借助博物馆真实的展品、影像、数据等专业、丰富的资源和情境直观、形象、生动的特点,让亲历其中的学生调动起所有的感官,生发出对这些事物的好奇、进而带动出学习和探究的兴趣,更通过对博物馆、图书馆、科技馆等文教场馆衍生平台的开发利用,深化"浸润"的程度。学习任务单的设计更注重思维训练,有阶梯,有层次,创设的问题情境不仅有助于学生自主探究和独立思考,而且能对学科知识进行重新建构和再发现。在活动中,学生要完成任务单上"查一查""找一找"等知识性问题,必须认真观察找到相关的场馆资源;还要完成任务单上"比一比""算一算""想一想"等思维性问题,就需要在观察的基础上进一步分析、思考。场馆教学促进了学生合作共享学习方式的形成,小组合作、成果交流等反馈形式有助于提高学生的学习参与度和学习信心,也给予教师进一步修正的依据。

3. PBL 项目式学习——特色课程 3.0

2018 年,学校基于 3W 课程申报了静安区的全国课题子课题《基于学习效能提升的"3W 浸润式场馆教学"的实证研究》并立项。同年,《"3W 浸润式场馆教学"的课程实践》项目也成功立项 2019 年度上海市教委基教处本级财政项目。当学校通过课题的眼光再审视 3W 课程时,不仅看到了阶段进展,更看到了不足:3W 课程的教学设计加强了展馆资源与基础型课程的知识点、能力点的对接与落实,加深了对学科知识的记忆和理解。但这种就知识到知识的课程设计有明显不足,主要表现为:第一,课程开发和学习形式单一,现有学习单模式不足以达成学生的深度学习,依旧停留在"信息式"的学习层面,多在解决单一问题。这就是"Question"和"Problem"的区别。第二,个性化需求未得到充分满足。学生对课程的兴趣度不一,除了刚提到的学习形式影响兴趣度外,个性化需求未得到满足也是重要原因。第三,场馆资源还未充分使用。老师们利用的场馆资源主要是展品、说明、馆内互动装置、展馆网络资源、讲解员,与馆方的深度合作,对资源的整合力度还不够。第四,全面浸润的理念在校园文化上还未体现。第五,课程管理和实施线条与规范还需完善。针对这些问题,学校又再次将特色课程升级为 3.0 版本——PBL 项目,为了尽快推进 3W 课程 PBL 项目的实施,学校做了三件事:其一,学校教科研部门将区一级研修的内容向全体教师进行了培训,了解什么是 PBL 项目学习,开展 PBL 项目化学习的实施路径、方法,在理论层面进行学习。其二,2019 年 4 月开展了 3W 浸润式场馆 PBL 教学的工作推进会,给老师们以示范。科学学科以"请为上海铁路博物馆设计一条适合初中科学学科学习的参观路线"这一核心问题,进行了现场教学展示。我们的尝试得到了上海铁路博物馆领导的认可,他们与我们签订了合作协议,我们将继续以 PBL 的形式与铁路博物馆共同开发课程,展示学生学习成果。其三,全面推进,成立学校 PBL 项目组,由学校教导处管理负责,具体由科研室规划并和两类课程教研组实施,各教研组协同推进。在教研组和学科教师的努力下,学校又有 10 名教师参与 PBL 项目教学,学校分别在 7 月初、8 月初、9 月请市、区相关专家对参与项目组的教师进行培训、梳理思路、指导项目课程方案的书写,9 月中旬以来又在区项目组的关心和悉心指导下,相关课程得以顺利推进落实。至今我们开发的课程主要有这些,PPT 数学学科上海航宇科普馆"畅想机翼的发展"课程,艺术学科中华艺术宫"寻踪有个性的艺术家"课程,地理学科上海自然博物馆"上海湿地危机"课程,历史学科上海博物馆"我的线上青铜器主题博物馆"课程,语文学科鲁迅博物馆"探访鲁迅足迹"课程,英语学科上海城市规划馆"Introducing Shanghai in English"课程,化学学科梦清馆"从梦清园到和田水"课程,德育、科学学科上海禁毒科普教育馆"设计一张适合初一年级学习禁毒知识的学习单"课程,音乐学科东方乐器博物馆"东南亚传统音乐艺术之窗"课程,物理学科上海科技馆、上海市青少年科技探索馆"小小教具设计师"课程。目前学校有六个课程在实施教学,其他后阶段分内容实施。2019 年 12 月我校承办了静安区教育学术季第四季"核心素养背景下教与学设计创新"交流研讨会,通过四节 PBL 展示课,进一步探索和梳理 PBL 形式 3W 课程的操作流程和学习效果,摸索课程一般模式。

**(二)打造智慧课堂,让每一个学生激发学习活力**

课堂既是教学研究实践的主阵地,也是教师和学生共同成长的地方。充满生命力的课堂是师生互动,气氛活跃的场所,教师在活跃的环境下完成教学任务,学生在愉快的气氛中学到了知识。我们追求的精致化教育,着眼点是"人的发展",即教与学、师与生的共同发展,这归根结底还是落实在课堂上。学校智慧课程经历了从 1.0 版本"关注差异,激励成长"—2.0 版本"关注个性,因材施教"—3.0 版本"关注思维,问题导向"螺旋式上升的变化,尽力激活每个学生的学习活力。

1. 关注差异,激励成长——智慧课堂 1.0

面对学校生源一般的实际状况,学校引导教师关注学生成长,认识到学生是一个正在成长中的人,鼓励进步,包容失败,帮助每个学生有进步。教师通过《学生成长记录册》《学生学业质量监控数据》记录孩子学习生活的点点滴滴,用"进步"指标关注学生基于原有基础上的"增值",使"指数"成为一种动态发展的对学生评价的标杆。学校引导教师关照学生差异,认识到学生的成长背景、智力水平、情感需求各自不同,在课堂内开展分层教学,在课后进行答疑解惑,尽可能适应学生差异,满足学生共同和不同的发展需求,尽可能创造条件让学生的个性闪光点得到充分展示。教师都认为他们最主要的工作就是帮助学生树立信心,给孩子提供适合教育,帮助他们在原有基础上尽可能地提高。首先注重营造"和谐"氛围,把和谐的师生关系带进课堂,通过营造最佳的学习氛围,调动学生最佳的精神状态,从而使学生以最佳的主体精神参与学习活动;其次强调教与学的共同体验,让学生主动探索知识的形成过程。教师在组织课堂教学中强调活动,强调实践,强调师生的"亲历"和全程参与,并重视学生的个人感受,强调让学生获得成功的体验,通过多渠道的学习活动,在各种参与式的实践活动中展开教与学的过程,提高实践能力,体验情感态度,实现教与学的共同成长,即重视课堂生成;最后,给孩子自我需要的空间。教育不同于流水线,教师面对的孩子,有着各自不同的特点和需求。所以,课堂内应给孩子们适当的"留白空间",让他们多一点思考的时间,多一点活动余地,多一点提问的机会,多一点成功的体验。"关注差异,激励成长"促进教师们改变了"以教为主"的教学观念,将目光投注到学生身上,更多关注学情,让课堂开始走向"以生为主"。

2. 关注个性,因材施教——智慧课堂2.0

2015年,学校加入了上海市"新优质学校集群"计划。新优质理念更关注课堂教学有没有通过适合学生的教育方式,让每一个孩子有进步、有成长。学校为了进一步提升课堂教学的针对性、有效性,将目光聚焦到新授课环节——"第一讲"。上好"第一讲",是智慧课堂2.0的基本要求,也是关注个性、因材施教的起始环节。上好"第一讲"'即要求课堂精彩,是为了提高工作效益、强化过程评价和目标管理的一种现代教学理念,主要是指通过教师在新知的第一次教学之后,学生所获得的具体的进步或发展。这就要求教师对教学对象有充分的了解,设置的教学目标是学生通过努力可以达到的,引领学生探索和思考的问题是处于学生的"最近发展区"的。教师着重研究哪些一定要教,哪些可以教,哪些不用教,在课堂上努力做到"学生已经会的不讲,学生自己能够学会的少讲,学生学不会的不讲",把时间省出来,让学生学会思考,学会质疑,学会探究。上好"第一讲"做法源自物理化学学科的成功经验。我校物理化学学科一直很强,学生们都说理化课堂很精彩。学校组织全校老师一道来观摩、研究,发现了理化课教学的三个特点:一是特别关注从学生的困难出发,就会越走越简单;二是特别关注学生的学习经历,体验越深,记得就越牢;三是特别关注教与学的多种方式,方式越多,解决困难的办法就会越多。学校将理化老师的经验,推广到各个教研组,积极引导每位教师加强对"课程标准"的精细解读,努力追求"教"与"学"的和谐;学校要求教师加大对学生的研究力度,以教学目标的适切性、主体学习的人文性、教学方法的灵活性为核心指标,关注课堂教学的各个环节,不断提高"第一讲"的教学实效。具体做法是:设置学生易于理解的教学内容。在课前准备环节上,引导教师注意三个方面,即用好三本书、把好两个方向、备好四个点。用好三本书就是教师必须认真钻研教材、课程标准和中考考纲。把好两个方向就是教师备课时应该横向注重知识点难度的增减,纵向注重知识点序列的衔接。备好四个点就是教师应该注重梳理教学内容中的重点、难点、易错点、得分点。设计学生易于接受的教学环节。在教学方法上,引导教师紧扣三维目标,尤其重视对教师提高"第一讲"的教学实效的方法指导。主要在三个环节上引导教师。引入:课堂引入我们注重以旧带新,尤其是强调"两个简"。即由简入手、言简意赅。新授:从"四点"出发,引导教师反复突出重点、巧妙化解难点、故意设陷易错点、牢固掌握得分点。以点带面,第一时间完成基础知识的讲解,帮助学生夯实,从"满堂灌"教学转向于注重引导学生暴露学习中的问题。练习:结合学校小班化的特点,努力做到"边讲边练,边练边批",同时,在讲练结合的基础上做到"一步一反馈,一步一小结"。布置学生可以完成的课后作业。学校注重有针对性的修复训练。在课后练习上,注重作业分层,根据学生不同程度设计与之相适应的作业,包括"一本、一册、一卷"。"一本",即学生的错题本,根据学生平时课堂内练习、考试中易迷惑、易出错的问题,要求学生整理出错题集,注明错误原因。这是要求所有学生必须配备和完成的作业。"一册"即与教学相配套的练习册,教师可根据教学内容和学生实际掌握情况选择部分加以完成。这要求大部分学生完成,部分困难学生在教师的指导下完成基础部分内容。"一卷"即学校特有自发研制的双基训练配套练习,俗称"小卷子"。一般完成时间是5—10分钟,内容是与当天教学内容有关的配套练习,其中包含必做题和选做题。必做题部分要求所有学生必须掌握和完成,完成的时间可以是课内最后几分钟,也可以是回家作业;选做题部分则是针对那些学有余力的学生,让其课后完成。学生可以独立思考,也可以通过合作讨论后完成。"关注个性,因材施教"让教师们认识到"个性化教育",就应该体现"因人施教"原则,让优秀学生有启发,中等学生可接收,困难学生能参与,让每个学生在原有的基础上得到最好的发展。

3. 关注思维,问题导向——智慧课堂3.0

2018年,学校加入了上海市"强校工程"计划。站在新的起点,我们也在思考如何进一步深化课堂教学改革?通过研讨,我们认为,教育的根本目标是让学生能够实现自我发展,适应社会发展。核心素养正是学生应具备的能够适应终身发展和社会发展需要的必备品格和关键能力。所以,课堂教学重心以学生为主,应该坚持问题驱动、以学生为主体、以学科体系内的各种问题为学习起点、以问题为核心规划学习内容,让学生围绕问题寻求解决方案;坚持偏重于学生学习活动的设计,让学生通过学习共同体的组织形式在活动中体验、思考、建构知识,达成学习目标;坚持偏重于学生认知地图建构的板书设计,利用板书帮助学生建构本堂课的"认知地图",通过板书设计让学生对所学内容进行针对性的回顾归纳,去粗存精,去繁就简,归纳整理,找出有价值的东西存入大脑。为此,学校在"强校工程"的推进中,将深化课堂教学改革的方向瞄准在"课堂教学导向性研究"上,坚持高度关注学生思维的发展,使教学活动始终围绕核心问题展开,这便成为智慧课堂 3.0 版本——关注思维,问题导向的精髓。课堂教学导向性研究,即为了促进教师专业发展、学生成长和提高课堂教学质量,为了有效地评析教师课堂教学的状况和学生学习状况,使教师回归"以人为本"的教育本源,以学生为中心,以能力为本位,激励教师有目的性、有针对性地不断学习、改进、提高。学校通过借助设计、使用"课堂教学导向性观察量表",充分发挥课堂教学评价的导向作用,由"以教论教"向"以学论教""以学论学"转变,以学生的学来评价教师的教,以学生的学习状况来评价学生的学习效果,以学生及教师的发展为本,重视发展性教学评价,发挥评价的诊断、激励和导向功能,构建与教学相匹配的课堂评价体系标准。学校为全体教师开展了题为"课堂教学导向性观察量表"设计要求讲解的专项培训,要求各教研组在制定"课堂教学导向性评价表"时,重点关注板书设计、课堂提问、师生互动、教学组织形式等方面,研究提高课堂教学的关键环节。然后在校长室的带领下,教导处的组织下,各教研组针对各自学科的特点、教学环节的模式设计了基于学科特点的"课堂教学导向性观察量表"。2019 年,学校以教学效能的提升为目标,对"课堂教学导向性观察量表"进行进一步的细化、修改、调整,并形成适合不同学科课堂教学的观察量表系列,为提升课堂教学效能提供可供考评的依据。在此基础上,学校定期开展听课、评课、反思、主题研讨等活动,推动教师加强教学反思,改进课堂教学行为。需要特别说明的是:上面提到的特色课程与智慧课堂的1.0、2.0、3.0 版本,三种版本各具千秋,各展所长,后续的并不否定前面的,而是补充、加强与升级,即通过内容的补充,实施方法的加强,从而达到整体的升级,且兼容前面的版本。在实践中,老师们根据教学内容、任务、要求以及学情进行选用,兼收并蓄,扬长避短,它们为老师们实施智慧教学提供了多样化、个性化的选择。

## 三、主题挈引,建构教学研究新常态

基于问题,聚焦主题,一直是市北初北校开展教育科研所遵循的基本思路。我们始终着眼于发展学生的核心素养,在教学领域多角度深化课堂改革,着力于建构学校教学研究新常态。

**（一）基于问题,循证实践**

学校及时梳理教学短板,规范教学基本环节,完善教学常规管理,使学校教学工作规范化、制度化、有序化。学校开展课堂常规循证研究,为全体教师开展了题为"课间拖堂问题反思"的专项培训,要求所有教师科学安排作息时间,切实减轻学生过重课业负担,坚决纠正各种随意侵占学生休息时间的做法。学校开展提升效能的循证研究,成立学科中心组,建立部门巡视制度。

**（二）聚焦主题,深耕课堂**

学校紧紧围绕两个市级财政项目——"基于学习效能提升的'3W浸润式场馆教学'"和"基于教学效能提升的'课堂教学导向性观察量表研究'",开展教学研究。

首先,学校科研室对全体教师开展专项培训,要求各教研组确定研修主题,关注学生思维的发展,研究提高课堂教学的关键环节,教学活动始终围绕核心问题展开。

其次,在校长室的带领和教导处的组织下,各教研组针对各自学科的特点、教学环节的模式开展听课、评课、反思、主题研讨等活动,推动教师加强教学反思,改进课堂教学行为。

表7-1反映的是学校各教研组近几年开展主题研修的内容。

**表7-1 市北初级中学北校教研组研修主题(部分)**

| 教研组 | 2018年 | 2019年 | 2020年 | 2021年 | 2022年 |
|---|---|---|---|---|---|
| 语文 | 关注学生学习经历,设计有效课堂提问 | 文本解读,提升素养 | 基于文本解读能力上的高效课堂构建 | 基于文本解读能力上的高效课堂(文言文教学)构建 | 新课标下的语文单元作业设计的研究 |
| 数学 | 高效课堂教学模式研究 | 数学课堂教学中问题设计研究 | 数学课堂教学中问题设计研究 | "双减"政策下课堂教学研究 | 基于单元视角优化教学设计 |
| 英语 | 基于课程标准,合理制定教学目标 | 读说结合,助力阅读加工,发展写作能力 | 基于发展思维品质的英语课堂活动设计 | 基于学生学习能力的英语分层教学研究 | 单元教学视角下分层作业的设计探究 |
| 理化生 | 通过跨学科、跨备课组备课提高备课效率 | 如何通过演示实验激活课堂 | 如何通过实验教学提高课堂教学有效性 | 通过实验激发学生的学习兴趣 | 新课标下学生核心素养的培养——科学探究 |

（续表）

| 教研组 | 2018 年 | 2019 年 | 2020 年 | 2021 年 | 2022 年 |
|---|---|---|---|---|---|
| 政史地 | 课堂中创设教学情景初探 | 用好新教材应对新中考 | 依托教材,提升课堂教学有效性 | 优化教学策略,提高教学效率的路径研究 | 核心素养视角下的单元教学设计研究 |
| 音体美劳信 | 初中体育多样化课程改革的规划与初步实践 | 初中体育多样化课程改革的教学项目探索 | 初中体育多样化课程改革的课堂教学方法研究 | 学科知识体系梳理与教学环节的设计逻辑 | 从新课标核心素养要求出发,落实单元教学中关键能力目标 |

　　最后,通过参与区教育学术季活动,开阔眼界,拓展思维,不断提升学校的科研实力,努力提高教师的科研能力。通过 2019 年学术季,学校向全区展示了基于教与学创新的 PBL 项目化学习研究成果;2020 年学术季,学校两位青年教师进行了文理综合公开课展示后,两个教研组的老师代表围绕各自教研组本学期的教研主题进行了精彩的评课;2021 年学术季,学校语文、数学、外语、物理、体育学科进行了公开课展示和精彩的评课;2022 年的学术季,学校围绕"聚焦主题　深耕课堂"的青年教师教学研讨活动开展;刚刚结束的线上教学期间,学校还紧跟课改形式,组织老师进行单元作业设计。学校通过这些平台的搭建,使教学研究成为教师新常态。

　　师资队伍实力的不断提升,不仅增强了教师的职业自信力,而且提升了学生满意度,提高了办学效益。学校开展的面向全体学生的问卷调查显示,学生对师德师风、课堂教学的满意度都超过 95％。

## 四、科学评价,引导课程教学

　　课题研究必须脚踏实地,真抓实干,不能虚张声势,做表面文章。表面文章只能花哨于一时,却绝难见效于长远,且劳民伤财,助长哗众取宠、华而不实之风,此乃教育之大忌。因此,我们十分注重关于教学评价的研究。

　　（一）学业质量综合评价

　　学校制定了详细的实施方案,明确操作流程,加强教导处、教研组和年级组的沟通与调研,进一步完善学生的学情分析以及市北初北校质量监控体系,关注每个学生多元发展,逐步建立学业质量"绿色指标"综合评价体系。

　　在品德发展与公民素养板块,重点记录学生遵守日常行为规范方面的表现;参加社会考察、公益劳动、职业体验、安全实训、德育活动、国防民防教育活动等情况。学校根据要求制定了"上海市市北初北校学生综合素质评价体系社会实践类安排表",分四个板块罗列了学生社会实践内容与课时数。在创新精神与实践能力板块,记录学生参加探究学习、社会考察、科学实验、文学创作、科技活动等方面的过程和成果。学校组织的"3W浸润式场馆教学"能满足所有学生完成"探究学习报告"或"社会考察报告"的需求。对于学有所长的学生来说,学校还能提供更高阶梯的项目与方案供他们选择,如少代会提案跟踪报告、STEM中心项目、PBL项目等。

学校还详细制定了道德与法治、历史学科的日常考核细则,按文件规定从学习成绩、学习表现和学习能力、实践能力三个方面综合评价学生。我校制定的方案中学习成绩的考核注重阶段测试与期末的笔试成绩相结合,学习表现和学习能力的考核关注学生课堂表现、学习能力和作业完成情况三个方面。实践成果的完成可从教材中的探究与分享或"学校3W浸润式场馆教学"中任选。同时我们的考核细则和综评网的成绩实现对接,将两项工作有机融合在一起。

我们制定的评价方案突出社会考察、探究学习、职业体验等综合实践活动的记录,树立正确的质量观和评价观,运用科学的教育评价理论对学生发展进行综合评价,促进学生积极主动发展和全面健康成长。

（二）课堂教学导向性评价

课堂教学评价具有导向与激励功能、诊断与改进功能、反馈与调节功能、管理与教育功能等。这里主要从导向功能的角度谈一谈课堂教学的导向性评价。

课堂教学导向性评价研究是促进教师专业发展、学生成长和提高课堂教学质量的重要手段,能有效地评析教师课堂教学的状况和学生学习状况,使教师回归"以人为本"的教育本源,以学生为中心,以能力为本位,激励教师有目的性、有针对性地不断学习、改进、提高的过程。我们着重从课堂教学评价的内容、方式两个方面寻求突破,并研制了"课堂教学导向性观察量表"。

1. 完善评价内容

考试分数是学生学习成效的一种直观表现,但某些素养的生成情况可能无法在学科考试中获得。所以首先我们的评价内容与范围要进一步思考研究。比如,平时学生的课堂表现、学科活动表现,乃至于德育活动表现都可以进行科学量化的评价。另外基于我们学校学生的现状他们将来的发展更需要的是哪些核心素养,我们的评价是否可以从这个角度来考量。

2. 完善评价方式

评价按不同分类标准有许多形式,比如相对、绝对、个体内差异评价;定量、定性评价;过程、成果评价;实证性、人文式评价;形成性、诊断性、总结性评价,等等。我们要考虑的是哪种评价方式更适合核心素养培育。除了成果性的考试,基于核心素养达成路径的特点,过程性评价和表现性评价有一定的适切性。

一是注重过程性评价。个人理解为个体差异评价,看一个孩子的纵向发展趋势。可以体现我们的育人目标"让每一个孩子每一天都有进步"。成长记录册、档案袋,包括我们的延时评价、增值评价都可以进一步研究梳理,如何更好地体现学生自身发展差异,发现问题,解决问题,促进学生进步。

二是注重表现性评价。表现性评价侧重于评价学生实际操作的能力,要求学生建构各自独特的答案,且答案不存在对错之分,只存在程度之别(如优秀、中等、合格或不合格);不提供被选答案,以便学生有充分作答的自由。表现性评定需要记录学生实际操作或学业成果(如论文、方案设计等),以此评价学生的操作能力。在表现性评价中,教师必须在教学中根据详细的评分规则进行观察和记录。表现性评价的目的不在于评价,也不在于给学生分等级或贴标签。它很重视学生参与评价的过程,很重视学生在教师的帮助下自定目标、自我评价、自我调整,从而促进学生学习非结构性知识,发展实际操作能力,获得全面发展。

3. 研制"课堂教学导向性观察量表"

"课堂教学导向性观察量表"旨在充分发挥课堂教学评价的导向作用,由"以教论教"向"以学论教""以学论学"转变,以学生的学来评价教师的教,以学生的学习状况来评价学生的学习效果,以学生及教师的发展为本,重视发展性教学评价,发挥评价的诊断、激励和导向功能,构建与教学相匹配的课堂评价体系标准。

以市北初北校开展的课堂教学导向性研究,使用的"课堂教学导向性观察量表"为例,学校明确其定位为:促进教师专业发展、学生成长和提高课堂教学质量的重要手段;有效地评析教师课堂教学的状况和学生学习状况,使教师回归"以人为本"的教育本源;以学生为中心,以能力为根本,激励教师有目的性、有针对性地不断学习、改进、提高。

评价量表的研制主要从两个方面来考虑:

一是从评价内容完善方面来考虑。考试分数是学生学习成效的一种直观表现,但某些素养的生成情况可能无法在学科考试中获得。所以首先我们的评价内容与范围要进一步思考研究。比如,平时学生的课堂表现、学科活动表现,乃至于德育活动表现都可以进行科学量化的评价。另外基于我们学校学生的现状,他们将来的发展更需要的是哪些核心素养,我们的评价是否可以从这个角度来考量。

二是从评价方式的完善方面来考虑。上文已有详细论述。

具体到课堂观察,操作上的关键因素是视角、观察点和观察过程、观察机制。课堂观察指标的设计要讲究适用、实用,讲究对标(教学目标)、对路,可操作性要强,以恰到好处地体现导向功能。一次观察的视角、观察点不宜过多,面面俱到反而不得要领。实践中可多采用主题观察方式,即一次观察确定一个主题,围绕主题明确观察重心,依据重心选择观察视角和选取观察点。当然,究竟采取何种观察方式,须视目的、任务、要求而定:综合观察是全景式扫描,相对全面;主题观察是聚焦式特写,相对集中。我们常态的做法是:

对教师,总体上是看驾驭课堂、引导学生学习的机智和灵动,特别是教师对学生思维的训练,对学生即时理解的关注,对问题的现场解决;着重观察其教学行为,包括学习形式采用、学习方法指导,有意识的强化训练、有针对性的拓展延伸,等等。

对学生,总体上是看他们在课堂学习中的态度、行为表现及效果,尤其是掌握基础知识、基本技能的程度;着重观察他们的兴趣、注意力,以及思维投入、即时理解、完成任务的情况。

对教学过程,着重观察师生间的行为互动和契合度,以及任务推进的轨迹和实效。

表7-2为教师日常课堂观察所用量表表式之一——综合观察表:

### 表7-2　市北初级中学北校课堂教学综合观察表

| 时　间 | _____年___月___日　　星期___　　第___节 | | 学科 | |
|---|---|---|---|---|
| 课　题 | | 执教者 | 班级 | |
| 领　域 | 指　标　与　观　察　点 | | | 评分 |
| 教学<br>设计规范 | 目标制定符合课程标准和学情;教学设计结构完整,阐述清晰,各项内容描述准确,表述方式恰当,能突出重点 | | | |
| 教师<br>教学清晰 | 熟知学科内容:准确解释、表达学科基本概念和核心内容;将抽象的教学内容转化为有助于理解概念、解决问题的学习活动;在传授学科技能时,教师示范准确、规范 | | | |
| | 建立教学结构:有条理地、由简到繁地呈现教学内容;围绕核心内容,提供丰富的事例和证据;设计有意义的课堂反馈训练或练习;适时概括学习要点,突出重点 | | | |

（续表）

| 领　域 | 指　标　与　观　察　点 | 评分 |
|---|---|---|
| 引导<br>学生学习 | 采用多元方式：运用除讲授以外的多种教学方法；提供大多数学生参与学习活动的机会；选用合适的媒体资源、自制教具等教学资源 | |
| | 善用发问技巧：问题明显呈示，表达清楚，指向明确；提出与学生认知水平相吻合的开放式问题；留出适当的待答时间 | |
| 师生<br>有效沟通 | 恰当运用表达：用学生明确理解的语言文字，解释核心内容；面向全班学生清晰有效地呈现教学内容；以适当的眼神、表情、手势、走动等促进与学生的沟通 | |
| | 积极促进对话：倾听学生表达，不随便打断；鼓励和引发学生提问或质疑；对学生的反应有建设性的反馈 | |
| 教学<br>目标达成 | 掌控教学时间：巧妙连接教学活动，维持流畅的教学节奏；利用走动察看等方式，督促学生集中精力；导课不拖沓，下课不拖堂 | |
| | 关注反馈指导：运用多种方式获取教学目标达成状况的信息；给予有特殊需要的学生及时帮助 | |
| | 达成预期效果：大多数学生用心学习，专注于学习活动；大多数学生能理解并运用所学的概念和技能；学生能感受学习内容和学习活动的价值 | |
| 作业和<br>板书 | 板书设计有整体性、概括性、有条理性；课后作业注重层次性、拓展性、探究性和趣味性 | |
| 点　评 | 不足： | 总分 |

评价者_____

填表说明：本表列出了课堂教学观察的六个领域，每个领域中包含了若干个观察指标，每个指标下有相应的观察点。观课者根据授课者在各观察点的表现程度给予评价，评价等级及赋分 A. 9.0—10（好课），B. 7.0—8.9（较好），C. 5.0—6.9（一般，需部分改进），D. 0—4.9（有较大问题，需要重新设计）。

表7-3为教师教学工作评价所用量表表式之一——高效课堂观察量表：

表7-3　市北初级中学北校高效课堂观察量表

| 评价<br>维度 | 评价内容（观察点） | 权重/<br>分值 | 各等第分值 | | | 得分 |
|---|---|---|---|---|---|---|
| | | | A | B | C | |
| 目标<br>设定 | 1. 表述清楚、精当、具体。 | 10 | 4 | 2 | 1 | |
| | 2. 符合教材和学生实际，面向全体学生。 | | 3 | 2 | 1 | |
| | 3. 体现"三维目标"与"学科核心素养"的要求。 | | 3 | 2 | 1 | |

(续表)

| 评价维度 | 评价内容(观察点) | 权重/分值 | 各等第分值 | | | 得分 |
|---|---|---|---|---|---|---|
| | | | A | B | C | |
| 内容安排 | 1. 内容组织恰当,教材把握准确、挖掘适当。 | 10 | 3 | 2 | 1 | |
| | 2. 重点难点突出,深度广度适宜,注重知识拓展。 | | 4 | 2 | 1 | |
| | 3. 体现整体性、科学性、思想性;联系学生实际,反映学习本质,关注能力培养。 | | 3 | 2 | 1 | |
| 课堂推进 | 1. 结构紧凑,流程清晰;环节过渡自然,过程流畅有序。 | 40 | 10 | 8 | 6 | |
| | 2. 因材施教,因势利导,调控恰当,有效发挥教师主导作用。 | | 10 | 8 | 6 | |
| | 3. 激发并维持学生的学习兴趣,自主学习、合作探究、对话互动有效,充分体现学生主体作用。 | | 10 | 8 | 6 | |
| | 4. 精心设计随堂练习(或课后作业),契合目标,适量,分层。 | | 10 | 8 | 6 | |
| 方法运用 | 1. 问题设计有价值,体现针对性、启发性、开放性;注重学习方法、思维能力和创新意识的培养。 | 15 | 5 | 3 | 1 | |
| | 2. 注意留给学生思考的时间,善于追问和转问;单独提问与集体提问兼顾。 | | 5 | 3 | 1 | |
| | 3. 有效理答,及时重述与转化,师生共同建构。 | | 5 | 3 | 1 | |
| 效果反应 | 1. 学生学习专注,参与度高,课堂富有生气。 | 20 | 5 | 3 | 1 | |
| | 2. 教学容量适度,密度适切,学生负担合理。 | | 5 | 3 | 1 | |
| | 3. 目标达成度高,学生掌握知识技能快、准、活,综合能力得到提升。 | | 10 | 8 | 6 | |
| 教师素养 | 1. 教学理念新,课堂调控能力强,展现教育机智。 | 5 | 1 | 0.5 | 0 | |
| | 2. 语言规范、简洁,有逻辑性,有吸引力和感染力。 | | 1 | 0.5 | 0 | |
| | 3. 教态亲切、自然、端庄、大方。 | | 1 | 0.5 | 0 | |
| | 4. 板书设计新颖、布局合理、书写规范,体现知识框架。 | | 1 | 0.5 | 0 | |
| | 5. 根据教学内容选择合适的教具,熟练运用现代教育技术。 | | 1 | 0.5 | 0 | |

授课教师:_____    班级:_____科目:_____观课人:_____

评语:

    注:本表综合参考了有关研究成果。

下面以板书、认知地图，以及学生学习任务设计、学习活动设计为例作简要介绍。

(1) 板书——信息再加工

从动态的角度理解，它是教师上课时在黑板上书写的文字、符号以传递教学信息、教书育人的一种言语活动方式，又称为教学书面语言。从静态的角度理解，它是教师在教学过程中为帮助学生理解掌握知识而利用黑板以凝练、简洁的文字、符号、图表等呈现的教学信息的总称。无论是动态理解还是静态理解，板书都是融合了多向度思维的信息再加工过程。好的板书，有利于知识传授，有利于学生智力开发、能力培养，有利于学生情操陶冶，有利于活跃课堂气氛，有利于学生记忆知识。

板书评价的考察点主要是：

板书的内容：必须体现教学内容的内在逻辑结构、教学的重点和难点、教学内容的补充知识。

板书的类型与应用：符合教材的特点，切合学生的认知特征和知识储备；突出知识点及其逻辑联系，使学生能整体感知学习内容。如提纲式板书、对比式板书、线索式板书、图画式板书、分析综合式板书等。

(2) 认知地图——学习能量迁移

认知地图是认知学习理论的一个重要概念，指在过去经验的基础上，产生出某些类似于一张现场地图的模型。这是一种对局部环境的综合表象，既包括事件的简单顺序，也包括方向、距离，甚至时间关系的信息等，它体现了学习过程中的情境和能量迁移。

关于认知地图的考察点主要是：

是否注重为"认知地图"的建立提供动力和原形；

是否注重对"认知地图"的理解体验；

是否注重建立"认知地图"的完整印象；

是否注重为"认知地图"的灵活运用提供方法。

(3) 学生学习任务设计——问题驱动

"学生学习任务的设计"是建立在建构主义这一教学理论基础上的教学法。其教学设计原理强调：学生的学习活动必须与大的任务或问题相结合，让学生在真实的教学情境中带着任务学习，以探索问题的解决方法来驱动和维持学习者学习的兴趣和动机；在完成实际任务的过程中完成知识的学习任务，并从中发展认知能力和处理问题的能力。所以，从这个意义上来讲，促进学生深度学习最需要学生学习任务的设计,也最适合学生学习任务的设计。

问题驱动即基于问题的教学方法,不像传统教学那样先学习理论知识再解题,而是以学生为主体、以学科体系内的各种问题为学习起点,以问题为核心规划学习内容,让学生围绕问题寻求解决方案的一种学习方法。教师在此过程中的角色是问题的提出者、教学的设计者以及结果的评估者。有效的问题驱动,其教育价值在于:激活学生问题意识,激发学生探究精神,促进学生思维生长。

"学生学习任务设计"的观察点着重于:

① 是否具备让学生实现对知识建构与掌握的功能;

② 学生学习任务是否体现整体性;

③ 学生学习任务是否具有真实性、可完成、趣味性等特点;

④ 学生学习任务设计是否注意培养创新意识。

(4) 学习活动设计——多样化场域

学习活动的设计指教师和学生为了达成特定学习目标而进行的操作总和。学习活动是在多样化场域中进行的有目的的、精心设计的、以学习者为主体的活动系统,学习者通过学习共同体的组织形式在活动中体验、思考、建构知识,达成学习目标。以学习活动为中心的设计已经成为教学设计领域的新趋势和新转向。

"学习活动设计"的观察点着重于:

① 学习目标是否适切;

② 学习任务的创设是否基于真实问题情境;

③ 活动交互形式的设计是否多样化;

④ 是否形成学习活动设计质量的评价框架。

课堂教学的导向性评价,强化了教学质量硬约束,营造了关心教学、重视教学、支持教学、严格教学管理的良好氛围,切实发挥了评价的导向作用和规范功能,把"质量价值观"落实到了教育教学各环节,推动了教学内容和教学方法相契合、学科内容与课程思政相融合、信息技术与智慧教学相耦合。

第八章

# 文化兴校彰显魅力

文化根植于内心修养，是对完美的追求；文化所追求的完美，以美与智为主要品质。

——题记

文化的力量是超乎想象的！

以中国的春节为例，其意义不只在它是一个传统节日，而更在于它是一种文化现象，一种代表性的中华文化产物。我曾经读到过这样一段文字：

　　春节的伟大之处，在于一个国家能不分天寒地冻与春暖花开的地域，居然这么自然、情愿、真心实意地加入如此重大的一次盛典，还是每年一次，从不间断，它的凝聚力到底在哪里呢？

　　这就是家庭中亲情的力量，让中国人能够自觉地遵循着人伦的大道，它大于宗教，大于政治，大于金钱，不管家在穷乡僻壤，还是在灯红酒绿的都市，都要千里迢迢、跋山涉水往家奔，谁也阻挡不住中国人回家过年的脚步。

　　习俗的认同，是生活状态的一致性体现，长久生活状态的融合，势必形成共同的集体人格，从而构筑了中华民族的文化价值观念，这个文化的主脉，就是以家为核心衍生出的亲情之线。一个人即便走到天涯海角，心中都扯着一根无形的线。有多少中国人，就有多少条线，这些线织在一起，就是中国人用情感编织的血脉之网。这种巨大的凝聚力历久不衰，任皇权更迭、王旗易帜，中国人回家过年去滋润亲情的初心始终不改。"有钱没钱回家过年"，就是中国人对宗族血脉的寻根问祖。

　　有人曾经担忧过域外的圣诞节、情人节之类的节日，会淡化中国人对自己传统节日的固守。可在春运的当口，站在车站、码头、机场看看那些奔家去的人流，你就知道，心之所向，是怎样一种势不可挡的力量。

　　就算把全世界的节日，都写在日历上，也撼动不了对中国春节的向往。一个融化在文化基因中的传统节日，对这个民族有如此强大的整合能力，多么令人惊叹。我们的春节，是我们对文化的认同、对文化的自信，是文化自觉汇聚成的民俗、民心、民意。我们的春节，是全世界华人热爱生活、看重亲情的最好体现！

　　伟大的民族必然诞生伟大的文化，伟大的文化必将凝聚伟大的民族！伟大不是吹出来的，是庞大的族群，经过几千年的磨难锤炼而根植血脉的认同，这就是中华文明生生不息的魅力所在！①

这则短文，字里行间，将中国春节写得深入人心，从中可以看到，文化是如何深入人心，导人之行。

文化，是一个国家、一个民族的灵魂。它既是历史的积淀，又是时代的产物，蕴含着丰富的智慧与力量。在人类文明的进程中，文化与教育总是水乳交融、浑然一体。就教育领域而言，文化更是发挥着举足轻重的作用，它以其独特的魅力，滋养着每一个学子的心灵，助力他们茁壮成长。

文化是育人的土壤。在这片沃土上，学生们汲取着知识的养分，逐渐成长为有理想、有道德、有文化、有纪律的社会主义建设者和接班人。文化的力量，让教育更具深度和厚度，为培养德智体美劳全面发展的优秀人才奠定了坚实基础。

在育人过程中，文化的作用不可替代。它不仅能够启迪智慧，开阔视野，更能够引领价值取向，塑造健全人格。通过深入挖掘中华优秀传统文化的内涵，以及不断创新现代文化的内容与形式，我们能够为学生们提供一个既有历史底蕴又有时代气息的文化环境，让他们在潜移默化中受到熏陶和感染。

上海提出：要坚定文化自信、秉持开放包容、坚持守正创新，从上海最有资源、最有优势的地方出发，大力弘扬城市精神品格，厚植"红色文化、海派文化、江南文化"，加快建设社会主义现代化国际文化大都市。在这样的背景下，文化的育人魅力应该得到尽可能地发挥。

对此，我有三点认识：教育与文化血脉相连，要充分发掘文化的教育功能；教育之"优"，"优"在文化，要注重弘扬教育的文化个性；一所学校的文化，就是这所学校的"底气"，要坚持文化优教、文化强校。

## 一、学校卓越文化的标准

有人提出了一所学校拥有卓越文化的 12 个标准。② 这 12 个标准是：

——师生是否为学校感到骄傲

卓越的学校文化，会让师生共同体一致认可、珍视并竭力维护，每个身在其中的人，都认为自己就是这个文化的创造者和所有者，都为之感到自豪，感到自在。

---

① 春节的伟大之处[EB/OL].(2024-02-11)[2024-02-11].https://m.toutiao.com/is/iNMtYUkg/？=.
② 问对教育.一所学校拥有卓越文化的 12 个标准[EB/OL].校长会微信公众号,(2023-10-31)[2023-11-05]. https://mp.weixin.qq.com/s/WAWUGIUG-1YIxb3pDPfwyQ.

　　——师生是否拥有共同价值观

　　当师生对学校的主张、价值没有清晰且一致的认识时，他们就会出现困惑，不知道究竟该做什么，怎么做以及评估的标准；也会显现出冷漠，其表现就是"躺平"，只愿意完成自己职责内的任务，久而久之，一所学校就彻底失去了成长动力。这个时候，学校首先要做的事情就是凝心聚力，重塑价值观，寻找定位和目标，确定理念、目标、实施路径，并将这些形成公开承诺，确信所有的师生都了解，并知道自己应该朝哪里去。

　　——师生是否拥有共同故事

　　拥有卓越文化的学校，都拥有一些动人的故事，这些故事串联成一代又一代校友、教师的共同叙事。有人说学校文化就是讲故事，这是很有道理的，故事就是文化现象，故事能传递出一所学校的价值观，真实的故事自有力量。

　　——师生是否拥有共同文化符号

　　师生共同的文化符号，其实就是价值观的物化呈现。我们参观一所学校，会看学校的话语体系、校歌，会看标志、色彩、吉祥物、装饰等，这些共同的、系统化的表达，会形成师生共同的记忆。看一所学校是否形成卓越的文化认同，要看学校的教师在说什么，管理者在说什么，家长、学生在说什么，大家说的是一样的吗？人们记忆当中的符号是同一个符号吗？如果是，那么这个共同文化符号的塑造就是成功的。

　　——师生是否有活力并敢于创新

　　我们经常会感慨，卓越的学校都是相似的，不好的学校各有各的问题。那些拥有卓越文化的学校都具有相似的精神长相，例如师生具有相当的活力，面对未知和挑战，他们更愿意放开限制，接纳新事物，勇于迎接挑战，行动力强，能将具体的事情高效落实，迅速反馈。

　　——是否将价值观融入常规

　　"文化"，就是将理念化在行动中，知行合一才叫"文化"。真正的文化就是理念与行动的统一，学校始终将高度合一的办学治校理念贯彻落实在各项行动中，以始为终，以终为始，才能形成文化闭环。卓越的学校文化，一定把共同的价值观实践在管理、课程、评价以及环境氛围建设当中。如果一所学校有"文"无"化"，呈现出来的所谓"文化"就仅仅是墙面宣传栏，或是躺在文件中的纸面文化，那是没有任何意义和价值的。

　　——是否形成稳定的仪式和活动

　　商界有一个概念叫"品牌资产"，其实学校也有"文化资产"，学校文化建设中最重要的事情就是不断进行文化资产积累,保持文化的持续生长,而这个动作的持续实施就是文化年历。文化年历呈现了一所学校从1月到12月的文化活动,不仅有利于教师形成稳定的工作计划,也有利于学生、家长形成预期,给予文化上的归属感。

——文化是否融入空间和景观

学校的空间和环境里面是否融入相关文化元素?空间色彩的使用是否跟主标志的搭配相契合?这些都是观察学校文化的要素。走入一所学校,就能感受到这所学校的文化气场、文化特征。如草坪、树木、墙面的学生作品等,能使人感受到这所学校所散发出来的自由、温馨、进取的文化气息。相反,一些学校弥漫的是权威、严肃、不自由的气氛。学校设计空间和景观时,尤其要注重价值观在环境景观中的落地,每一个设计都不是随意而为,而是竭力让设计服务于文化。

——是否建立一致的流程和规则

拥有卓越文化的学校,注重将个人经验化为科学规范,重视各项事务的流程化建设,重视规则和纪律的维护。相比不断"忙乱""灭火"的学校,这样的学校井井有条,工作推进有条不紊,每个教职员工各司其职,按岗履职,权、责、利清晰,不越级指挥,不一竿子插到底。

——是否形成一种良性的教育关系

卓越学校文化建设的重心是师生关系,教师能否全面关注和引导学生,学生能否及时获得教师的有效帮助,师生之间能否形成良性互动,学生与学生之间是否存在欺凌等,都关涉一所学校的文化。如果我们在一所学校看到师生放松、愉悦、自然、友好地相处,基本就能判断这所学校的文化建设处在较好的水平。

——是否影响社区和公众的行为

卓越的学校文化可以成为社区的骄傲,吸引更多家长、社区居民参与到学校活动和教育决策中,他们的参与可以促进学校和家庭、社区之间的密切合作,共同关心学生的学习和成长。

——师生是否追求学术和人格上完善

学校文化建设最终目标是服务学生成长,指向师生对学术、人格的追求。拥有卓越文化的学校,会营造一种积极向上的学术氛围,鼓励师生相互学习、交流经验,共同成长。在学业要求方面,追求高标准和高质量,鼓励学生在各个学科领域取得优异成绩。与此同时,它提供教师发展平台,发展终身学习型教师,鼓励教师走上各种各样的展示平台,成长为名教师、卓越教育管理者。

这 12 个标准,是理论、实践的总结,我感到的确很有道理,非常值得借鉴。

## 二、学校卓越文化的形成

为了充分发挥文化的育人魅力,我们需要采取一系列有效措施。[①]

### (一)设计适切学校的办学理念和实践文化体系

想要办好一所学校,校长既要脚踏实地,又要仰望天空。这个"天",就是学校的办学理念及文化体系,也就是学校的目标和价值系统。如果把学校比喻成一艘大船,那么办学理念体系就是灯塔,指引学校前进的方向,让船驶向师生、家长、教职工共同描绘的理想之地。

有专家指出,想要做出一个好的学校办学理念和文化体系,校长要认真回答以下的"灵魂三问":(1)你想培养什么样的学生? 这是"育人目标",比如培养自信开朗、自立自主的孩子,描述要具体。(2)你想办一所什么样的学校? 这是"办学目标",比如让这所学校成为区域名校还是全国名校,定位要适切学校的实际情况。(3)为了实现这些目标,你打算怎么做? 这是"方向和路径"。即我有什么样的方法和举措,能够使我达到目标。

育人目标和办学目标的提出,一定要从学校的实际出发,结合学校的时空定位、生源和特色,不能提得过大过空;还要凝聚全体师生的共识,不能只是校长闭门造车。

基于育人目标和办学目标,学校进一步形成自己的管理文化、课程文化、课堂文化、教师文化、学生文化和环境文化。这些文化呼应学校的理念和目标,引领师生持续行动。同时,一个系统而深入的办学理念及实践文化体系,应当做到依据充分,体系完整,逻辑清晰,表达精准,内涵丰富,个性鲜明。

### (二)理念引领,打造蓬勃向上的学校文化

教育家蔡元培曾说过:"知教育者,与其守成法,毋宁尚自然;与其求化一,毋宁展个性。"当学校教育向个性化教育迈进的时候,一所学校必须营造出自己的学校文化,有自己的追求,有自己的发展方向,形成自己的特色。

什么是学校文化? 通俗地、直白地讲,学校文化就是我们在这所学校学习、工作、生活的方式。它无声无息,却无处不在。在好的办学理念引领下,学校就会呈

① 校品宣 校长会.校长走好这 4 步,好学校就办成了[EB/OL].校长会微信公众号,(2023 - 10 - 26)[2023 - 10 - 28].https://mp.weixin.qq.com/s/Vo5UomHajfncVRocHz8n6w

现出蓬勃向上的文化风貌。

有这样一个情境让我印象深刻：2020年3月接到教育局通知，"上海市和田中学"更名为"上海市静安区市北初级中学北校"，实施集团化办学。随后立即成立各个工作组，进行基于集团化背景下的各种顶层设计，由于当时正处在新冠疫情防疫期间，上海中小学各校都居家进行线上教学，给我们工作开展带来许多不便，特别是刚进行线上教学，大家都在熟悉教学新方式，在解决老师们的教学问题的同时还考虑如何提高线上教学的有效性，在这样的时刻校级班子和中层干部同时还要完成相关工作的思考与设计，由于沟通不方便，许多时候要利用下班时间，想起来现在还是很感动。在校园文化顶层设计中，尽管是集团化办学但还是保留独立法人办学，通过与集团校的商量，考虑到原和田中学的历史、现状等多种因素，我们确立了与上海市市北初级中学统一办学理念，其他部分结合两所学校的特点进行设计的原则。在讨论中大家各抒己见，有些要素的讨论来来回回无数次，在充分交流的基础上逐步形成共识，而且思路越来越清晰，学校的愿景、蓝图在大家心中也越来越明朗。

从中，我们看到了文化的魅力！而学校文化，则是多元的、多姿多彩的。

1. 理念文化——站上育人高地

在当今社会，理念文化已成为推动教育发展的重要力量。它不仅是学校的灵魂，更是站上育人高地的基石。理念文化的重要性在于，它为学校提供了一个清晰的发展目标和价值观，使学校在教育实践中始终保持正确的方向。

首先，理念文化有助于培养学生的综合素质。通过将学校的教育理念贯穿于日常教学和管理中，学校能够为学生提供一个健康、积极的成长环境。在这样的环境中，学生不仅能够获得知识，更能够培养出良好的品德、团队协作精神和实践能力。这正是当今社会所需要的人才素质。

其次，理念文化有助于提升教师的教学水平。一个拥有先进教育理念的学校，必然会吸引一批优秀的教师。这些教师不仅具备扎实的专业知识，更有着高尚的师德和先进的教育理念。他们在教学过程中注重培养学生的创新能力和实践能力，努力提升教学效果，为学生的成长提供更好的支持。

再次，理念文化还有助于增强学校的核心竞争力。在激烈的教育市场竞争中，只有拥有独特、先进的教育理念的学校，才能够脱颖而出，吸引更多的优质生源和师资。

此外，理念文化还能够为学校的发展提供持久的动力，使学校在不断变化的社会环境中始终保持领先地位。

因而,理念文化是站上育人高地的关键。为了更好地培养人才、服务社会,学校应当注重理念文化的建设,不断丰富和更新教育理念,保持与时俱进的精神面貌。

市北初北校将办学理念、育人理念作为学校理念文化的核心成分。学校以"总有一片天空属于你"作为办学的基本理念,旨在引导师生不断走向成功,实现最大可能的发展与成长。"总有一片天空属于你",就是尊重差异,激发个性,为每一个市北初北校人的个性的发展创造一个富有挑战性、支持性、成长性的空间。学校会给予学生充分的选择空间,努力让每一个孩子都有一片属于自己的天空,尊重、发现、激励和提升学生的学习兴趣,让学生学会选择。教师在教育教学中,发现不同学生的熟悉领域,加以有目的的引导和培养,使之变成学生的特长。学校也会搭设教师成长的平台,助力教师成长,让其在不同领域或者在不同的评价坐标里实现自我价值。平等和谐的师生关系,平等和谐的教师团队和管理者团队,是学生、教师、管理者成长天空的自然延伸。

学校以"培养具有大视野、厚情怀、重责任、好素养的现代中学生"作为育人的核心理念,旨在促进学生实现综合素养的提升。大视野不仅指看世界,向外的国际视野,也指看国内,关注全国,关注老少边区,了解国情,看世界,看全国,从而思考自己的工作与学习;厚情怀即心中有他人,心中有社会,心中有国家,不仅指对自己祖国的爱国情怀,也指对自己所处的社会、身边的人充满热情,有关怀关切之情;重责任即具有责任意识,符合立德树人的要求,小到对自己、对家庭,大到对环境、对社会、对国家,都能承担应尽的责任,使自己能够对祖国、对世界有价值;好素养指正面的、对学生有帮助、适合学生发展的好的素养,包括知识、技能、身心、创新、实践能力等,每一个人素养发展的潜能是不同的,让每一个学生都能拥有适合自己的、最好的素养。

学校以"自强志远,怀梦飞翔"为校训,配以立意深刻、回味隽永的校徽图案。校徽中,鸿鹄展翅直上云霄,具象为汉字的"市","北"字既代表一本翻开的书本,也象征现代信息技术,"市北"二字既指有鸿鹄之志,又指具有科学素养和人文情怀;边框由"山"字演变而来,寓指拥有山一般的性格;以蓝色为主色调,寓指拥有大海一样的胸怀。

此外,学校以"精细、精致、精进"作为教学工作理念,旨在高标准提升教育教学质量;以"服务每一个师生"作为学校管理理念,旨在建设生机勃勃的学校生态。

## 2. 传统文化——传承优秀基因

有人说,政治,一阵子的饭碗;业务,一辈子的饭碗;经济,几辈子的饭碗;文化,饭碗里的粮食。虽然机械、教条了一点,但还是包含了一定的道理,从中可见文化的重要。中华民族五千年生生不息,就是因为源远流长的中华文化。

首先,正确认识传统与现代的关系,两者并非对立,而应该相互融合、共同发展。因此,我们在尊重传统的同时,也要思考如何通过创新和改革来延续传统,让其更好地适应现代社会的需求。只有这样,才能真正实现对传统文化的尊重和保护。

其次,加强中华优秀传统文化的教育,让学生们深入了解中华民族的悠久历史和灿烂文化,增强文化自信,赓续优秀传统文化血脉;汲取传统文化精华,赋予新内涵、新意蕴,如"学而优则'事'",鼓励学生努力学习,将来能为国家为社会"成大事"。

再次,推动现代文化创新发展,鼓励学生们关注时代潮流,弘扬时代精神,在学习实践中勇于探索创新,培养他们的国际视野和跨文化交流能力;注重新媒体背景、新技术情境下的文化现象,引导学生吸收先进文化的正能量。

概而言之,传统和现代要融合发展,既不能割裂两者的联系,又不能相互取代,否则,"传统"的价值就会丢失,"现代"也就没有了立身的根基。这就是文化、文明,教育文化、学校文化莫不如此。

这里举一个例子。在市北初北校开展的"一班一品"活动中,某班以"中药伴我成长"为主题,以中华优秀传统文化教育为主要育德目标。通过学习歌曲《本草纲目》和手势舞,同学们激发了对中药的兴趣;通过项目任务布置,大家自主探索中草药背后的知识,熟悉了16种古老的药材名称;通过小组分享,对传统中医药的自豪感油然而生,也对中药传承保护产生了浓厚兴趣,这进一步加深了他们对中华文化的理解和信仰。学习中药生态价值的过程,也激发了学生对生态环境的关注。他们开始思考如何保护大自然,为可持续发展贡献自己的一分力量。他们用PPT分享展示了他们的创造力和才华,逐渐认识到传统文化的珍贵。此外,通过演唱歌曲和小组展示,同学们积极参与合作,少数人先学会,再利用课间传授小组成员演唱技巧、抓动作等,带动班级所有学生参与其中。整个过程中学生学会了如何团队合作、分享经验和承担责任。有学生在分享体会时说:参加这样的活动,既让我们直接认识到了中药文化的博大精深,也让我们受到了生动可感的中华优秀传统文化教育;我们要积极传承和弘扬中华文化,不断增强自己的文化底蕴。

## 3. 环境文化——优化系统生态

文化依托于有形的载体传达背后的价值观,在潜移默化中影响学生的价值观。

在当今时代,教育已经不再是单纯的课堂授课,而是涉及学生的全方位发展。因此,注重校园环境文化,构建全学习系统生态显得尤为重要。因此,学校必须注重开展大众化与个性化相结合的校园环境文化建设,营造浓厚的文化氛围,让每一个角落都充满文化气息,彰显学校教育的文化特色。

校园环境文化是学生学习和成长的重要场所,对学生的身心健康和全面发展具有深远的影响。一个良好的校园环境,不仅可以提供舒适的学习和生活条件,还可以培养学生的审美观念、道德品质和文化素养。学校的环境文化建设,从校园规划、绿化美化、文化氛围等方面入手,营造一个健康、积极、向上的校园环境,让环境的育人功能发挥到极致。

学校环境要体现六个字:养眼、悦心、怡情。养眼,给人以美不胜收的视觉感知;悦心,给人以愉悦的心理感受;怡情,给人以快乐舒畅的情绪体验。再加上匠心独运的人文设计,这样的"环境",可以更好地体现"文化"的内蕴,收到润物无声、潜移默化的育人效果。市北初北校非常注重"诗意校园"的打造,让校园的一砖一瓦、一草一木都体现出教育性:文化墙上展示的是学校办学理念、校训、教风、学风,蕴含着引领全校师生共同进步的精神力量;开展"校园美景征名"大赛,以"诗意盈校园"为主题设计主楼梯楼道、副楼梯墙,呈现"校园之星"榜样,把"阳光成长、灵动身心、乐求真知、润泽生命"的诗意校园生活竞相展现,有效地发挥了美好的环境熏陶人、感染人、激励人的教育作用。

学校作为教书育人的专门场所,自然环境固然重要,人文环境则更为重要。安静的场合,教人须遵章守纪;热闹的所在,教人要融入集体。顺境之际,教人乘风疾行;逆境之中,教人迎难而上。这些,都与生态有关。在校园环境文化建设中打造全学习系统生态,这也是教育发展的重要方向。全学习系统生态是指将学生的学习、生活、娱乐等方面有机地结合起来,形成一个完整的生态系统。在这个生态系统中,学生可以充分利用各种资源,发挥自己的潜力和特长,实现全面发展和个性化成长。

为了构建全学习系统生态,学校应该采取一系列措施。首先,学校应该加强课程设置的多样性,提供丰富的选修课程和课外活动,以满足不同学生的兴趣和需求。其次,学校应该加强与社会的联系,鼓励学生参与社会实践和志愿服务等活动,培养学生的社会责任感和实践能力。此外,学校还应该注重教育技术的运用,利用现代信息技术手段,提高教学质量和学生的学习效果。

总之,注重校园环境文化,构建全学习系统生态是教育发展的重要趋势。学校应该从校园环境文化建设和全学习系统生态构建两个方面入手,为学生提供更加优质的教育资源和更加全面的发展平台。只有这样,才能培养出具有创新精神和实践能力的人才,为国家和社会的繁荣发展做出更大的贡献。

4. 德育文化——提升核心素养

德育文化常常通过学校的校风、教风、学风、校训等来体现,并聚焦于师生共同信守的"学校精神"。这是多数学校共性化的做法,是提升学生核心素养的不可或缺的重要方面。

市北初北校以此为突破,并逐步形成了具有鲜明个性和特色的德育文化。

(1)诗教为德育添彩

所谓诗教,就是培养学生读诗、赏诗、用诗、写诗的基本素养,以及陶冶学生情操、提高学生审美能力的教育。通过诗教,可以让学生掌握诗歌中所反映出来的人文、科学和社会、道德等方面的知识,培养学生健康向上的思想情感。

这里特别需要指出的是:诗教在立德树人方面具有重大意义,它可以更好地培养具有广阔胸怀、崇高理想、优秀思想道德品质的人。自古以来,中华文明有着"诗言志"的传统,无数志士仁人少年时以诗言志、以诗抒情,成人后不忘初心,或为民请命,或舍身报国,沿着屈原、李白、杜甫等先贤的道路,走完自己光辉的人生。因此,我们应该教育广大青少年,通过诗歌的写作和欣赏,树立远大的人生志向。

诗教助力德育,是北校多年来改进德育工作的成功探索。通过诗歌这一独特的艺术形式,将深邃的道德观念融入其中,成为传递正确价值观、塑造良好品德的有效途径。

诗教以诗歌为载体,学生在欣赏诗歌的韵律和意境中,潜移默化地接受道德教育。这种教育方式具有许多独特的优势。首先,诗教能够激发学生的学习兴趣,使他们更加主动地参与到德育中来。与传统的说教式教育相比,诗教更加注重学生的情感体验和个体感悟。其次,诗歌的内涵深远,往往蕴含着丰富的哲理和人生智慧,通过诗教,学生可以领悟到人生的真谛,树立正确的价值观和人生观。诗歌中所传达的道德观念和人文精神,能够引导学生关注人性、关爱生命,培养他们的同理心和社会责任感。此外,诗歌作为文学艺术的瑰宝,具有极高的审美价值,通过诵读、品味诗歌,学生可以感受到语言的韵律之美、意境之深远,从而陶冶性情、开阔胸襟。

在学校德育中,诗教的具体实践形式多样。学校可以开设专门的诗教课程,引导学生阅读经典诗歌,分析诗歌中蕴含的道德观念。通过系统的课程设置,学生可以深入了解诗歌的内涵,培养对诗歌的鉴赏能力。同时,教师还可以通过组织诗歌朗诵、创作比赛等形式,激发学生的想象力和创造力。这些活动可以让学生亲身体验诗歌的魅力,培养他们的表达能力和创新思维。

学校还可以与家庭、社区合作,开展丰富多彩的诗教活动。通过举办亲子共读、社区诗歌节等活动,让学生在实践中体验诗歌的美好和道德的力量。这种跨界的合作模式能够拓展诗教的覆盖面,让更多的人受益于诗教的德育功能。

可以认为,学校德育中的诗教是传承、发扬了中国传统道德教育的长处。中国自古就有诗教传统,儿童教育的基本方式就是从诗歌开始的。古人借助诗词这一形式,以质朴简洁的语言,情真意切地教育下一代,因此也能够更好地感化孩子。如宋代童蒙诗歌教育,以儒家思想为核心,着重培养儿童道德、礼仪和人格。其朗朗上口的诗歌形式,让深奥道理更易被儿童接受和记忆,不仅对儿童成长影响深远,还促进了宋代文化繁荣。其强调的道德、礼仪和审美,对当代儿童人文和品德培养有借鉴意义。在今天看来,诗教依然具有强大的生命力,特别是它的语言简洁、朗朗上口、易传易记,更易打动人心,使人印象深刻。我们应该充分发挥诗教的独特优势,通过多种形式的实践,让德育更加生动、有趣、有效。只有这样,我们才能培养出具有高尚品德、审美情趣和创造力的优秀人才,为社会的进步和发展作出积极贡献。同时,我们也应该不断地探索和创新诗教的方式方法,以适应时代的变化和学生需求的变化。只有这样,诗教才能在德育中发挥更大的作用。

市北初北校结合"总有一片天空属于你"的办学理念,依据"让每一个孩子每一天都有进步"的育人目标,构建了诗教课程体系,特别是在思政、语文等学科以及各类活动中融入诗教内容,通过赏听、诵读、歌舞表演等形式感染浸润,真正做到让诗教入心、入脑。

以下选自学生的作品:

"从小有信仰,立志做栋梁。何惧学习苦?勤奋奏华章。"(表达志向)

"关怀备至师生谊,携手共进同学情。前路迢迢尽知己,赤心报国并肩行。"(抒发情感)

"铃声书声欢笑声,校园里面抖精神。学海无涯能飞渡,书山有路可攀登。"(描写校园生活)

"求学路遥关山重,砥砺前行每日功。待到山花红烂漫,笑容满面沐春风。"(刻画现状和憧憬未来)

许多同行称赞这是"德育的诗化""诗意的德育"。

学校还建立了诗教评价体系,每学期期末,会对全校学生进行晨诵课程考核,并将考核成绩纳入学校"学生核心素养评价"记录。

（2）正向教育显性化

在德育领域，这几年，我们一直在进行正向教育显性化的研究和实践，旨在通过积极的教育手段，引导学生形成正确的道德观念和行为习惯。这种教育方式也有助于营造积极向上的校园文化氛围，推动学校德育工作的深入开展。

"正向教育"意指"以方向正确、正面积极的指导和要求培养学生"。"显性化"意指"使性质或性状表现在外的状态"。教育的显性化，传统意义上是通过有组织的、有计划的、直接的、外显的教育活动来达成，现代意义上还可以通过信息技术手段，使教育成为可视可学可复制的实践成果。

正向教育显性化，强调在教育过程中，采用积极、正面的方法，激发学生的积极情感和正能量。这种教育方式关注学生的优点和长处，注重培养学生的自尊、自信和自我价值感。通过表扬、鼓励和支持，引导学生认识自己的优点和潜力，从而促进学生的全面发展。

正向教育显性化，是将德育内容融入显性课程中，通过学科教学进行德育渗透。这种教育方式将道德教育贯穿于各个学科的教学过程，使学生在学习知识的同时，潜移默化地接受道德观念的熏陶。教师可以通过挖掘学科内容中的德育元素，引导学生思考道德问题，培养他们的道德判断力和价值观。

为了实现正向教育显性化，教育者需要树立正确的教育观念，充分认识到德育在教育工作中的重要地位，通过加强教师培训，提高教师的德育意识和教学技能；通过丰富课程内容和教学方法，注重培养学生的实践能力和创新精神。同时，要建立健全德育评价体系，将德育评价纳入学生综合素质评价中，从而激励学生积极践行社会主义核心价值观。

在实践中我深深体会到，实现正向教育显性化，德育环境的正向化尤为重要。在当今社会，德育环境正向化已经成为了公众关注的焦点。它不仅对个人的品德修养产生深远影响，还对整个社会的道德风貌起着决定性作用。为了营造一个积极向上的德育环境，我们需要从多个角度出发，共同努力。

首先，家庭教育是德育环境正向化的基石。父母作为孩子的启蒙老师，其一言一行都会对孩子产生深远的影响。因此，家长应当树立正确的价值观，注重培养孩子的道德品质，引导他们形成正确的道德观念。同时，家庭氛围也是塑造孩子品德的重要因素。一个充满关爱、支持与理解的家庭环境能够给予孩子足够的安全感，促使他们形成积极向上的心态和品德。

其次,学校教育在德育环境正向化中扮演着至关重要的角色。学校应重视德育课程的建设,通过课堂教学传授道德知识,引导学生树立正确的道德观念。

再次,学校应加强校园文化建设,营造出一种积极向上的学习氛围。例如,可以组织各种德育活动、志愿服务等,让学生在实践中培养良好的品德和行为习惯。

此外,社会环境对德育环境正向化也具有不可忽视的影响。政府应当加强对媒体、网络等平台的监管力度,避免不良信息的传播,为青少年提供一个健康的成长环境。与此同时,社会各界也应积极参与公益事业,传播正能量,共同营造一个积极向上的社会氛围。

因此,德育环境正向化需要家庭、学校和社会各界的共同努力。只有通过齐心协力,我们才能培养出具有高尚品德的新一代。

在北校,"正向教育显性化"的德育体系是组织团队力量有计划有步骤地按照学校德育目标,形成方向正确、正面积极的德育指导和要求,同时有效融入信息技术手段,以可视可复制可传承的形式让受教育者乐于学习、思考、实践,促进学生正向成长。

在《中小学德育工作指南》等重要文件精神以及"总有一片天空属于你"的办学理念的引领下,学校以"正向教育显性化研究"整体架构德育体系,首先开展了"正向教育显性化微课研究"。

"正向教育显性化微课研究"以"正向"教育为抓手、有效融入信息技术手段,以可视可复制可传承的形式让受教育者乐于学习、思考、实践,促使学生正向成长,促进青年教师班主任专业化发展。一是围绕《中小学生守则》,以问题为导向,以喜闻乐见的微课为形式,在师生共同参与下,以积极显性的引导帮助学生明确行为规范要求,内化学生遵守行为规范的自觉性,并能形成"行规教育微课"德育校本课程。二是围绕德研共同体建设,通过专家引领和校内优秀教师传帮带,开展班级实务管理研修,共同助力青年德育队伍成长。以此提升德育队伍管理素养,并能形成"班级实务管理"微课的校本德育团队培养课程。

"正向教育显性化微课研究"校本课程项目由分管德育的党支部书记领衔,课程开发组成员分别由德育部门、"青荷班主任工作坊"成员、"班级实务管理"培训师以及技术人员等组成。项目主要通过制定计划、招募及聘请人员、培训研讨、微课脚本设计及审议、微课制作、课程实践、案例撰写、项目总结、实验课程、课程普及推广等阶段开展。

我们的实施步骤是:

第一阶段,成立项目领导小组、青年班主任工作坊。聘请校内德育培训师、"行规教育"和"班级实务管理"坊主;聘请微课拍摄专业教师,组建学生微课兴趣小组。

第二阶段,坊主制定培训学习研讨方案并组织培训研讨。

第三阶段,"行规教育微课"团队研读《中小学生守则》,形成微课系列课程内容。"班级实务管理"团队梳理班级管理问题困惑,形成培训课程内容。

第四阶段,编写微课教案脚本,制作微课。

第五阶段,课程实施、普及推广。

主要实施过程为:

一是聚焦《中小学生守则》,找准微课切入点,行规教育显性化。《中小学生守则》围绕社会主义核心价值观,涵盖学生德智体美劳全面发展的基本要求,以《中小学生守则》为抓手,从具体的行为规范中逐渐形成对社会主义核心价值观的正确认知,就成为校本德育课程开发的指导思想。我们邀请市区德育专家为班主任们进行解读,并同时举办了多场专题讲座和通识培训,让班主任与区内德育专家面对面对话、近距离接触,指导青年班主任找准行规教育微课切入点,并搭建框架、确定微课板块:问题扫描、观点阐述、实践支招、总结拓展,每节微课的教学时间为8—10分钟。

表 8-1　行规教育微课框架

| 依据《中小学守则》 | 问题 | 课题 | 课程类别 |
|---|---|---|---|
| 第一条 | 升旗仪式上我们为什么要面朝国旗敬队礼? | 我向国旗敬个礼 | 社会公共规范 |
| | 升旗仪式上我们为什么要大声唱响国歌? | 唱响我们的国歌 | 社会公共规范 |
| 第二条 | 我的记忆真有这么差吗? | 学习方法要科学 | 学习习惯 |
| | 帮我个忙,作业借我抄一抄,行不行? | 作业完成须独立 | 学习习惯 |
| 第三条 | 说一说,你掌握了哪些生活自理技能? | 生活自理技能多 | 生活习惯 |
| | 今天我当家,我在家庭中的角色和责任? | 家庭事务我自主 | 生活习惯 |
| 第四条 | 公物到底指的是什么? | 爱护公物讲文明 | 社会公共规范 |
| | 对于学校推出的学生手机使用管理规定,你是否认同? | 校纪校规我遵守 | 交往礼仪 |

**（续表）**

| 依据<br>《中小学守则》 | 问　　题 | 课　题 | 课程类别 |
|---|---|---|---|
| 第五条 | 如何做到"1＋1＞2" | 团结协作创和谐 | 学校集体规范 |
|  | "讲义气"该如何理解？ | 有益朋友会寻找 | 学校集体规范 |
| 第六条 | 我们为什么要诚实守信？ | 诚实守信好品行 | 交往礼仪 |
|  | "规范"如何变为自觉？ | 言行规范要自律 | 社会公共规范 |
| 第七条 | 当遇到情绪波折，我该怎么办呢？ | 情绪把握促沟通 | 交往礼仪 |
|  | 网上冲浪，我们该注意些什么？ | 迷恋网络危害大 | 社会公共规范 |
| 第八条 | 当同伴发生心脏骤停时，我该怎么办呢？ | 自我保护重防范 | 社会公共规范 |
|  | 上下学途中，如何做好自我保护？ | 安全出行每一天 | 社会公共规范 |
| 第九条 | 如何培养正确的消费习惯？ | 生活节俭不攀比 | 生活习惯 |
|  | 我们该如何与自然和谐相处？ | 绿水青山就是宝 | 生活习惯 |

　　二是聚焦班级实务困惑，问题导向，构建德研共同体。"新手上路"，总是需要扶一把，撑一程。经过调查问卷、学生座谈、青年班主任座谈，梳理班级实务中的困惑，我们坚持以行动研究为主，结合学校的实际情况，以问题为导向，依托由学校资深优秀教师组成的"班级实务管理"培训师团队，积极发挥"传帮带"的作用，开展微课研究。

**表8-2　班级实务管理微课主题框架**

| 篇　名 | 主　　题 |
|---|---|
| 沟通篇 | 1.1　如何进行家访？ |
|  | 1.2　如何开展家长会？ |
|  | 1.3　学生违纪，如何处理？ |
| 育人篇 | 2.1　如何指导学生形成良好的仪态（含站立、行走）？ |
|  | 2.2　如何帮助学生养成文明礼仪（含问好、进校礼仪）？ |
|  | 2.3　如何进行一日常规教育（含收作业、课前准备、课内上课、文明休息、排队）？ |

（续表）

| 篇　　名 | 主　　题 |
|---|---|
| 管理篇 | 3.1　如何开展队会、主题教育课、主题班会？ |
| | 3.2　如何建设和管理班干部队伍？ |
| | 3.3　如何处理好突发事件？ |
| | 3.4　如何布置温馨教室？ |
| | 3.5　如何指导学生出好黑板报？ |
| 评价篇 | 4.1　如何写学生评语？ |
| 发展篇 | 5.2　如何组织好学生参加运动会入场式表演？ |
| | 5.2　如何组织好学生合唱表演？ |
| | 5.3　如何开展班级自主德育活动？ |

　　三是师生携手，设计脚本，制作微课范例。普通说教式的行为规范教育已很难达到教育效果。在校德育室和区青少年活动中心的支持下，我们成立青年教师互助小组以及学生微课拍摄兴趣小组。大家在专家和老师的指导下，围绕"行为规范养成教育"，编写教案，教案聚焦一个个问题，提出解决办法，思考可操作性、可复制性；师生共同设计微课中的行为规范故事脚本，故事较为真实地反映现实生活中学生的行为规范。目前，已制作完成行为规范教育微课范例"作业完成须独立"，微课拍摄兴趣小组现在正在自主编排、拍摄"自我保护重防范"的行为规范故事。

　　如何将学习研究的成果转化为师资培训的课程资源呢？我们的班级实务培训师写教案、做 PPT 并制作成微课。现已完成班级实务培训微课范例"如何组织好学生合唱表演？——《让我们一起唱响明天》"。

　　四是微课成序列，共享加普及。我们拍摄的行为规范正向教育显性化微课将不断补充丰富形成序列，其普及推广主要利用班队课进行微视频收看、师生互动交流，课后亲子共赏互励等多种形式。而我们的班级实务正向教育显性化微课也将形成序列，成为一门职初班主任基础通识培训的微课程，助推青年教师们班主任专业化素养不断提升。

　　教育数字化转型的时代背景下，"正向教育显性化微课研究"立足学生行为规范教育及青年教师班主任专业化成长，是一项值得深耕细作的长远工程，需要我们踏实有序地稳步推进，反馈并总结好每一次实践经验，更需要不断更新、与时俱进、符合师生身心成长规律。只要我们以问题为导向，以项目为驱动，构建班主任研修共同体，就一定能"正向引领，提升师生素养"。

在北校，正向教育显性化也是与文化育人、诗意德育有机融合的，特别是与学科教学、书香校园建设水乳交融。为了弘扬中国优秀传统文化，提升人文素养，在诵读熟背默写中扩大阅读量、增加诗文储备量，掌握诵读技巧，培养阅读能力，使学生在诵读中增强语感，感受文言精华，提高语文水平和审美能力。学校将经典诵读常态化，每周一班主任组织两位队员介绍各自的经典名句（解释、感悟）、带领诵读，并将它写到黑板角上。周一至周五利用语文课两分钟预备铃时间集体诵读。周五班队会课两位队员带领诵读，并组织各位队员就此两句谈体悟，将感悟也写在《悦读成长手册》上，然后全体默写，由这两位队员负责批改。

在活动前期年级组统筹安排部分队员完成每学期30句名言介绍的PPT制作，并交给本年级语文老师辅导、修改，班主任负责安排好每周两位队员开展经典诵读活动，并从《中华优秀传统文化经典》以及"经典名句分年级资料库"中分配好这两位同学所要讲解的句子。两位队员在年级公共资源的基础上各自准备诵读内容，包括经典名句、出处、解释、感悟。在活动开展前交给本中队语文老师辅导、修改。各中队语文老师负责辅导、修改队员们的解释感悟。

每学年还开展一次读书节，用多样的方式展现同学的阅读成果。除了常规的演讲朗诵等比赛，我们注重贴近学生实际，把握社会热点，设计开展一些有意思的、学生乐于参与的读书节活动。比如：

"晒微博，荐好书"。在活动初期，请每个队员推荐一本好书，通过队会进行介绍，并写下140字以内的推荐语，发到中队微博。学校从中选择10本作为队员推荐书目，和老师的推荐书目一起通过升旗仪式和校园网推荐给全体队员。同时也欢迎家长推荐他们的心头好书。在活动尾声，每个队员书写至少140字读后感，也同样发到中队微博，用来交流。

"构创意，'文二代'"。要求队员在理解课文小说和诗歌的基础上发挥想象力，续写或者改写。

"画角色，漫风格"。队员通过漫画的形式，绘制经典读物中人物，并标明出处和一句话介绍，以画促文。

"课本style，我演绎"。通过队员表演课本剧或者课本小说改编版，来考量队员对文本的理解，以及朗诵演绎能力。

（3）心育激发内在动力

在教育教学过程中，过于注重知识的灌输而忽视学生的心理健康和个性发展，这容易导致学生对学习失去兴趣和动力，进而影响他们的学业成绩和未来发展。因此，心理健康教育在学校德育文化建设中至关重要。对此，我们有两点体会。

体会之一：心育，要做到心心相印。

学者摩罗说过："一颗纯净的心需要另一颗纯净的心相互映照，一颗黑暗的心更需要一颗纯净的心的照耀与沐浴。"[①]在当今社会，心理教育已经成为了人们关注的焦点。它不仅关乎个人的心理健康，还对社会的发展和进步起着至关重要的作用。因此，我们需要更加重视心理教育，让教育者与受教育者之间能够心心相印，共同成长。

首先，教育者需要深入了解学生的情感需求和内心世界，关注学生的个性特点。只有这样，他们才能更好地引导学生成长。在这个过程中，教育者不仅需要传授知识，更需要成为学生心灵的引路人，帮助他们解决心理问题，培养积极的心态和健全的人格。

其次，受教育者也需要敞开心扉，信任并接纳教育者的引导。学生需要认识到自己的潜力和优势，积极面对挫折和困难，培养坚韧的意志和自我调节能力。同时，他们也需要学会与他人建立良好的关系，增强团队协作能力和沟通能力。

除了关注学生的情感需求和个性特点外，心理教育需要注重个体差异。每个人都有自己独特的成长经历和心理特点，因此心理教育不能一刀切。教育者需要根据每个学生的实际情况，因材施教，引导他们正确认识自己，发掘自身的潜力和优势。同时，也要帮助他们学会应对挫折和困难，培养坚忍的意志和积极的心态。

此外，心理教育还需要持之以恒。心理问题的形成往往不是一朝一夕的事情，同样，解决心理问题也需要时间和耐心。教育者需要给予学生足够的时间和空间，让他们在自我探索和成长中逐渐克服心理障碍，实现内心的平衡和发展。同时，学生也需要坚持不懈地努力，不断自我调整和提高。

心理教育不是简单的知识传授或技能培训，而是一种心心相印的过程。它需要教育者与受教育者之间建立深厚的情感联系，注重个体差异，并持之以恒地给予关注和支持。只有这样，我们才能真正培养出内心强大、积极向上的人才，为社会的繁荣和进步做出更大的贡献。

---

① 摩罗.为了看看阳光，我来到世上[M]//王栋生.现代教师读本 人文卷.南宁:广西教育出版社,2008:189.

体会之二：心育，要强化幸福体验。

在当今社会，随着生活节奏的加快和工作压力的增大，人们对于心理健康的关注度越来越高。心理教育，作为维护和提升个体心理健康的重要手段，也因此受到了越来越多的重视。它不仅关乎个人的幸福感和心理健康，还在很大程度上影响着社会的和谐稳定。

幸福，本质上是一种心理反应，即认知上的深层感悟，情感上的高峰体验。这就解释了为什么学生常常为攻克了一道难题而眉飞色舞甚至欣喜若狂，或者为老师、同学、家长的一句赞扬而喜上眉梢乃至手舞足蹈。其实，成人世界也是如此，大功告成、得偿所愿之时，满足感爆棚；走投无路、束手无策而得到理解、信任、支持之际，慰藉感油然而生……此情此景之中，幸福，与财富、权势无关，因为这些都是身外之物，只有内心体验，才属于真正的自己。

在心理教育的实践中，强化幸福体验已经逐渐成为一个不可或缺的环节。幸福体验，通常指的是个体在积极心理学中所感受到的愉悦、满足和快乐的情感状态。这种体验对于个体的心理健康和成长具有深远的影响。它能够促使个体形成积极的心理品质，如乐观、自信、勇敢等，从而进一步提高生活质量。

首先，强化幸福体验有助于培养学生的积极心态。在面对生活中的挑战和困境时，拥有积极心态的人往往能够以乐观、自信和勇敢的态度去应对。这种心态不仅有助于解决问题，还能够让个体在困境中找到成长和进步的机会。通过心理教育中的幸福体验，学生可以更加深入地认识到生活中的美好与价值，从而培养出积极向上的心态。

其次，强化幸福体验有助于提高学生的心理素质。心理素质是个体在应对压力、挫折和逆境时所表现出的适应能力、抗挫能力和自我调节能力。在当今社会，面对各种压力和挑战，具备良好的心理素质是至关重要的。通过心理教育中的幸福体验，学生可以学会如何调节情绪、缓解压力，从而增强心理素质，更好地应对生活中的挑战。

此外，强化幸福体验还有助于促进社会的和谐稳定。一个充满幸福感的社会必然是一个和谐、友爱和稳定的社会。当个体在心理教育中获得更多的幸福体验时，他们更容易形成良好的人际关系，营造出和谐的社会氛围。这不仅有助于个人的心理健康，也有助于社会的和谐稳定。

综上所述，心理教育要注重强化幸福体验。通过培养学生的积极心态、提高学生的心理素质以及促进社会的和谐稳定，我们可以更好地发挥心理教育的价值，为个体和社会的发展做出积极的贡献。

在市北初,学校有专职心理老师每学期均于周三下午按时参与区级教研和培训活动,并进行汇报分享,如 2022 年上半年进行了"居家学习期的学生心理健康教育工作挑战与思考"主题分享。专职心理老师定期参与校级教学研讨课,如 2022 年开展了"言语有温度"主题汇报课。同时积极参加心理健康教育培训课程,如于 2021 年参加"社会心理服务体系建设试点基层人员培训"且考核成绩优秀,2022 年参加"教师心理调适与辅导"专题培训。同时,学校运用班主任沙龙、年级组会议、教工大会等多种形式邀请专家对全体教师进行有关心理健康教育的理论与经验培训,如指导导师制工作的"新时代背景下的家校共育"、介绍青少年发展特点的"青少年身心发展特点与导师工作建议"、助力教师个人成长的"在学习中找到工作和生活的平衡点"等,不断增强教师在心理健康教育上的业务水平。针对新入职的青年教师,学校每年邀请静安区教育学院"做中学"研究所专家到校开展"社会情绪能力工作坊",致力于提升职初教师的家校沟通能力。学校还借助艺术节、体育节以及各种传统节日,召集全体教师进行解压活动,如艺术插花、教工运动会、拔河比赛、教师广播操展示活动等。

我校积极贯彻教委有关精神,以上海市教委指定的《初中学生心理自助手册》为主要课程教材,在心理专用教室由专兼职心理老师对六年级学生开展每班每周一次的心理健康活动课。专兼职心理老师结合学生发展需求制定学期教学计划,并定期进行小型教研,不断优化和改进教案设计。

班主任在德育部门的带领下,结合学生阶段性需要,在每学期各关键时间节点分别开展多种主题的班团队会。如 2020 学年学习类主题的"做时间的小主人""提升学习自信,正确面对压力",情绪管理与人际交往主题的"情绪把握利交往""理性表达促沟通";2021 学年人际交往主题的"如何与同学和谐相处"、适应类主题的"虎虎生威,健康成长"、2022 学年适应类主题的"松鼠搬家"、生命教育主题的"感恩父母,珍爱生命"、人际交往主题的"尊重他人,尊重劳动"等。

学校于学期初开展心理健康主题班会及讲座,如 2020 年的"相信自己,不断超越"、2021 年的"虎虎生威,健康成长"与"初三复学心理调适"系列、2022 年的"新学期,'心'动力"等,以丰富有趣的活动形式帮助学生实现假期到开学的转换。并于学期中举办心理健康主题黑板报评比活动,如"珍爱生命"主题板报,引导学生发觉生命的意义、尊重生命。此外,学校于每年 3—4 月份开始计划筹备、于 5—6 月份开展心理健康教育活动月。如 2020 年进行了"我的'云端'心情"故事征集活动;2021

年进行了"心理健康海报"作品征集活动;2022年举办"自主守护更健康,家校携手向未来"主题心理健康月活动并荣获"2022年度静安区学校心理健康教育活动月组织奖"。其间分别面向全体学生开展了"隔屏不隔爱,一起向未来"主题班会课、"我眼中的守'沪'英雄"主题作品征集,面向6—8年级学生开展了"我秀我健康,一起向未来"主题脱口秀并荣获"2022年度静安区学校心理健康教育活动月(初中组)优秀心理脱口秀二等奖",面向6年级学生开展了"最赞朋友圈——我的居家生活实录"活动,面向全体教师开展"疫情中的'小确幸'"主题作品征集活动,分别以绘画、表演、文字投稿等多种形式,引导全体师生积极关注心理健康。

学校成立了名为"心草"的学生心理社团,利用校拓展课的时间学习心理知识,并在心理老师的指导和带领下组织、策划、宣传、开展各种心理活动。此外,在预备年级初于各班选拔出两名心理健康、乐于助人的学生担任心理委员,并于每学期开展一次主题培训,如预备年级开展心理委员职责介绍和同伴交往相关内容,七年级开展情绪调适和青春期性教育相关内容,八年级开展目标设定和自我探索相关内容,九年级开展生涯规划和压力调适相关内容。心理委员时时关注班级同学心理状态,发现需要帮助的学生及时上报班主任与心理老师。

学校心理辅导室——"阳光心理屋"在每周一至周五12:00—12:40,每周一至周四16:00—16:40向全体学生开放,供有需要的学生前来参观、阅读、休息和进行辅导。需要个别辅导的学生均可通过向心语信箱投递心灵预约卡或给电子信箱写信等方式与心理老师取得联系。对于个别辅导的学生,心理老师均会在辅导结束后及时地做好辅导记录及相关材料的归档工作,并将相应材料保存在档案管理区。对电子材料,则进行加密处理。

学校心理健康教育领导小组积极参与家庭教育指导工作,每周借助钉钉家校群进行"智慧家长周周推",向全体家长推送青少年心理健康及家庭教育相关公众号推文,如《心理学中的"禁果效应"——好奇心是探究、求知的动力》《陪伴青春期孩子,家长的这四种能力比爱更重要》《儿童心理健康"十注意"》等,帮助家长了解孩子的心理发展规律,提升家长对心理问题的了解以及对子女心理问题的识别能力,为优化家庭教育氛围、提高家长的教育能力出谋划策。同时,学校邀请校外专家对家长开展家庭教育指导讲座,如2020年开展的"新环境中不一样的孩子"、2022年的"家长怎么说,孩子更愿意听"等,为家长的养育工作提供专业化指导。学校还借助家长会向家长普及心理健康知识,如2020年"上海市静安区市北初级中学北校返校复课后心理健康家庭教育指导",引导家长关注孩子的心理健康。此外,学校定期与家委会成员进行主题交流,如面向六年级家长的"青春期心理教育",面向七年级家长的"良好的家庭氛围在家庭中的作用",面向八年级家长的"家长应该如何与孩子沟通"等,通过收集问题、案例分享、沟通探讨等多种形式与环节,为家长的教育工作答疑解惑。学校还设计了囊括心理公众号、心理热线及上海市诸多心理/精神科门诊地址的《致家长的一封信》,很快就会印制和发放,为需要帮助的家长提供资源、指引方向。

对于存在心理问题的学生,学校建立了三级干预方案,对于一级心理问题的学生,由心理老师协助班主任进行干预,并上报年级组长备案;对于二级心理问题的学生,由心理老师协助年级组长制定干预方案,并上报学校备案;对于三级心理问题的学生,由心理老师在学校领导的牵头下制定干预方案,并上报区心理中心备案,为学生和家长寻求更有针对性的帮助与指导。对于需要转介的学生,由学校领导牵头、心理教师进行评估、班主任联系家长进行多方会谈,与家长沟通学生的情况,将心理热线以及上海市心理/精神科门诊等资源给到家长,指导家长陪伴孩子就医,并为后续家庭教育提供建议。学校分别成立了针对不同学生的"学生关爱小组""学生心理危机干预小组"等微信、钉钉群。对于三级干预的学生,学校联合区心理教研员共同成立了"市北初中北校专群",在教研员的指导下对危机学生情况进行交流与跟进。

我校分别利用校广播站、信息栏、班团队会、主题讲座,以及公众号、钉钉家校群等多种形式分别面向学生、教师和家长进行心理健康教育宣传,积极营造和谐温馨的心理氛围。

学校设有校园心语信箱、心理电子邮箱等多种渠道来为学生提供倾诉的空间,并向学生发放《心灵预约卡》,用于预约校内心理辅导。此外,还向学生发放《来自心理老师的一封信》,其中印有心理老师的联系方式以及心理援助热线和心理公众号等多种校内及校外心理资源供学生选择。

我校积极关注心理健康的理念已经深入每一个教师和学生心中。通过心理健康活动课、教师培训和家庭教育指导等工作,学生、教师和家长对可获得的心理资源均有所了解,并对我校的心理健康教育工作感到满意。通过课程满意度调查,学生反映出对心理健康活动课的喜爱,认为心理健康教育对他们大有裨益。在长期的学校个别心理辅导中,我们以自己助人的爱心和专业的技术帮助许多学生以及家长疏解负面情绪,陪伴他们解决生活中的困惑和烦恼,得到了学生和家长的肯定。

体会之三：心育，要有积极的自我暗示。

现实生活中常常可以看到，乐观的人在面对困境时，总是相信自己有办法、有能力改变不利因素，从而调整自己的态度和行为，帮助自己走出困境。这就是心理学所说的"自我暗示"。的确，自我暗示可以影响人的情绪、反应、表现和行为，这已经为心理学大量研究所证实。比如，你觉得自己能够成功，你就会更有可能表现得更好；你相信自己会赢得比赛，你就会以更有利的方式进行准备和表现。这种积极的自我心理暗示，其力量真的太强大了，很多体育运动员对此都有非常深刻的体会，他们往往会通过积极的自我暗示来训练自己的比赛表现，也常常在比赛前想象着自己在比赛中获胜的场景，同时也会通过自我对话来鼓励自己，让自己相信自己能够超越极限，并在比赛中创造出最好的表现。那些经常把"问题不大"挂在嘴边的人，情绪通常特别好，也更加乐观开放，即便是之后"问题变大了"，也总能找到解决问题的最佳路径。

为什么说积极的自我暗示能有这么大的作用呢？这涉及一些心理学知识，包括自我效能感和认知失调理论。自我效能感是指一个人对自己能够有效地控制环境和实现目标的信心和能力，而自我暗示可以增强自我效能感，因为它可以让我们相信自己可以通过自己的努力和坚持，达成目标。很多成功者都懂得利用自我暗示增强自我效能感，让自己相信自己可以掌控局面，实现目标。

而认知失调理论认为，一个人的行为与自己先前一贯的对自我的认知产生分歧时，会导致负面情绪。所以人们会通过消除认知上的不协调，即通过改变一些不好的想法或态度，使自己的态度与行为保持协调一致。那些成功者当然知道认知失调会导致负面情绪和行为，所以他们更擅长通过积极自我暗示来改变自己的消极态度和行为，从而减少认知失调的程度，激发自己内在能量，克服困难，走向成功。

可问题是，我们经常会被负面想法所困扰，只关注问题和局限性，这让我们变得消极无助。这时候，就需要以积极的自我暗示来进行心理调适。首先，关注自己所处的实时状态，掌握影响自己的相关信息，并过滤掉其中与事实不符的、有负面影响的信息；然后，为自己建立一个否定性、排斥性心理维护体系：不要给自己设限；不要说自己不行；不要给自己差评；不要不给自己点赞。其间，重要的是打开心扉，拥抱所有的改变，时刻保持微笑，发出正确生活态度的信号，而不是一直被固定思维束缚，找不到任何改进的机会。[1]

---

[1] 不烦姐.自我暗示的强大力量：10分钟可以改变一个人[EB/OL].今日头条(2023 - 05 - 12)[2024 - 02 - 05].https://m.toutiao.com/is/iNhmwo2T/? =.

4. 体育文化——助力全面发展

文化与体育是分不开的。多年来,我们坚持从文化的高度办体育,特别是在体育多样化课程改革中,大力建设具有本校特点的体育文化,促进学生的全面发展。

北校 2018 年底成为初中"多样化"体育课程改革试点校。结合"总有一片天空属于你"的办学理念,我们把初中体育多样化课程改革作为实现学校"大视野、厚情怀、重责任、好素养"育人目标的重要举措,将优化体育教学、促进学生健康作为学校教育的美好情怀、光荣职责和神圣使命,努力增强学生的健壮体魄,塑造学生的健全人格,发展学生的核心素养。

在改革试点中,我们从如下几个方面开展工作。

(1) 运动项目开发及"一校多品"创建

结合校内外实际情况,以篮球、健美操/啦啦操、武术、腰旗橄榄球、射箭、手球、田径、羽毛球等有一定基础的项目为重点,选编课程内容,整合校内外资源,通过多种途径进一步丰富多样化项目。

一是内部挖潜,发挥自身优势。篮球、排球、手球、健美操/啦啦操、武术四项学校师资、场地、器材均有基础的项目,合理安排课时与师资作为指定专项教学项目,分别在四个年级的规定项目课上开展。根据教学安排情况,预备/初一低年级段尽量安排基础手球技术、篮球,初二、初三男班以武术为主,女班选健美操/啦啦操。

二是发挥我校市体育传统项目学校的优势,手球项目进课堂。在低年级段基础手球技术的基础上,和体校协商借用手球的师资,在高年级段尝试规定项目和选修项目中开展手球技战术的普及教学。

三是结合课程配送等社会资源,进一步丰富多样化选修菜单。射箭、羽毛球、棋类、足球、乒乓球等选修菜单项目通过校外购买服务等方式引入校外项目专家,引导学生自主选择,开展分组学习和探究,以利于养成自主学习的能力。

(2) 校内外运动各 1 小时的实施

我校始终坚持"健康第一,全面育人"的指导思想,保证学生有足够体育运动时间,提升学生体质健康水平。

一是开足开好体育课及体育活动课程,保证在正常教学时段的每天一小时活动时间。按课程改革要求,除全校按每周四课时开足体育课外,将阳光体育活动课安排进入正式的课时中,再加下午课间 30 分钟活动时间,可以保证在教学时段每天 70 分钟活动时间。

二是课后体育活动平时与假期结合,实现家校互动,强化"天天锻炼"的理念。

平时以课后服务时间为主,由体育老师及课后服务人员共同管理,将体育活动向教学时段以外延伸。假期通过下发运动建议书,提倡自主体育锻炼,养成终身锻炼的良好生活习惯。

(3) 场地、设施与器材等的保障

学校对于多样化改革需要的场地、设施与器材等的投入实行了优先保障。

首先,十分重视体育器材投入和体育设施完善。在标准化校园建设、校园安全改造、校舍大修等工程中,更是把体育场地设施建设和完善作为重点项目,先后完成了操场跑道及篮球场塑胶铺设、篮筐更换、室内操场修缮改造等项目。

其次,为配合体育多样化课程改革的课程建设,又新建了射箭运动专用场地、手球特色项目专用室、学生浴室,并对室内操场进行了适当改造,增设篮筐。

再次,为配合体育多样化课程改革的课堂教学改革的开展,配套添置了无线投屏器等技术装备及各类运动器械,计有六项数百件。

主要经验与体会:

一是综合运用多种方法与手段,构建生动课堂。初中体育多样化课程改革的重点是课堂教学的改革,要求体育课的课堂组织、教学方法与手段要体现活泼性、体验性及针对性。我们在改革实施中对体育课堂教学的方法与手段作了深入系统的研究,也形成了一定的经验。

二是注重体育文化渗透,拓展学生体育视野。重视引导学生运动锻炼意识与兴趣的形成,将情景教学法、游戏教学法等先进教学思想和方法广泛运用到体育教学中,使课堂融健身性、知识性、体验性、文化性于一体。对于这些新兴的项目或不为大众关注的项目,我们注重充分调动学生学习和锻炼的积极性。一方面,我们在雨、雪、雾霾天气的室内课程中加强体育文化的宣讲,有针对性的介绍项目的历史起源与发展、项目的观赏性、项目的基本技战术及胜负关键点等内容;另一方面,在体育课准备活动、体能锻炼等环节中渗透一些项目的基本动作,比如在准备活动中加入自编手球操、健美操等,给予学生体验的机会、拓宽学生视野,使学生从了解到欣赏到体验再深入,为专项与选修项目的教学起到铺路的作用。此外,我们以项目多样化选修角度形成兴趣型、普及型运动队及小组。在项目拓展选修中形成了射箭、羽毛球、腰旗橄榄球、武术、跳踢拍、棋牌类等各种队伍与小组,体育课内学技能,活动课内锻炼身体。

三是以学校体育节运动会为载体形成全民运动的氛围。学校体育节运动会等活动以全员参加为基本要求,"人人有项目,个个要上场"形成良好的体育运动氛围。

5.制度文化——夯实发展基础

文化是一种社会交流及社会传递,通过特定的途径,被社会成员共同获得。这种获得共同文化的特定途径,其实就是文化得以交流和传递的制度文化。文化的存在只有被认同和学习时才是有意义的。而被认同和学习的实现,必须依靠一套相关的制度规则。在此,制度文化就将文化与制度统一起来了。当制度体现为规则时,它必然反映了文化的价值、文化的精神、文化的理念。而当文化体现为规则时,它必然采取或风俗、或习惯、或制度的形式。从某种意义上可以说,没有文化价值的制度是不存在的,没有制度形式的文化也是不存在的。简言之,制度文化就是人类主动创制的规范体系。

无论是纵向观察人类的历史,还是横向审视社会现实,实际上都是一个制度文化的变迁和制度文化的发展问题。事实上,缺少了制度文化的变迁和发展,就不存在文化的变迁和发展。同理,文化的变迁与发展必须首先依托制度文化,从制度文化的变迁和发展着手,将所有文化变迁和发展中的具体问题一起串结起来分析与解决。因此,对于文化变迁和文化发展来说制度文化的变迁和发展是位居首要的。

学校作为上层建筑,是精神文化的传播基地之一,而制度文化又是精神文化的基础和载体,因而学校的制度文化就显得格外重要。学校需要制定科学合理的各类制度,确保教育教学工作的有序进行。正是出于这样的认知,市北初北校一直高度重视学校制度文化的建设。

学校制度文化的灵魂在于保障和促进人的发展,所以,我们在实践中建立了使优秀人才脱颖而出的有关制度规定,从体制机制上保障人尽其才、才尽其用。如师徒结对阶梯培养制度、优秀青年教师低职高聘实施办法、评先推优奖励条例,等等。

学校借集团化办学、更名契机,重新建构学校校园文化顶层设计。在认真学习、了解市北初级中学的办学理念、"三风一训"基础上,通过研讨等多种方式确立了市北初北校的校园文化顶层设计,提出了新的办学理念与目标,对校歌进行修改完善等,把"合作与成长"作为学校共同价值追求。丰富校园生活,开展各种教职工活动,提高教职工的凝聚力。

学校不断完善《学校教师日常行为准则》《学校教学常规》,规范《考务细则》《中级职称评审实施办法(试行稿)》《中层干部选拔任用方法与考核办法的若干规定》等相关制度,逐步建立并不断优化教学管理工作规范与流程,严格教学要求、教学监控、学习行为规范,用制度规范管理,形成有效的激励机制。

随着"强校工程"的持续推进,"三全"观念在教师队伍中日益深入人心,即"面向全体"的事业观、"全员育人"的教育观、"全面发展"的质量观。"三全"观念进一步深化和丰富了学校的教学改革指导思想,对于学校课改由课内向课外的延伸,促进师生素质的共同发展,提高学校的教育教学质量产生了重要的推动作用。学校推进文化建设,既提升了教师的教学理念,也增强了教师的职业自信力,大家凝心聚力,学校整体文化氛围趋强。

在具体工作方面,近两年市北初北校还着力强化了三种文化建设:

一是特色班级文化。班级是学生生活、学习的地方,是他们成长的乐园。以行为规范教育为抓手塑造班级文化,一是有规范的班级文化,学校对班级文化建设有统一要求;二是有个性特色的班级文化,让班级形象、班级精神的认同感油然而生,激发学生自我成长的内在动力。

二是打造书香校园。建设"书香校园",营造浓郁书香氛围的精神家园。规范的年级和班级图书角、楼道的名人名言廊和师生诗文书画作品、"我行我秀"宣传板的读书活动作品、"班级读书会""校园读书节""诗词大会""读书漂流"等活动,让阅读与交流时时发生。"悦读成长手册""阅读五星达人""书香少年""书香班级"评选,让阅读展评人人参与。

三是优化网络平台。建设校园网络交流平台和网络德育活动是推进"正向教育显性化"的有效手段。在学校微信公众号设置"学生天地"栏目,包括"规范有形""志向有约""关爱有加"德育板块;开设"成长论坛",宣传学生收获成长的故事,指导家长开展正确有效的家庭教育;通过钉钉平台开展网络德育活动,引导健康有意义的假期生活、指导家庭教育、畅通家校沟通等。

(三)掌握学习与改变的逻辑,提振教育的"精气神"

有专家提炼出了学校可以因应的学习与改变逻辑,大致有四个层面。

1. 关注学生的情绪

我们的教育,必须关注学生的情绪状态。情绪不仅影响学生的身心健康,还对学习效果产生深远影响。首先,学生的情绪状态直接影响其学习效果。当学生处于积极、稳定的情绪状态时,他们更容易集中注意力,更有效地吸收知识。相反,负面情绪可能导致学生学习效率低下,甚至产生厌学情绪。因此,教育者应关注学生的情绪变化,采取相应措施调整学生的学习状态。其次,良好的情绪状态有助于培养学生的综合素质。在积极、健康的环境中成长的学生,更容易形成乐观、自信的性格,具备应对挫折和压力的能力。这样的素质对于学生未来的生活和职业发展具有重要意义。因此,教育者应将学生的情绪发展纳入教育目标,促进学生综合素质的提升。

为了实现这一目标,我们需要从多个方面入手。一方面,学校应建立完善的心理辅导体系,为学生提供专业的心理支持。同时,教师应提高自身的情绪管理能力,以身作则,为学生树立良好榜样。另一方面,家长和社会也应积极参与学生情绪管理,营造一个和谐、关爱、支持的成长环境。在具体实施过程中,可以采取一系列措施。例如,定期开展心理健康教育活动,帮助学生了解情绪管理的知识和技巧;加强师生沟通,及时发现学生的情绪问题并给予有效干预。

### 2. 引导学生的信念

信念与信任、信仰有关。有了信任,才能产生坚强的信念;有了信念,才能升华到坚定的信仰。信仰往往是成功的一半。学生是否相信学校的核心文化理念,这需要我们树立文化信仰,提供积极场域。学生拥有成长性思维还是被限制性信念所挟持,这需要我们对学生加以引导,使之确立积极的信念和信仰。

目前社会上最大的问题是缺乏信任,这对学校的德育工作构成了挑战。生活中,各种各样的不信任逐步积累,造成了"信任危机"。"信任危机"的背后,其深层矛盾是"信仰危机"。没有信仰,就没有"人心共向",人心涣散了,各想各的心事,各行其是,各从所欲。这些都不可避免地影响着学生的思想成熟和优良道德品质的形成,成为我们必须认真面对、积极应对的新问题。

### 3. 变革教育的方法

传统的学校教育方法以教师为中心,注重知识的灌输而非学生的主动探究。这种教育方式容易使学生产生依赖性,缺乏独立思考和解决问题的能力。同时,传统教育方法过于注重考试成绩,导致学生压力大、创造力受限。因此,变革学校教育方法势在必行。

教育方法变革的方向是:

强调学生的主体地位。新的教育方法应以学生为中心,注重学生的主动探究和合作学习。教师应当引导学生发现问题、解决问题,培养他们的独立思考和创新能力。同时,教师应关注学生的个性差异,为每个学生提供适合其发展的教育环境。

注重全面素质培养。现代教育不再仅仅关注学生的知识水平,更重视学生的综合素质。学校应设置多样化的课程,涵盖艺术、体育、科学等多个领域,培养学生的审美能力、团队协作精神和社会责任感。此外,学校还应加强心理健康教育,帮助学生建立健康的心态和良好的人际关系。

利用信息技术辅助教学。随着信息技术的迅猛发展,教育领域也应充分利用这一工具来提升教学质量。通过多媒体教学、在线课程、虚拟实验室等手段,教师可以更加生动形象地展示知识,激发学生的学习兴趣。同时,信息技术还可以帮助学生自主学习、协作学习和终身学习。

推行多元化评价体系。传统的评价体系过于注重考试成绩,导致学生过分追求高分而忽视实际能力的提升。因此,学校应推行多元化的评价体系,将学生的平时表现、项目成果、团队合作能力等纳入考核范围,更全面地评价学生的综合素质。同时,教师应鼓励学生自我评价和互相评价,培养他们的自我认知和批判性思维。

教育方法的变革是一个持续的过程,需要不断地总结经验、调整和完善。学校应定期评估教育方法的实施效果,及时发现问题并采取措施解决。同时,学校应关注国内外教育改革的动态,借鉴先进的经验和做法,不断完善自身的教育方法体系。

4. 夯实学生的学习基础

学习基础是学生在各个学科领域中获取深入知识和技能的关键。为了帮助学生夯实学习基础,教师和家长需要采取一系列有效的策略。

首先,教师需要确保学生对基础知识有扎实掌握。在课堂教学过程中,教师可以定期进行小测验和考试,以评估学生对基础概念和原理的理解。通过这些评估结果,教师可以发现学生在学习中的薄弱环节,并针对这些环节进行有针对性的辅导。教师还可以鼓励学生在课后进行自主学习,通过阅读教材、完成习题和参与学习小组等方式巩固基础知识。

其次,教师需要采用多样化的教学设计,以吸引学生的兴趣和提高他们的学习积极性。教师可以利用多媒体教学资源,如视频、动画和应用程序等,将抽象的概念变得生动有趣。教师还可以采用项目式学习、探究式学习和合作学习等方式,让学生在实践中学习和掌握基础知识。

再次,家长可以在家庭中创造一个良好的学习环境,帮助学生巩固学习基础。家长可以定期与孩子一起复习学校所学的内容,并鼓励孩子主动提出问题。家长还可以引导孩子阅读相关的书籍、文章和网站等资源,以扩展孩子的知识面和加深对基础知识的理解。

当然,学生自身也需要积极参与到学习过程中。学生应该养成良好的学习习惯,如定时复习、做笔记、独立完成作业等。同时,学生还应该积极寻求帮助,及时解决学习中遇到的问题。通过这些努力,夯实学习基础,为未来的学习和成长提供坚实的保障。

上述四个层面模型,可以帮助我们解决许多教育问题。比如,学生偏科的问题,首先要看是学生的基础薄弱难以提升,还是师生关系不佳导致学生厌学,弄清楚原因后,我们就可以对症下药,是为学生补弱项还是为学生营造更好的学习环境。这就要求学校管理者具备一个核心思维:问题来了,怎么分析,怎么解决。如果说孩子是种子,那我们的教育便是土壤。我们要让孩子们成长的"土地"更加肥沃,让他们更加茁壮地成长。这就是提振教育精气神的本意之所在。

## 三、学校卓越文化的支柱

现代教育理念与文化理念都倡导"以人为本"。在教育的人际关系上和人际交往中,强调师生关系本身就具有教育的属性,因而成为一股巨大的教育力量。就学校而言,良好的师生关系是其卓越文化的支柱。虽然前面所讲的内容已经涉及了师生关系问题,为表明这一问题的重要意义,感觉还是需要单独作为一个议题专门讨论一下。

### (一)用心经营师生关系

师生关系是学校教育与生俱来的第一位重要的人际关系。教育发展到当下,人们大力提倡以学习者为中心、构建新型学习场域,师生关系更是成了决定学校能否实现持续、长远发展的一大学问。从专业的角度深度解析师生关系的内在逻辑,有利于缩短教育实践与教育理想之间的距离。

1. 师生关系的理想模式

人类的教育史,历经了压抑儿童天性、无视学生人格、"师尊生卑"的关系过程;走过了完全从儿童天赋、兴趣和需要出发,彻底以儿童为中心的师生关系。今天,我们该如何走向真正独立平等、分工有序、共生共学的关系?人人渴望的师生关系到底应该是怎样的?对此,很多人作过多方面的探讨。[①]

首先,从取向上看,不再把知识作为学校的核心,而把关系作为学校的核心。师生之间,不再是"管与被管,教与被教",而是"共生共学,相互促进";师生间的情感与互动需求,成为学校存在的根本价值。

---

① 师生关系是一股巨大的教育力量[EB/OL].好教师微信公众号(2024-02-14)[2024-02-16].https://mp.weixin.qq.com/s/8KFD6rz_fpZhyQnoohWSMw.

其次,从地位上看,既不是"教师第一",也不是"学生第一"。师与生没有传统意义的等级排序,只有面向未来的角色分工,在角色上互补与支撑,分工上有如"教练和运动员",而在不同的时候,彼此都可以成为学习行为的"平等首席",即教师成为中心——当学习过程需要鼓励、评估、导演、导师、学习行为的设计等角色介入的时候,或者学生成为主角——在知识获取、技能精进、品格生长、自我发现、他人合作、好奇心培养等方面,或者双方互为学习行为的"生态协作者"——围绕同一个目标,实现共同的学习,成为相互支撑的伙伴;师生在人格上是平等的,在交互活动中是民主的,在相处的氛围上是和谐的。

再次,从情感上看,教师与学生亲密无间,心心相容,互相接纳——教师因为爱与相信,所以能关心、支持、陪伴;学生因为"亲其师",因而能"问其难,信其道"。

此外,从形式上看,呈现为"学习共同体"的样子,共同的人生目标都指向学会学习、学会思考、学会创造性解决问题,并致力于不断自我发展;呈现为"弟子不必不如师,师不必贤于弟子","无贵无贱,无长无少,道之所存,师之所存也"。

显然,将师生情感与互动作为学校存在的根本价值,是上述理想模式要义之所在,这无疑是建立现代新型师生关系的一种值得探索的思路。

2. 师生关系的基石在于读懂学生

读懂学生是构建良好师生关系的应有之义。读懂学生,了解学生的学习需求,是教师核心竞争力的重要方面。只有这样,我们的教育才能真正回归"人"的起点,从而更好地服务于学生的发展。

前置沟通时间,在多方调研中读懂学生。接手新班时的学情调研,学科课堂教学的学情前测,都是研究学情、读懂学生的有效渠道。教师要善于从学情调研中,阅读那些我们熟悉却不易敏锐察觉的细节背后的意义。

实践中,人们常常通过"打一个温馨电话、查一次档案记录、来一次老班访谈、做一次调查问卷、约一次深入家访"等多种形式,了解学生基本家庭状态,对话学生发展点和新的生长点,在多样化的学情调研中初步接触学生和家庭。综合访谈结果为每个学生建立初始档案,这些都为持续积累信息、深入读懂学生稳稳打下第一步根基。在学情调研的具体操作上,不能只是泛泛而"谈",还需要充分研究与转化,才能把现场观察到的信息落实在对教育教学的转化和指导上。

常态工作日志,在持续观察中读懂学生。每种形式的学情调研,都能帮助教师发现学生不一样的细节。深入地读懂学生,还有赖于教师在常态工作中"闭上嘴、迈开腿、用心看、仔细听、充分想"。

比如,有的教师利用常态值周工作日志,发挥不一样的"读"懂学生的作用。不同的值周时间段,教师观察学生的侧重点有所不同:早晨进校,观察学生的个人清洁及晨读情况,了解家校练习本的完成情况;上课时间,观察学生的专心程度、发言及提问情况等;下课时间,观察学生的活动内容与学生协作互动情况等;分组活动时间,观察学生是否能与同学和谐相处,等等。一个个看似普通的细节,都在无声传递着学生不一样的信息。抓住细节,相互联系,不断观察分析,更容易形成研磨学生、读懂学生的有效桥梁。

日常课堂教学,在关键环节中读懂学生。读懂学生仅有开学初的学情调研还不够,课堂教学是研磨学情、推动学生持续发展的主阵地。课堂教学中,持续致力于读懂学生、把握学情,才能有效提升课堂教学质量,让教学从"批发式"集体服务走向推动学生个性化成长。

3. "前台"与"后台"密切配合

师生都是学校舞台上的"角色"。教育实践中,我们每个人每天都在进行着无数的表演,都在不同的舞台穿梭。"表演"是人的无意识行为,不是虚假,是个体在不同社会关系中学习并展现真实自我。在舞台表演体系中,有两个相对应的重要概念,那就是"前台"和"后台"。在学校里,上课就是老师最典型的"前台表演时刻",教室环境的布置、对教师职业形象的要求等就是个人门面的突出体现;而在"后台区",比如教师办公室、休息室、茶水间等,老师可以进行一定的放松,可以休息、聊天、交流看法等。塑造新型师生关系,要注意"前台"与"后台"的密切协调与配合。

教育的前台始终面向学生。在非常广泛的意义上,学校教育中有很多互动场景:所有人都有前台、后台的需求,包括老师、学生。首先,学校必须尊重和维护教师的前台形象。社会大众对教师的角色期许比其他职业要高,学校必须协助教师维持好前台形象,在诸如学校开放日、家长会以及课堂等正式的"前台"必须用一举一动彰显教师的专业性。

前台行为属于事先计划的正式课程,而后台行为就是非正式的潜在课程,包括教师的价值观、做事态度、日常言行举止等,都会被学生视为楷模,甚至有时"后台"表现会更深刻地留在学生脑海中。

教师永远应该把自己人格中最闪光的一面、这个职业中最为专业和负责的一面呈现给学生,也就是说,教师一定要意识到:自己真正的表演"前台"一定是面对学生时的举动和行为。

尊重和维护学生的后台需求。学校和教师一定要尊重和维护学生的前台形象,学生也希望在同伴前塑造完美的前台意象,教师要善于"奖善于前堂、规过于后室",用自己期待的角色来巩固孩子的身份认同。

另外,尤为重要的一点是,教师一定要包容和接纳学生的"后台"行为,给学生一些"后台"时间或空间。教师在学校中有办公室、休息室等"后台空间",而学生呢,几乎没有,一些寄宿制的学校对宿舍也实施了非常严格的监管,导致学生在校时紧绷的压力无处释放。

每个人每天都在不同的"前台"和"后台"区穿梭,都在进行着无数的表演。在学校里,我们要把面对学生的每一次场景都作为教育的前台,而不是"作秀"的前台;要充分维护学生、教师的前台形象,更要为他们搭设适度的后台区——老师需要闲暇时光,孩子也需要闲暇时光。我们还必须明确,后台行为是每个人生活中不可避免的非理性放松状态,教师应以平常心待之。教师最好不要出其不意地出现在学生私密空间面前,不要偷听学生讲话,要禁止告密的举止,这是促进个体社会化的重要守则。

(二)愿景成为师生情感纽带

愿景也是一种文化。学校愿景是一个学校的教师共同持有的对未来希冀的景象,是得到教师群体认同的教育理念和发展愿景,它能够形成众人一体的感觉,并使之融会到学校的各项工作、活动中。有了共同的愿景,并在思想上达成共识,就能够引领全体教师营造浓郁的执行氛围。只是以往很少有人在讲愿景时会想到文化,我觉得将愿景提到文化的高度,这对凝聚人们的精气神是非常有益的。在学校文化建设中,让愿景成为师生情感联结的纽带很有必要。

如何让师生与学校一同成长,一同发展,在学校里舒展自己的生命状态,创建共同的理想未来?答案是:学校必须要有好的发展规划。

从一定意义、一定程度上可以说,校长的影响力往往决定着学校的发展前景和师生的成长取向。而校长的学校规划能力,则是其影响力的重要方面之一。校长应该是学校的首席规划师、顶层设计者。制定学校的发展规划,是办学自主权力的体现,提升管理效能的需要,实现学校愿景的手段,践行办学理念的抓手,增强师生认同的策略,优化资源配置的契机,改善内外环境的举措。

教育需要引导,用什么来引导呢,最主要的是:让承载着师生美好愿景的学校发展规划成为师生生命成长的动力。

什么是好的学校发展规划?它应该做到两点:一是立足规划意识,提炼一所学校的教育哲学;二是把学校发展规划当作一个动态的实施过程,而不是一个静态的"文本"。

其中,确立学校的教育哲学,是学校发展规划的核心和灵魂。它是学校团体的教育信奉,主要体现为学校的使命、愿景和育人目标,其中育人目标即"培养什么样的学生"是其核心。这与前面所说的"目标与价值系统"也是同义。

这里,我们主要强调的是:让学校的发展规划真正成为师生生命成长的强大动力。至于规划具体怎样制定,我们放在下一章讨论。

要而言之,学校文化是社会整体文化的一部分,也是学校的灵魂和生命力所在,是学校环境、活动、秩序、精神和制度的综合体现,是全面育人不可或缺的重要内容。通过以上举措的施行,我们可以进一步彰显文化的育人魅力。在未来的教育工作中,我们必须继续深化文化育人的理念,不断创新方式方法,努力提升学校的文化品位,把握文化灵魂,汇聚师生智慧,融合历史地域资源,在落细、落小、落实上下功夫,力争做到专家们所倡导的"三养":环境养眼、内涵养神、人文养心。①

---

① 学园设计."教育特色"校园文化的魂在哪里[EB/OL].民办教育(2018-8-2)[2024-01-10].https://m.toutiao.com/is/iNhQBsPx/?=.

第九章

# 办学品质争创一流

每个人都以卓有成效作为最高工作标准，一群平凡的人，就能做出不平凡的事。

——题记

当今社会，人们对品质、品位、品牌的关注度极高。一所学校是否实现了内涵发展，卓越品质、高雅品位、优良品牌都是检验成效的重要维度。一位优秀的校长，应当集中精力潜心思考、系统谋划学校的长远发展，以学校品质、品位、品牌建设为"引擎"，在讲品质、求品位、塑品牌上下功夫。

## 一、品质、品位、品牌解读

曾经读到过一篇文章，作者对学校的品质、品位、品牌有自己独到的见解，我也深以为然。以下就其主要内容作一点介绍。①

### （一）讲品质：牢固树立质量意识

学校品质主要是指学校的教育教学工作质量、管理工作质量、办学成果质量，当然也包括环境设施质量、服务工作质量等。提升学校品质的关键，在于学校管理者和教职工持有什么样的质量观；提升学校品质的重点，是要让学生享有高品质的学习生活，实现德、智、体、美、劳的协调发展和个性化成长。

欲达此目的，必须更新教育观念，摒弃单纯应试教育模式，克服急功近利倾向，进一步规范办学行为，让教育回归育人本位。要着重坚持教育方针，坚守教育价值追求，尊重教育发展规律、学校管理规律、教师发展规律、学生发展规律、家庭教育规律，做到贯彻教育法规不打折、规范办学行为不走偏、尊重教育规律不折腾，切实扭转那种以"校长苦干、教师苦教、学生苦学"为法宝，靠"时间＋汗水"，不惜以牺牲师生身心健康为代价换取升学 GDP 的低品质管理现象。

学校品质是学校赖以生存的"生命线"。校长要转变思想观念，端正教学观、学习观、质量观，树立人人能出彩、人人能成才、培养多样化人才的人才观。要善于增进教育智慧，动脑筋、想办法，将品质建设渗入学校管理的"毛细血管"，引领师生、家长转变观念、讲求效率，把重点放在引导教师提升业务素养、课堂效率、课堂教学质量、作业设计品质，引导员工提高服务水平、服务质量，引导学生增强学习自觉和学习能力等方面。

---

① 蒋建华.好学校应讲品质求品位塑品牌[N].中国教育报，2023－04－19(6).

## （二）求品位：升华学校精神品格

学校品位是一所学校的精神长相，似乎难以言表，但往往易被人们感觉。办学品位高主要表现在办学理念鲜明独到，校风、教风、学风淳朴，组织成员境界高、素养好、精气神足，学校人文氛围、育人氛围浓厚，管理水平一流，办学方略务实、办学活力强劲等方面。

真正有品位的学校应当守护住教育的良心，追求学校"正道"发展、健康发展、内涵发展、和谐发展与可持续发展，在办学实践中讲规律、重品位、抢抓机遇、敢为人先、勇于创新，形成良好的教育生态。

追求更高质量、更有品位的教育，让师生都过上更美好的校园生活是校长义不容辞的责任。校长在办学过程中要时刻注重"五育"融合，培育学生核心素养，持续关注与研究教育的发展趋势，着力构建高标准、高质量、高品位的现代办学体系。第一，要办学方向坚定，以高度的责任感当好立德树人"答卷人"；第二，要办学理念鲜明，能彰显新时代要求、教育核心价值与学校个性特点；第三，要办学方略务实，把坚持教育创新、构建现代办学体系摆在突出位置；第四，要办学活力强劲，健全学校内部科学的运行机制，营造文化育人氛围，让校园处处充满生机活力。

## （三）塑品牌：办学效益持续增值

学校品牌是指学校在发展过程中逐步积淀下来的，具有一定知名度、美誉度及一定范围内影响力的办学内涵、成果的提炼概括，它凝聚在学校的名称、标志和教学设施、师资、校园文化等要素之中，是学校办学理念、办学品质、教育特色、管理机制以及学校文化建设的集中体现。塑造学校品牌是一种战略决策，有利于提高办学质量和效益，促进学校知名度和美誉度的强势增值。

学校品牌是精心谋划、持久塑造出来的。品牌塑造与日常务实工作、特色创新紧密相连，要把工作当品牌来做。校长应当增强品牌意识、研究品牌战略，在塑造学校品牌过程中，打破神秘感、自卑感。须知，学校品牌建设不只是名校的"专利"，也完全可以与新建学校、薄弱学校"结缘"并"落户"。塑造学校品牌，要有强大的内驱动力，有敢为天下先的精神，有勇于创新的意识和智慧，有贴近实际的目标、切实可行的举措，找准定位、研究方略、制订规划，做到主动发展、错位发展、多元发展，把不可能变为可能，培育出品牌学校、品牌校长、品牌教师、品牌学生、品牌项目。

加拿大学者迈克尔·富兰讲到，当今正处于"新教育学"时代，"经济模式的转型呼唤教育转型。传统学习过度强调既定知识的静态掌握，学生难以在知识和现实生活之间构筑有效联系,进而导致无法学以致用。学生依旧获得的是读、写、算等基础能力,而今天经济模式的新动力来自学习和创新,是首创精神、创新能力和全球合作技能"。如何建设高品质学校,似乎可以从中得到某种启发。

## 二、高品质队伍建设

优教、强校都离不开师资。教师是学校工作的核心力量,他们的专业素养和教学能力直接影响学生的学习成果。在市北初北校,大家有很强的师资致"强"意识:优教必先"优师",即首先要优化教师队伍;强校必行"强师",即强化教师实力。学校积极为教师提供培训和学习机会,鼓励教师进行教学创新、提升教学质量。同时,关注教师的心理健康和工作压力,为教师创造和谐、宽松的工作环境和氛围。通过不断提升教师的专业素养和教学能力,为学生提供更高质量的教育服务。

教师队伍的管理,倘若从理论上展开,可以洋洋洒洒做很大一篇文章;如果从实践上总结,我觉得最主要的是八个字:凝心、汇智、集能、聚力。

以共同目标凝心,众志成城。这是从学校层面讲。

以人格魅力汇智,率先垂范。这是从校长角度讲。

以合作共进集能,众擎易举。这是从团队层面讲。

以自我实现聚力,建功立业。这是从个体角度讲。

### (一)提高对教师"全人发展"的认识

我们始终认为:学校应该是包括教师在内的人才培养的"孵化器"。学校不仅要尽力于学生全面素质的培养,也要致力于教师的"全人发展"。

"全人发展"是一个较为宽泛的概念,通常用来指代一个人在身体、品德、心理、智力、能力和社会交往等方面的全面发展和成长。有研究得出,将"全人发展"概括为四类十二个方面素质的发展:[1]

理想抱负:家国情怀、放眼世界;

治世能力:终身学习、创新创业、领导才能、批判思维;

德才兼备:修身涵养、高尚道德、专业精神、遇难必解;

立己及人:自尊自信、亲和友善。

我觉得这样的概括既全面,又精要。对教师而言,德识才学是"全人发展"的支柱,敬业精神、高尚人格、专业水平与能力是全人素养的标志。

---

[1]　武汉学院.全人发展[EB/OL].(2023-09-15)[2024-01-08].www.whxy.edu.cn.

促进每一个教师的"全人发展"是教师队伍建设的本质要求。朱自清先生说过："教育者须对于教育有信仰心，如宗教徒对于他的上帝一样；教育者须有健全的人格，尤须有深广的爱；教育者须能牺牲自己，任劳任怨。"①我想，教师倘能如此，应该算是进入"全人发展"之列了吧！

身为教育人，我知道平时人们提教师专业发展的比较多。教师"专业发展"的本义，更多的是指向教师在自己所从事的专业（主要是学科专业）方面知识与技能的发展，这当然是必不可少的。不过，我更赞成使用教师"专业化发展"这个概念。我觉得教师专业化发展的提法，既包含专业发展的意蕴，体现在"专业"二字上；又包含了全面发展的诉求，体现在一个"化"字上。可以认为，教师"专业化发展"是指教师作为专业人员所需要的符合其角色要求的多方面的发展，这与"全人发展"的涵义是相通的。

（二）落实促进教师"全人发展"的行动

就学校层面而言，促进教师全人发展的行动，最主要的是开展校本研修。根据北校师资队伍现状，我们感觉，青年教师的成长是教师队伍建设的"牛鼻子"，青年教师队伍的素质上去了，学校就具备了长远发展的潜力；骨干教师的提升是教师队伍建设的"定海神针"，各学科的教学有骨干教师作中流砥柱，就可以稳住教学的大盘；班主任队伍是处于学生管理一线的重要力量，是学校各项工作最终落深、落细、落实的主要依靠；学校中层管理人员是学校执行力的"中坚"，他们的专业能力、工作态度、服务意识，对于学校各项工作的顺利、有效推进至关重要。因此，我们的教师队伍建设，最大的力气是用在将这四支队伍带好、用好。

关于青年教师和骨干教师的培养，前文已有介绍，此处不再展开。以下仅就班主任培训及团队管理工作谈一下自己的想法及北校的做法。

1. 班主任培养培训

随着教育改革的不断深入，班主任的角色和职责也在逐渐发生变化。他们不仅是学生知识的传授者，更是学生品德的塑造者和成长的陪伴者。为了提高学校的教育质量和管理水平，培养出优秀的班主任是至关重要的。

对于班主任的专业素养和教育教学能力的提升，学校应该给予足够的重视。定期组织班主任进行班级管理、教育教学方面的培训是必要的，这包括课程设计、教学方法、课堂管理等方面的知识和技能。通过这些培训，班主任可以更好地理解

---

① 朱自清.教育的信仰[M]//现代教师读本 人文卷.南宁：广西教育出版社，2008：141.

教育理念,掌握教学方法,从而更好地指导学生。

鼓励班主任进行学术研究是非常必要的。通过研究,班主任可以探索适合自身和学生发展的教育模式,不断创新教育方式,提高教育质量。学校可以邀请教育专家举办讲座,为班主任提供学术研究的思路和方法。

在德育工作方面,班主任的角色也十分重要。作为学生思想道德教育的引路人,班主任应该具备较高的思想觉悟和道德水平。学校应该定期组织班主任进行德育工作培训,让他们深入理解社会主义核心价值观,掌握德育工作的理论和实践。

面对日益复杂的学生心理问题,班主任的心理健康素质显得尤为重要。学校应该为班主任提供心理健康方面的培训和辅导,帮助他们更好地理解和关心学生。通过培训,班主任可以学习如何与学生沟通、如何处理学生的情绪问题等,从而更好地陪伴学生成长。

建立健全的班主任考核和激励机制也是必要的。通过科学的评价标准对班主任的工作进行全面、客观、公正的评价,可以激励他们更加努力地工作。同时,对于表现不佳的班主任,应该进行必要的辅导和指导,帮助他们改进工作方式,提高工作效率。

此外,应该关注班主任的职业发展。学校应该为班主任的职业发展创造良好的环境和条件,鼓励他们不断提升自身的专业素养和能力水平。通过开展各种形式的交流和研讨活动,可以促进班主任之间的合作与共同进步。这不仅有助于提高学校的教育质量和管理水平,也有助于提升班主任的职业素养和能力水平。

市北初北校始终将班主任的培养培训作为促进教师"全人发展"的重大举措。为了培养一支有能力、有素养的班主任队伍,学校在开展带教、完成青年智慧成长工程中的内容等工作的同时,积极开展"班主任工作沙龙""班主任青年工作坊"等形式的培训,搭设平台,提供机会,帮助青年教师获得工作具体办法的同时增长工作智慧。通过学习、交流,与资深班主任、学生、家长对话、互动,大家逐渐增强了做好班主任工作的责任感、使命感、成就光荣感,有的立志"一路修行做班主任",有的坚持"匠心守望初心,师道传承大道",在班级工作实践中经受了锻炼和考验,多位青年教师被评为校、区级以上"优秀班主任"。

全校积极开展"一班一品"德育项目,旨在进一步提升学校班主任团队的育人技能,促进良好班风形成。学校各班班主任围绕着五大育德目标,结合班级特色、学生特点和教师特长,确定活动内容,让班级的学生全员动起来,通过活动加强班级的凝聚力建设,促进良好班风学风的形成。

校"青荷"班主任工作坊的青年教师将工作坊的学习内容运用到班级工作实践中,运用相关心理学知识,让那些或调皮,或没有存在感,或存在隔阂,或成绩落后的学生找到自信心、存在感、归属感和幸福感,用爱实现育人过程中师生心灵的双向奔赴。

总之,培养和培训学校班主任是一项长期而艰巨的任务。学校应该从多方面入手,全面提升班主任的专业素养、教育教学能力、德育工作能力、心理健康素质等方面的能力和素质。只有这样,才能培养出更多优秀的班主任,为学生的健康成长和教育事业的发展做出更大的贡献。同时,学校也应该关注班主任的工作负担和压力,合理安排工作任务,提供必要的支持和帮助,让班主任能够更好地履行职责,陪伴学生健康成长。

2. 管理团队的管理

如果说校级领导班子是学校发展的"大梁"的话,中层干部就是学校发展的"顶梁柱",在很大程度上决定着一所学校的整体运行效率。中层干部团队如果有良好的管理素养和执行力,就能转化成学校前进的动力。

(1) 对中层干部坚持培养与使用并重

在日常工作中,一方面,特殊的岗位职责决定了中层干部要有一定的管理能力和职业素养。中层干部向上要理解校长决策,落实办学理念;中间需协同联系其他职能部门;向内要团结教师开展工作;自身业务能力还要成为同事的典范。另一方面,由于学校中层干部角色和职能的多样性,这个群体在成长的过程中,难免出现困难和疑惑。虽然他们每天都很忙,但管理素养却难以提升,缺乏成就感,很少有人能沉下心来,认真思考业务与管理、创新与守成等问题。校长如果能注重对中层干部的培养,改变他们的思维方式和思维习惯,拓宽中层干部成长的路径,他们的能力与素养就会获得相应提升。

在学校中层干部的培养上,有人提出校长要有三种思维:①

政治思维。要培养中层干部的担当意识和责任意识,让他们能独当一面,有意识地培养他们的担当意识和责任意识;要让中层干部能出成绩,工作中能创新;要

---

① 余勇.中小学中层干部培养的 3 种思维[N/OL].德育报.校长会微信公众号(2024 - 02 - 04)[2024 - 02 - 05].https://mp.weixin.qq.com/s/pCJEUxDUlmqrQhERQr5elQ.

培养中层干部形成正确的职责和角色意识,做好计划、组织、协调、落实工作,而不是只做一些低层次以体力劳动为主的工作,不要将"主任"错位成"事务员"。

下沉思维。将同事和学生的评价作为中层干部选用的主要标准,重点考察相关师生对其的评价,而不是校级管理层的意见;重点考察和关注备选干部"下沉"的意识和行为,了解其联系群众及职能范围内的履职情况;重点关注其是否有服务师生的意愿和素养,以及对学校和班级发展策略的贯彻和落实能力。

前置思维。要引导中层干部进行自我分析和认知,发现自己的优势和劣势,从而确定工作的策略,将"扬长避短"作为重点工作方向;要培养中层干部"闻风而动"的素养,能依据趋势、形势需要感受到工作的必要性,并果断去做、去处理;要时刻提醒中层干部养成发现问题的能力,养成精细思维和逆向思维的习惯,反推工作或活动中的漏洞与不足。

(2)努力提高管理团队的整体效能

有效的团队管理至关重要。奋斗路上注重管理团队的自身建设,建立良好的沟通机制和协作方式,对于提高学校管理效能、促进学校发展,具有十分重要的意义。打造学校的高效管理团队,关键在于:

一是要有明确的团队目标。确保成员清楚地了解团队的目标和愿景,明白自己的工作如何与整体目标相协调,分配明确的角色和职责,鼓励团队成员发挥自己的特长和才能。

二是要有有效的时间管理。合理安排工作优先级,对于那些需要长时间完成的任务,要制定合理的时间表并定期检查进度。

三是要有积极的激励与反馈。及时给予团队成员激励与反馈,让他们感到自己的工作得到了认可和鼓励,同时爱倾听他们的意见和建议,及时调整工作方向和目标。

四是要有足够的心胸和情商。作为管理者,除了工作能力、执行力和态度之外,还有一个重要因素,就是心胸和情商。待人接物,不能小肚鸡肠、斤斤计较;处理矛盾不能心存芥蒂、睚眦必报;遇到问题,不能退避三舍、溜之大吉。能主动高情商化解一个接一个的难题,这才是基本的领导素养。

此外,校长还应特别注意两点:用人之长,充分发挥团队成员的聪明才智,不因其所短而疑之、轻之、拒之;合理赋权,能信任、肯放权、会授权,而非一味地揽权、擅权、专权。

### 三、高品质课堂教学

其实,建设高品质学校问题一直是政府教育官员和校长们魂牵梦萦的学校管理"原问题"。据有关报道,2023 年 10 月 24 日至 25 日,一场"高品质学校建设"展示交流活动在深圳市光明区成功举办。本次活动汇聚了众多来自武汉、重庆、青岛、淄博及深圳本地的国内一线教育名家、名校长。与会嘉宾们围绕"未来教育,聚焦学生的高质量学习"这一主题,探讨了如何实现深度、高效、彻底、精准的学习,主要从课堂的教与学展开。这也为我们讨论"强化学校办学品质保障"问题提供了很好的启发和借鉴。

如何实现课堂教学的高品质? 主要可从以下诸方面求解。[①]

**(一)强化思维,学生高质量学习**

即以思维为内核,实现学生全过程高质量学习。首先,教师要为思维而教,用思维的启发取代知识点的传授,不仅要学会一道题的解题方式,还要拆解其中的思维奥秘,最终实现从"教会学生一道题"到"教会学生一类题"。其次,学生也要为发展思维而学,不只是要懂得"是什么",还要知道"为什么""还可以怎样做"。

**(二)素养引航,课堂高质量教学**

即以素养为导向,实现课堂全覆盖高质量教学。课堂教学的关键,在于引导学生掌握各个学科的素养结构,而非单纯的知识结构,更非孤立的知识点。因此,要深入探讨课堂教学结构问题,运用系统论的观点和方法对课堂教学过程进行梳理和谋划,注重教学过程的组织、互动和反馈,以提高教学效率和质量,有效提升学生的学科核心素养。

**(三)技术助力,让科技赋能教育**

即以人工智能、信息技术为手段,实现课堂教学的数字化转型。信息化教学要坚持"常态化、深度化、精准化"。课前,学生定位学习内容,实现精准预习;课中,以学生为主体开展互动式学习;课后,完成老师布置的个性化电子作业。有效实行循证教学,教基于证据,而不是基于传统、个人判断或其他影响,强调教学过程的理性化、科学化与可视化。

### 四、高品质学校生活

教育作为一项重要的民生工程,它的意义除了"强国",又关乎着当代教育者、

---

① 顾明远领衔名校长作答:建设高品质学校的奥秘[EB/OL].校长会微信公众号(2023 - 10 - 28)[2024 - 01 - 08].https://mp.weixin.qq.com/s/uP_JKnnydX5ei3Ct6NaPDg.

当代家庭、下一代社会主义建设者的人生幸福感。强化学校办学品质保障，必须实现有意义的师生学校生活。

（一）学校生活关乎师生人生幸福

教育作为一项重要的民生工程，它的意义除了"强国"，又关乎着当代教育者、当代家庭、下一代社会主义建设者的人生幸福感。

一是要有国之情怀，立德树人，以德育为首，促进学生德、智、体、美、劳全面发展。

二是要有充满新奇的校园生活，激发兴趣，激励动机，于细微处显教育真谛，在活动中促学生成长，让学校回归到"儿童喜欢的生活"。

三是满足学生的求知和成长的欲望，让名人偶像为师生的校园生活增色。如邀请知名科学家、科技领域企业家、各级劳动模范、有所建树的校友到校为师生们开讲座、做分享，定期举办校园科技节等。这也是一种学生看世界的方式，可以为校园生活增添鲜活的色彩。

这里还要特别提一下教师的学校生活。教师的学校生活应该是充实、积极和健康的，不仅要有学术上的追求，也要注重身心健康和个人发展。学校要高度关注教师的身心健康，可以让教师通过定期锻炼、合理饮食、充足休息等方式保持身体健康，同时也要注重心理健康，如定期进行心理疏导、放松训练等。要切实注重平衡教师工作与生活，教师的工作压力可能会比较大，因此需要合理安排时间，平衡好工作与生活的关系，通过制定合理的计划、设置优先级等方式，提高工作效率，避免过度疲劳；在业余时间，可以培养一些个人爱好，放松身心，以提高工作效率和生活质量。

教育之窗微信公众号于2024年2月17日发表了一则报道，就"教师累"问题写下"教育君语"："亲爱的老师，健康才是打开人生的正确方式。累了，要懂得休息；苦了，要敢于拒绝；难了，要舍得放弃。不管是为了你爱的人，还是爱你的人，都请健康生活。"字里行间，对教师充满了关切之情，每一句话，都说到了教师的心坎上，让读者产生了强烈的共鸣。我想，教师拥有充实、积极、健康的学校生活，这也应当是高品质学校的题中应有之义。

（二）让校外生活更好地接力校内生活

学生的校外生活包括家庭生活、社会生活等方面，理所当然地成为学生生活的重要组成部分。校外生活为学生提供了丰富多彩的机会和经历，如户外运动、艺术创作、科技探索、志愿服务等。这些活动有助于培养学生的兴趣爱好、社交技能和独立能力,不仅可以让学生放松身心,还可以让他们接触到不同的文化背景和价值观,更好地了解自己和周围的世界,拓宽他们的视野和思维方式,从而更好地成长和发展。因此,学校要努力使学生的校外生活成为校内生活的延伸、拓展,为学生健康、快乐成长注入源源不断的活力。

这里,捎带着对校外补习(培训)讲一点个人的看法。

对校外补习或培训既不能全盘肯定,也不能一概否定,需要具体情况具体分析,同时要强化管理。首先,应该承认,教育发展到今天,学校教育才是最可靠的教育。世界上最值得信赖的教育在哪里? 答案是家庭和学校;世界上对孩子是最负责任的人是谁? 答案是父母和老师。学校教育有多方监管,老师也经过了正规的筛查、培训,学校开设的科目以及所安排的时间,都是经过多年验证比较合理的。所以,千万不要避重就轻,而过分寄望于校外辅导。

学校教育是有组织、有目的、有计划地对学生就读全程负责的系统化的育人活动,"育人"是根本追求。相较而言,校外教培在很大程度上是一种与经济捆绑的应时性的经营活动,"育分"是主要诉求。所以,两者带有不同的基因,从而决定了各自的目标、策略、方法不尽一致。这些不一致,往往造成孩子们心理上的困惑和行为上的无所适从。

其次,从生活现实来考察,校外教培机构的老师大多不外乎两种情况,一是刚毕业的年轻人,走出校门后还没找到工作,正在准备考编,或者多次参加考试但未考上;二是半路出家者,学历不高,也不是出自师范院校,看着辅导学生能挣钱就干了。也有一些校外辅导老师是退休教师,尽管年龄、精力差了点,但有经验、有责任心,还算靠谱。但是,多数的退休教师不太愿意受人管着,不去辅导机构,而是自己收几个学生,独往独来,自弹自唱。更有甚者,有的辅导机构打出封闭式教学的旗号,承诺中考、高考必过,其实根本就保证不了,就算全国最优秀的教师也不敢这么保证。结果,孩子耽误了时间,错过了唯一的机会,遗憾终生! 事实是,有的孩子本来成绩还不错,如果在学校正常上课,不出意外能考上的,结果去了辅导机构没考上,家长后悔不迭。其结果,既增加了家庭的教育成本,也增加了政府的管理成本。

再次,更值得思考的是,校外辅导会打乱孩子的正常学习节奏,处理不好会起反作用。学校老师布置的作业是作为课堂教学的补充,只要保质保量地完成,就会起到巩固提高的作用。而有的家长给孩子报过多的辅导班,占用了孩子大量的时间和精力,挤占了他们完成学校老师布置的作业的时间,致使有的孩子疲于应付,甚至抄袭交差,学校教育得不到有效保证。另外,孩子周末本来该放松的时间,都拿来上辅导班,使孩子一直处于疲惫状态,学习效率显著下降。现实中,有的孩子因为辅导班过多,又要做完学校老师布置的作业,导致睡眠不足,最后在课堂上没精打采,思想不集中,学习效果极差。其实,有两类孩子不适合参加校外辅导:一类是自学能力很强的孩子,由于校外辅导刻意于提分诉求,单一目标往往会窄化、禁锢甚至窒息他们的思维,反而制约了孩子的本来可能的全面发展;另一类是压根不想学、不会学的孩子,他们的主观能动性太差,参加校外补习很难见效,白白花费了时间、精力和金钱。只有那些自己想学,但理解消化能力、归纳提炼能力、自主学习能力都不过关的孩子,借助校外补习,特别是个性化辅导,可能会有一些效果。

此外,不得不提的是,如果任由校外教培大行其道,可能弱化学校教师的责任感和事业心:教学水平一般的教师,也许有意或无意间会引导学生"视线转移",这也是一些教师明里或暗中鼓动学生参与校外补习的原因,因为这对教师本人并无妨碍,甚至还可从中获益:学生成绩上去了,自己也可以沾一沾光、露一露脸,这对教师的专业发展会产生负面影响;教学水平较高的教师,由于校外补习从教者收入相对较高,且除了所任学科教学外,并无其他工作压力,这就会吸引学校教师向校外教培行业"流动",因而对学校教师队伍的稳定形成一定程度的冲击,长此以往,学校教育事业的可持续发展将面临人才资源的挑战。

对这个问题究竟该怎么看,我觉得,既不能单纯站在学校、教师的角度看,也不能单纯站在家庭、家长的角度看,而是要站在国家、民族和学生自身发展的角度来认识,关键在于强化对校外教培的管理和引导。相信随着教育改革逐步深层推进,特别是中高考及录取制度的改革,加上"双减"的切实施行,校外补习的调整优化将是势所必然。总的来说,应当注重校外教育培训有条件地发展,承认并使之发挥对学校教育的补充作用。校外教培行业须更加注重与学校教育的有机结合,为学生提供更全面的教育服务,促进学生的全面发展。

之所以要讲上面这些话,本意并非为讲校外培训而讲校外培训,而在于让我们的老师充分认识学校教育不可取代的重要地位和功能,竭尽全力提高课堂教学的质量和效力,正确处理好"育人"与"育分"的关系,践行好为国育才的崇高使命。同时,也是希望我们的学生及其家长,能够全面地、客观地认识各种教育现象,做出恰当的抉择。

## 五、高品质学校治理

既遵循常规，又有所创造，这是高品质学校治理的题中应有之义。按照事物发展的普遍规律，由"常态"走向"非常"，也是量变质变过程的客观反映，促成事物积极变革的动力，就是创新。高品质的学校治理，呼唤从传统管理向现代治理转化过程中的创新。

### （一）常规管理：规章制度奠基

常规管理也要讲究"管理常规"。学校要在建立健全各种规章制度的基础上，要制定合理的工作执行流程，要及时进行检查与督促，从而使执行机制的协调运转，有效实现校长执行力的提升。

#### 1. 坚持依法治校

学校常规管理也要有管理常规，这个"常规"概括起来就是"依法治校"。这是常规管理的指导思想，也是策略、方法和要求。

#### 2. 优化动力系统

一般而言，管理动力系统由物质动力、精神动力、信息动力三个子系统构成。正确协调好这三者之间的关系，对提高管理效能极为重要。按照这样的理解，学校管理动力系统可以分解为目标、制度、激励和情感等若干要素。因此，为了构建、完善、优化学校管理动力系统，我们需要从以下几个方面入手。

一是明确目标。目标是学校管理动力系统的核心要素，它能够激发全体师生的积极性和创造力。学校应该制定明确、具体、可实现的目标，并将其与师生的个人发展目标相结合，形成共同的发展愿景。同时，目标应该具有挑战性，能够激发师生的潜力，促进他们的成长。

二是完善制度。制度是学校管理动力系统的保障要素，它能够规范学校的管理和师生的行为。学校应该建立健全的制度体系，包括教学管理、学生管理、后勤保障等方面，使各项工作有章可循、有法可依。同时，制度应该具有科学性和可操作性，能够保障学校的正常运行和师生的全面发展。

三是有效激励。激励是学校管理动力系统的关键要素，它能够激发师生的内在动力，提高他们的工作和学习效率。学校应该采取多种形式的激励措施，如物质激励、精神激励、发展激励等，以满足不同师生的需求。同时，激励应该具有公平性和竞争性，能够促进师生之间的合作与竞争。

四是情感投入。情感是学校管理动力系统的柔性要素，它能够增强师生的归属感和忠诚度。学校应该注重情感投入,关心师生的情感需求,积极营造和谐、温馨的校园氛围。同时,情感投入应该具有持久性和稳定性,能够促进师生与学校的共同发展。

五是持续改进。持续改进是学校管理动力系统的发展要素,它能够不断优化学校的管理体系和运行机制。学校应该注重总结经验教训,及时发现和解决问题,不断完善和优化管理动力系统。同时,持续改进应该具有创新性和前瞻性,能够引领学校未来的发展方向和趋势。

市北初北校在常规管理方面一直比较注重强化规章制度建设。首先,按期依法修订学校章程。学校章程合法、公开,并得到切实有效执行,为学校现代化管理提供依据和保障。比如,学校结合强校工程要求,对学校章程的有关内容,特别是涉及学校组织机构与管理体制、学生、教职工、学校与家庭社会、学校资产与财务管理等,进行了适当调整,为促进学校管理现代化提供了依据和保障。学校遵照章程实施办学活动,设有相应的工作机构,各职能部门在日常工作中积极推进章程的实施,使依法治校真正落到了实处。其次,动态完善各项工作制度。学校注重加强对依法治校工作的领导,健全了组织机构。校长挂帅,分管领导负责落实,各个部门协同配合,聘请了校外兼职法治副校长、专业法律顾问以及教育专家,为规范办学、依法办学提供了专业指导。学校结合区大调研工作,对管理工作进行梳理,整合力量解决问题。学校引导各部门、教师重新整理、修改、增补学校各项规章制度,形成新的章程、岗位职责、管理流程等内容,修订了《学校规章制度汇编》。至今,学校各部门修订规章制度共 26 件,进一步确保了教育教学及校园安全各项工作顺利开展,也使师生权益有了进一步的保障。

学校始终不渝抓好民主管理,为学校发展凝心聚力。首先,强化校内决策机制,根据《关于进一步完善上海市中小学校长负责制的若干意见》《上海市中小学校党组织工作意见》《上海市中小学校长工作意见》和《上海市中小学校教职工代表大会工作意见》,以及《中共静安区教育工作委员会健全完善"三重一大"事项集体决策制度的实施办法》等规定,制定了《健全完善"三重一大"事项集体决策制度的实施办法》,确保"重大事项决策、重要干部任免、重要项目安排和大额度资金的使用,必须经集体讨论作出决定"得到有效贯彻执行。学校明确了校务会、支委会、行政会、教代会的议事决策程序和内容,民主管理、民主参与、民主监督得到有效落实。各职能部门各司其职,分工合作,提升效能,确保各项工作圆满完成。

学校切实加强教代会建设,充分发挥教代会在学校管理中的重要作用。学校工会作为教职工代表大会的工作机构,依法保障学校民主管理、民主监督的落实,维护教职工的合法权益。每年召开好教代会,通过各种途径,让会员参与学校管理,保障会员当家作主的权利。每次教代会需审议、通过的文件和事项,会前都广泛听取教代会代表和全校教职工的意见和建议,并据此修改完善,充分体现了教职工对学校工作的知情权、参与权。教代会成为教职工共谋学校发展的重要平台,既激发了教职工为学校分忧的热情,也激发了学校领导关爱教职工的责任心。教代会成为教职工共谋学校发展的重要平台,既激发了教职工为学校分忧的热情,也激发了学校领导关爱教职工的责任心。

此外,学校高度重视家委会工作,为高品质学校建设聚集学生家长的能量。学校按照一定的民主程序,本着公正、公平、公开的原则,在自愿的基础上,组织家长选举组成班级、年级、校级三级家长委员会。学校为家长委员会开展工作提供必要的条件,保障家长委员会的知情权与监督权,履行参与学校管理、参与教育工作、沟通学校与家庭等职责。努力实现学校、社会、家庭教育一体化,促进学生素质全面和谐发展。

学校家长委员会每学期不定期活动一至两次,每次活动前各家委会代表负责将家长的意见和建议收集整理,递交委员会讨论审议并及时向学校反馈。学校定期召开家庭教育经验交流会,组织学习、讨论家庭教育的先进理论和方法,推广成功经验;关心、了解学校工作,对学校的办学方向、教育质量、教师工作、行政管理等方面提出建设性意见,做出适当的评价,实行必要的监督;关心学生课余生活和假期生活,为学校重大教育、教学活动提供可能的帮助,做好学校与家长的协调;探讨家校联系的方法,解决学生中存在的某些倾向性问题,预防和控制学生违法犯罪,做好青少年保护工作;协助学校调节学校与家庭之间的争议;邀请家长来学校参加各种活动,促进家庭教育与学校教育协调一致,提高德育工作实效。

（二）教学管理：规范基本环节

教育教学是一个细工慢活的过程,不可能一朝一夕一蹴而就。规范教学基本环节,完善教学常规管理,使学校教学工作规范化、制度化、有序化,是实施新课程、全面提高教学质量关键。

1. 管理制度专门化

结合教学工作的实际需要,学校逐步完善了关于教学工作的专门性制度,如《教师岗位职责》《教师教学一日常规》《教师工作考核细则》《特殊学生帮教制度》

《教学质量监控实施办法》《见习教师培养工作规程》,等等。疫情期间,还要求所有老师在钉钉上按周次上传教案。

2. 管理轨迹全程化

学校以教研组、备课组建设为抓手,从备课、上课、作业、辅导、评价等环节入手,全程抓,抓全程。与此同时,也加强了教研组长、备课组长对本年级、本学科教学质量负责的要求。学校建立了"集体备课、资源共享、个人加减、课后反思"的备课工作流程,强化教案检查,完善反馈机制,让教师从思想上重视备课环节,重视教案的撰写。

我们组织老师认真学习钻研课程标准,创建学习平台,组织教师互相交流和实现共享。学校重视随堂课调研,根据教案检查和教学质量监控情况,每周排一到两节课随堂课,校长、分管校长、教导主任、教研组长参与此项工作,课后就教案撰写、教学设计、师生互动、课堂生成性问题的处理等情况向执教教师进行即时反馈,肯定长处的同时明确后续改进和努力的方向。

3. 教学评价科学化

各学科备课组采用交叉命题、交叉阅卷的方式进行考试。交叉命题、交叉阅卷让考试评价相对比较客观公正。考试后,学校利用均远平台进行教学质量分析,质量分析分年级组和教研组两个层面进行。在年级组分析中,年级组长总体分析,备课组长对学科知识点完成度、四率、同比系数等作分析,班主任对班级状况、亮点、问题进行分析。在教研组分析中,考试学科的教研组长对本组的教学质量作整体分析,备课组就试卷作简单分析和问题讨论,并且让进步明显的备课组作经验交流。在评价时,依托信息技术教研组,优化质量监控过程,形成发展性评价。我们跟踪各班任课教师自接班以来的成绩走势、同比变化,指导教师进行对策分析;个性化跟踪监控初中四年班级、学科、学生纵向走势,及时将各数据整理后形成《教学质量跟踪表》,提供给教师进行分析,引导教师根据学生的原有基础和现有实际状况开展教学,提高教学的针对性和有效性。

(三)现代治理:学生发展为本

现代学校治理,着眼于"全面提升,素养为要",同时还应该关注学生的个性化发展,为他们提供多元化的学习路径和丰富的课外活动,以培养学生的综合素质和创新能力。

多年来,市北初北校秉承学生发展为本的现代治理理念,坚持"五育"并举,结合学校特色活动与特色课程,全面推进学生综合素养提升。

### 1. 整体布局注重核心素养的培育

强"校"必先强"学"。要真正实现"让每一个学生每一天都有进步",需秉持"以人为本"的教育理念,立足于学生核心素养的提升,努力实现优质教育。学校重视更名后的校园文化氛围的营造,不仅重新整体设计墙面文化,还将新的办学理念、"三风一训"与学校各项教育教学活动相结合,如唱响新校歌、各年级活动紧紧围绕学风有层次开展等。我们结合隐性课程建设,在走廊中张贴学生图画作品、在宣传栏中张贴学生自己设计的海报、在教室里张贴学生作品、在微博上发送学生创意图片、在舞台上展示艺术特长,等等。

### 2. 特色课程注重激发潜能

学校着眼于培养、激发和发展学生的兴趣爱好,开发学生的潜能,促进学生个性的发展和学校办学特色的形成,充分挖掘校内外资源,开设各类特色课程,诸如合唱、青铜博物馆、探索飞行的奥秘、奇妙漆画、走近鲁迅、烘焙、我是演说家等课程。学校贯穿于预备到初二的"智慧田园"课程的框架已经搭建完毕,旨在培养学生的科学思维、实践能力与创新精神,涵盖国家基础课程、信息技术课程拓展、信息技术与工程技术整合、科学探索与创新四个部分内容的长课程体系。初中体育多样化课程改革,要求体育教学必须强调个性差异,注重学生多样化的运动项目体验,要以调动学生的兴趣为主,淡化竞技色彩,提升学生体育活动的参与程度。因此,我们结合学校实际情况和学生的兴趣,以手球、篮球、健美操/啦啦操、武术、射箭、腰旗橄榄球、田径、羽毛球等有一定基础的项目为重点,选编课程内容,整合校内外资源,通过多种途径进一步丰富多样化项目。信息技术课与 AI 创新实验室课程相结合,充分利用 AI 创新实验室的课程拓展学生的视野,促进学生思维能力的提升。学校结合中考跨学科考试,尝试采用 PBL 模式进一步提升场馆教学品质,培养学生综合素养,对标中考综合评价。

### 3. 综评工作注重导向性评价

针对综合素质评价工作,学校制定了详细的实施方案,明确操作流程,加强教导处、教研组和年级组的沟通与调研,进一步完善学生的学情分析以及市北初北校质量监控体系,关注每个学生多元发展,逐步建立学业质量"绿色指标"综合评价体系。在品德发展与公民素养板块,重点记录学生遵守日常行为规范方面的表现;参加社会考察、公益劳动、职业体验、安全实训、德育活动、国防民防教育活动等情况。学校根据要求制定了《上海市市北初北校学生综合素质评价体系社会实践类安排表》,分四个板块罗列了学生社会实践内容与课时数。在创新精神与实践能力板块,记录学生参加探究学习、社会考察、科学实验、文学创作、科技活动等方面的过程和成果。学校组织的"3W浸润式场馆教学"能满足所有学生完成"探究学习报告"或"社会考察报告"的需求。对于学有所长的学生来说,学校还能提供更高阶梯的项目与方案供他们选择,如少代会提案跟踪报告、STEM中心项目、PBL项目等。

学校还详细制定了道德与法治、历史学科的日常考核细则,按文件规定从学习成绩、学习表现和学习能力、实践能力三个方面综合评价学生。我校制定的方案中学习成绩的考核注重阶段测试与期末的笔试成绩相结合,学习表现和学习能力的考核关注学生课堂表现、学习能力和作业完成情况三个方面。实践成果的完成可从教材中的探究与分享或"学校3W浸润式场馆教学"中任选。同时我们的考核细则和综评网的成绩实现对接,将两项工作有机融合在一起。

我们制定的评价方案突出社会考察、探究学习、职业体验等综合实践活动的记录,树立正确的质量观和评价观,运用科学的教育评价理论对学生发展进行综合评价,促进学生积极主动发展和全面健康成长。

## 六、高品质条件保障

在当今社会,高品质的办学条件保障对于学校的发展至关重要。这不仅关系到学校的教学质量,更影响到学生的全面发展。为了确保高品质的办学条件,我们需要从资源、实力等方面入手,促进学校品质致优、品质致强。

### (一)资源,最重要的保障

教育事业,特别是学校教育,不是"一本书主义"所能奏效,需要各种各样的资源。人世间任何资源都可以与教育产生这样或那样、直接或间接的联系。资源开发、资源利用、资源储备都是资源保障的重头戏。

在资源保障方面,优化资源配置是提高学校运营绩效的关键。学校应合理分配人力、物力和财力资源,避免浪费和低效使用。例如,可以加强师资队伍建设,提高教师素质和教学水平;合理规划学校设施和设备,提高使用效率;优化经费预算和使用,确保资金的有效投入,等等。

1. 人才资源补充

随着社会的发展和竞争的加剧,人才资源的开发利用已经成为各领域发展的重要驱动力。早在新中国成立之初,毛泽东主席就指出:"世间一切事物中,人是第一个可宝贵的。"如今,"人才是 21 世纪最宝贵的财富"已成为多数人的共识。学校作为培养人才的摇篮,肩负着为国家和社会的可持续发展输送高素质人才的重任。兴教育、办学校,正是为了培养"第一个可宝贵的"人才;而培养人才的人,当然是"第一个可宝贵的"。可以说,在所有的教育资源中,人才资源是第一位重要的资源。尤其是师资力量,这是办学质量的根本保障。

那么,学校应该如何开发利用人才资源呢?

首先,学校应该注重人才的引进和培养。教师作为学生成长道路上的引路人,他们的教学水平和专业素养直接影响到学生的学习成果。因此,学校需要招聘具备高素质、有责任心的教师。在招聘教师和引进人才时,应注重选拔具备创新精神、专业素养和实践经验的人才,为学校的学科建设和教学质量提供有力保障。同时,学校应加强对现有教师的培训和发展,提供多元化的学习机会和资源,鼓励教师不断提升自己的专业素养和教学水平。

其次,学校应建立完善的人才激励机制。通过设立科研奖励、教学成果奖等方式,激发教师的创新热情和工作积极性。同时,学校应关注教师的职业成长,为其提供良好的晋升通道和发展空间,形成人才资源的良性循环。

再次,学校应加强与企业和社会的合作,拓展人才资源的利用渠道。通过与企业合作开展科研项目、实践教学等方式,提高学生的实践能力和创新精神;通过与社会机构合作开展社会服务项目,提升学校的社会影响力,同时也为学校的人才资源提供了更广阔的发展平台。

此外,学校应营造良好的人才生态环境。建立开放、包容、创新的校园文化,鼓励师生之间的交流与合作,激发人才的创新活力。同时,学校应关注人才的身心健康和生活需求,为其提供良好的工作和生活条件,增强人才的归属感和忠诚度。

在日常工作中,市北初北校注重充分挖掘和利用人才资源的潜力,精心配备学校的中层干部,把想干事、能干事、会干事、敢干事、带动力强和执行力强的教师提拔重用到管理岗位上。每年学校都要开展中层干部、教研组长、年级组长的专题培训,对干部提出了"团结、自主、当担、有效"的工作要求,并以此作为年底考核述职的重要内容,大大促进工作作风的改进。随着学校强校工程的推进,对干部有了更高的要求,又提出"合作、自主、担当、高效"的管理要求,学校在强校的过程中,学校办学规模从 16 个班不到 400 个学生,发展成 40 个班级 1 400 名学生,对学校的管理提出新要求,对干部的管理提出新挑战。

干部的工作作风和工作状态决定了学校的精神状态,影响学校的发展。学校重视干部业务能力的提升。几年中先后有两位入选上海市名师德育基地学员,参与市级学员培训,三位校级干部都是上海市"双名工程"学员。2020年学校提出中层干部要"一专多能",对部分干部实施多角色、多任务岗位实践工作,在做好本部门主任工作的同时兼任另一部门的副主任,多岗位熟悉、了解和实施工作计划,由支部对干部工作实绩进行考核;2022年学校实施中层干部轮岗制,这次轮岗调整了岗位,激发了"老干部"的新活力,并且根据干部的特点,做更适合个人的工作,激发了工作热情,激活了中层干部的活力,多岗位的锻炼在提高干部工作能力的同时也提高群众对干部的认可度,学校展现出新活力、新样态。

学校落实岗位助理制,坚持学年向教职工述职制,坚持中层干部分管年级、分管教研组制度;凡是要布置推进的工作自己要先精通,积极落实中层干部的培训、进修、考察、专题学习、研讨,坚持与专业、专家的专业对话,提升思维品质,拓宽视野,激活思维,培育自信自觉。

有必要特别强调的是,专家也是重要的教育资源,他们的丰富经历、成熟智慧、成功经验都是教育改革、学校发展的宝贵财富。这也是我在工作实践中的切身体会,特别是市北初北校新优质建设、"强校工程"的实施,以及学校在原有基础上的持续发展,专家团队的指导功不可没。

### 2. 硬件资源保障

硬件资源是学校资源中不可或缺的重要组成部分,它们为学生和教师提供了必要的教学设施、舒适的学习环境和优质的教学条件,有助于提高教育质量和学习效果,为学生和教师的成长与发展提供了强有力的支持。

学校硬件资源包括各种教学设施、实验设备、图书馆资源、体育设施等。这些设施可以为学生提供更广泛的学习机会和更丰富的学习体验。例如,科学实验室、计算机房和图书馆等设施可以帮助学生更好地掌握知识和技能,提高他们的学习效果。体育设施则可以促进学生身体健康和全面发展。

学校硬件资源为学生提供了舒适的学习环境和优质的教学条件。良好的教学环境和学习条件可以激发学生的学习兴趣和积极性,提高他们的学习动力和参与度。例如,现代化的教室、舒适的座椅和适宜的照明可以让学生在舒适的环境中学习,提高学习效率。

学校硬件资源还为教师提供了更好的教学工具和资源,有助于提高教师的教学效果。例如,多媒体教学设备、在线教育平台等可以辅助教师更好地传授知识和技能,提高教学质量。因此,学校需要具备先进的教学设备、完善的实验室、丰富的图书馆资源等,以满足学生的学习需求。同时,良好的校园环境也是必不可少的,它能够为学生提供一个优美的学习和生活空间。

市北初北校由于近年来办学规模的急速扩大,大量的年轻教师走上了讲台,对师资培训、师生活动、课程实施等的空间要求也随之提高,我们从几个方向着手在现有的条件下作了一些改造与升级。

一是通过改造原有的会场,提升音响效果及扩大电子屏的面积,拓展了会场的功能,使会场除具有会议功能外,能进行一定的教学与培训活动。

二是专门建设录播教室,并在建设过程中考虑教室与会场功能的兼容,装备了阵列话筒、自动跟踪摄像等,同时开辟录播教室与准备室之间的通道扩大空间,以便提升容纳人数更好地进行公开课研究。

三是增设操场电子屏,使体育类、艺术类课程等在操场实施的课程有了多媒体设备的支持,也为各类全校性活动提供支撑。

四是建设了人工智能实验室与智慧田园专用场等课程建设的配套专用室,为相关课程创造了必要的条件。

五是专门配备了智能体能练习与测试设备,这些智能器材充分利用了跑道边角区域增设体能锻炼区,缓解了学生规模与体育活动场地少的矛盾。

目前,北校占地约 16 亩,建筑面积 10 358 平方米,操场面积 3 500 平方米,有教学大楼 4 栋,其中 1 号楼是教学大楼,2 号楼是体育馆,3、4 号楼是综合实验楼。现有图书馆、阅览室、电脑房、舞蹈房、健身房、棋艺室、烘焙室、资源教室、机器人教室、AI 创新共享实验室、智慧田园等教学与活动设施。这些资源,为学校的长远发展奠定了比较好的物质基础,能够满足周边地区学生对初中教育的需求,也更坚定了我们办“老百姓满意的家门口的好学校”的信心。学校也被誉为镶嵌在新静安大宁国际社区的一块美玉。

根据北校的实践,我们感到各种功能专用教室的改造对教育教学活动的影响尤其显著。与传统教室相比,功能教室能更好地适应各种教学方式和学生的学习需求。例如,物理、化学实验室配备了标准化实验操作考试的环境和实验器材,科学实验室配备了网络环境下的互动式数字显微镜,AI 实验室配备了可用于交互式体验与教学的信息化设备。教师可以利用这些设备进行互动式教学,激发学生的学习兴趣,为学生提供了动手实践的机会,培养学生的实践能力和创新思维。

在体育场馆硬件设施的支持对于培养学生的综合素质具有重要作用。体育场馆的设施,如智能化设备可以自动对学生跳绳、立定跳远、50米跑等项目进行自动计数、计时并进行数据统计追踪,可以帮助学生更好地进行体育锻炼,提高身体素质。

学校会场的功能性改造需要综合考虑扩音系统、照明系统、视觉展示、座椅布局、隔音设施、网络覆盖、安全措施等多个方面。通过合理的改造和优化,可以提高会场的实用性和舒适度,为学校举办各类活动提供更好的条件和支持。

特大电子屏的配置也在一些活动中起到关键作用。例如,在学校出入口、操场、报告厅或会场中,特大电子屏可以用于展示学校办学特色、教学内容、视频材料或会议资料等。它极大地提升了视觉效果和观众的参与感,为教育教学活动增添了更多可能性。

硬件资源是教育教学活动的重要支撑。功能教室、场馆、设施以及特大电子屏的配置等,都为提升教学效果、丰富学习体验以及培养学生的综合素质提供了有力的保障。在未来,随着技术的不断进步,硬件资源将更加多样化、智能化和人性化,进一步推动教育教学的发展。

3. 软件资源应用

教育数字化是开辟教育发展新赛道和塑造教育发展新优势的重要突破口,它为个性化学习、终身学习、扩大优质教育资源覆盖面和教育现代化提供了有效支撑。随着信息技术的不断发展,软件资源在学校教育中的地位越来越重要。为了更好地服务于教育教学,学校应立足于数字化转型与创新,注重软件资源的开发与利用。

首先,学校应积极引进优质软件资源。通过市场调研和教师需求分析,了解当前教育教学所需的软件资源,并积极引进具有先进教育理念和技术的软件资源,如在线课程平台、智能教学系统等。同时,学校可以与软件企业合作,共同开发符合学校实际需求的软件资源,如学科教学中常用的小程序、小工具等。

其次,学校应加强软件资源的整合与利用。对于已经引进的软件资源,学校应进行分类整理,并根据学科特点、教师需求等进行整合,形成具有学校特色的软件资源库。同时,学校应鼓励教师积极利用软件资源进行教学,提高教学效果和学生学习兴趣。

此外,学校也应注重软件资源的更新与维护。随着技术的不断更新换代,软件资源也需要不断升级和更新。学校应定期对软件资源进行检查和维护,确保其正常运行和安全性。同时,学校还应关注软件资源的反馈和评价,及时了解教师和学生的使用情况，以便对软件资源进行持续改进和优化。

2019 年，市北初北校在人工智能课程建设项目启动后，将此项工作列入重要的议事日程，学校主要领导亲自挂帅组织了学校信息科技学科、教科研、教学、总务后勤等部门仔细研究《教育信息化 2.0 行动计划》《教育信息化十年发展规划（2011—2020 年）》以及信息科技和通用技术学科课程标准中有关人工智能教育的要求，并邀请高校及百度等高科技公司专家共同研讨，形成学校《人工智能课程建设实施方案》。

方案首先明确了"能理解人工智能的特点、优势和能力边界，知道人工智能与社会的关系，以及发展人工智能应遵循的伦理道德规范，理解智能化和智慧社会的内涵"的教育目标，同时对实验室设计、实验器材配备、课程实施、教学研究、资源开发、师资培养、物质条件支撑等各个方面作了妥善规划，并执行至今。

学校为实施人工智能课程专门建设了人工智能实验室，总面积 180 平方米，分为人工智能与智能社会展示、探索体验、实践操作区三个区域。人工智能与智能社会展示区，由详细讲解人工智能的孕育、发展、低谷、复苏、爆发历史及智能社会、人工智能伦理等内容的墙面展板与实物展示柜等组成。探索体验区由脑科学体验、行业应用体验、机器人体验等设备与展示屏组成。实践操作区由一个能容纳 36 名学生的实验课堂和 60 平方米的实验展示空间组成，能完成课堂教学与各类实验。实验室还配备有拆装式机器人、开源实验箱、无人机、智能小车、各类语音视频设备及必要的计算机等设备。

在团队建设与教研上，一是内部挖潜为先，利用寒、暑假，特邀 AI 行业专家，面向教师开展了为期 5 天的 AI 专题培训。培训内容包括人工智能科普基础培训、AI 平台使用培训、实验室内所有教具使用培训等内容；培训结束后，组织统一考试，包括笔试和实操两部分，检验教师的学习成果。二是走出去引进来，通过 AI 行业专家通过现场实际教学我校教师听课观摩学习；外部专家制定教学计划、提供教学资源我校教师教学；外部专家课前参与教学计划制定、课后参与教研反思等多种形式的教研活动，不断提升学校教师的人工智能素养，逐步形成经验丰富、专业性强的人工智能教师团队。三是引入新鲜血液，在学校招聘计划中专门提出了针对人工智能方向的要求。

学校在重视国家基础课程教学的同时，在拓展型和研究型课程中引入了STEM 课程、项目化学习等最新的教学理念，"都市田园"课程应运而生。"都市田园"是以培养学生科学思维、实践能力与创新精神为目标的 STEM 课程。希望通过本课程的学习,使学生初步理解并掌握探究现实世界事物客观规律的正确方法,具备一定的全面认识、合理整合既有知识与技术并将之运用于实践的创新能力。课程内容分六、七、八年级总计约 100 课时。以植物学科为主线,与"科学""生命科学"等基础型课程的课程标准紧密结合,与地理、化学、物理、信息科技、数学、历史、语文等学科开展跨学科学习。课程设计了实验操作、动手小实验和探究活动等,强化实践性和体验性。课程提供了自主学习的菜单,设有科学实验、动手制作、学习探究、社会实践四大板块。课程的教学设计注重理论探索与动手实践并重,教学过程注重团队协作与创意分享共举。学生在本课程的学习过程中,可以体验科学探索过程的严谨与精确形成科学思维的习惯;可以在解决问题的艰辛与曲折中锻炼克服困难的勇气和决心;可以在与他人协作完成任务的过程中体验团队意识和集体荣誉;可以在创意分享与展示中增强自信;更可以深入地理解人与自然、人与环境的关系形成正确的科学价值观。

实践表明,学校软件资源的开发利用是推进教育信息化的重要举措。通过引进优质软件资源、整合利用、更新维护等多方面的工作,可以有效地提高学校的教学质量和教育水平。

总之,高品质的办学条件保障是教育发展的基石。只有不断加强人才、硬件、软件等资源建设,才能为学生提供优质的教育环境,为他们的成长和发展奠定坚实的基础。

（二）强校,关键在于自强

"自强",其基本含义是指自我努力图强、力求超越自我、不断进步和不断完善。在个人层面,自强意味着一个人通过自我激励、自我管理、自我发展等方式,不断提高自己的能力、素质和竞争力,从而在生活和工作中获得更好的成就和发展。在更广泛的层面,自强也可以指一个国家、一个民族、一个组织等集体自强不息,通过自我革新、自我超越、自我发展等方式,不断增强自身的实力和影响力,实现更好的发展目标。

1. 自强是持续发展的可靠保障

"自强"是一种积极向上的态度和行动,它强调自我努力和自我超越,以实现个人和集体的进步和发展。从提供保障的角度看问题,自强,才是持续发展最可靠的保障。自强者自能,不会因世事无常而手足无措;自强者自立,不会因艰难曲折而无所适从。

自古以来，学校作为知识的殿堂，一直是培养人才的重要场所。然而，随着时代的发展，教育的竞争不断加剧，学校的地位和影响力也在不断地发生变化。有些学校能够屹立不倒，而有些学校则逐渐没落。究其原因，关键在于学校是否具备自强不息的精神。

自强，意味着自我要求、自我进步和自我超越。一个具备自强精神的学校，不仅能够为学生提供优质的教育资源，更能够激发学生的潜力，培养他们成为具有创新精神和实践能力的人才。而一个缺乏自强精神的学校，往往会陷入故步自封的境地，无法跟上时代的步伐，也无法满足学生和社会的需求。

2. 在常规发展与创新发展中实现自强

要实现自强，学校需要从多个方面着手，既要重视常规式的稳定发展，又要注重超常规的创新发展，最主要的是：首先，促进教育质量的稳步提升。教学质量是一个学校的核心竞争力，只有不断提高教学质量，才能够吸引更多的优质生源，进而提升学校的整体实力。其次，促进师资队伍的与时俱进。优秀的教师是培养优秀学生的关键，学校应该注重教师的在职培养和培训，同时要鼓励和支持教师在师德修养、专业能力、学术水平等方面自我更新、自我提升，在为国育才中努力发挥自己的聪明才智。再次，促进发展之路的开拓创新。学校自强，首要的是有进取精神、竞争意识、前瞻眼光、超常思维，然后有扎实的举措、积极的行动。作为校长，要始终坚持从校情实际出发确定发展方向、选择发展路径、制定发展策略，特别是要有自己的独立思考，不人云亦云，不盲目"跟风"，尽可能寻求学校的个性化、特色化、跨越式发展，虽然这不大容易做到，但我们应该努力为之，否则，是很难办成高品质学校的。此外，促进教育科研引航教育改革。科研是学校创新发展的重要推力，在改革开放的大背景下，无论是引进先进教育理念还是自创实践经验，或者是"摸着石头过河"，都要遵循客观规律，按人的身心发展的规律、教育教学的规律办事。自己而社会服务则是学校回馈社会的重要方式。通过科研和社会服务，学校可以不断提升自己的学术水平和影响力。

当然，强校并非一蹴而就的过程，需要长期的积累和坚持。在这个过程中，学校的领导、管理者需要始终保持清醒的头脑，不断反思自己的不足之处，并积极寻求改进和提升的方法。同时，学校还需要善于学习和借鉴他人的成功经验，不断开拓创新，走出一条适合自己的发展之路。

"强校"之谓，在于本身之强；而本身之强，在于超出一般的综合实力和核心竞争力。一句话，只有具备自强精神和自强实力的学校，才能够在激烈的竞争中立于不败之地,培养出更多优秀的人才,为社会的发展做出更大的贡献。

回顾市北初北校创建"新优质学校""强校工程""集团化办学"以来的发展历程,我们一直坚持"在教育教学中发现真问题、解决真问题",随着"精致化办学"的不断与时俱进,学校各项工作进入了持续螺旋式上升的良性循环。学校下一步的发展思路,浓缩为一句话就是:固本培元,守正创新,发展核心竞争力!"固本",即巩固前一阶段"强校"工程、"新优质学校"建设的成果;"固本"以"守正",即在已有基础上恪守正道,按教育规律办事,做好"培根铸魂育新人"这件大事。"培元",即培养元气,提振学校生态的精、气、神,培育新的生长点;"培元"以"创新",即不断探索新的思想、方法并付诸行动,使新的生长点焕发新的生命活力。

下一步,学校将重点从以下几个方面提升自身的核心竞争力。

一是师资扩"能"。结构上扩能,形成合理梯队;水平上扩能,形成配套层级;职责上扩能,实施"全员导师制"。青年教师、骨干教师培养工程再上新台阶,形成中坚力量。

二是文化出"新"。概括为"三有":德育文化有新思维,教学文化有新气象,环境文化有新亮点。

三是质量树"形"。依靠教育质量树立学校形象,总体目标是:促进全面发展,突出核心素养;具体方面及要求是:立德树人实现全员化,特色课程再出新版本,聚焦课堂兼顾小学科,课题研究形成问题链,教学评价强调导向性。

四是管理增"效"。全面质量管理具体举措落细落实,管理工作各环节加大信息技术应用力度,在现代学校管理制度框架下推进民主管理,不断提升校级和中层干部的能量领导力。与此同时,充分利用集团化办学优势,探寻教师教学交流新方式,探索更科学有效的质量分析新模式。

耕耘虽然辛勤但很充实,收获的喜悦更使人精神振奋、信心百倍。学校是上海市教卫党委系统文明单位,先后荣获市学习型企事业单位、市安全文明校园、市依法治校示范校、市体育传统项目特色学校、市航空特色学校、市书香校园基地学校、市少先队红旗大队、区教育系统学习型党组织、区校园文化建设先进单位、区行为规范示范校、区家庭教育指导工作示范校、区学校教育科研管理优秀学校、区语言文字规范化示范校、区现代教育技术示范校等荣誉称号。

我们清醒地知道:路,总在延伸;进,永无止境!我们依然一如既往:点燃智慧之火,鼓起创新风帆;闪烁"新优"之光,绽放"强校"风采!